22378

LA
FLEUR DES CHANSONS
POPULAIRES

Bouton de rose.

LA FLEUR
DES CHANSONS
POPULAIRES

LE JUIF ERRANT.

Air de chasse.

Est-il rien sur la terre
Qui soit plus surprenant
Que la grande misère
Du pauvre Juif errant ?
Que son sort malheureux
Paraît triste et fâcheux !

Des bourgeois de la ville
De Bruxelle en Brabant,
D'une façon civile
L'accostent en passant.
Jamais ils n'avaient vu
Un homme si barbu.

Son habit tout difforme
Et très-mal arrangé,
Fit croire que cet homme
Etait fort étranger,
Portant comme ouvrier,
Devant lui un tablier.

On lui dit : « Bonjour, maître,
De grâce accordez-nous
La satisfaction d'être
Un moment avec vous.
Ne nous refusez pas,
Tardez un peu vos pas.

1

—Messieurs, je vous proteste
Que j'ai bien du malheur;
Jamais je ne m'arrête,
Ni ici, ni ailleurs ;
Par beau ou mauvais temps
Je marche incessamment.

—Entrez dans cette auberge,
Vénérable vieillard ;
D'un pot de bière fraîche
Vous prendrez votre part.
Nous vous régalerons
Le mieux que nous pourrons.

—J'accepterai de boire
Deux coups avecque vous,
Mais je ne puis m'asseoir,
Je dois rester debout.
Je suis, en vérité,
Confus de vos bontés.

—De connaître votre âge
Nous serions curieux :
A voir votre visage
Vous paraissez fort vieux ;
Vous avez bien cent ans :
Vous montrez bien autant.

—La vieillesse me gêne,
J'ai bien dix-huit cents ans.
Chose sûre et certaine,
Je passe encor douze ans ;
J'avais douze ans passés
Quand Jésus-Christ est né.

—N'êtes-vous point cet homme
De qui l'on parle tant,
Que l'Écriture nomme
Isaac, Juif errant ?
De grâce, dites-nous
Si c'est sûrement vous.

—Isaac Laquedem
Pour nom me fut donné ;
Né à Jérusalem,
Ville bien renommée;
Oui c'est moi, mes enfants,
Qui suis le Juif errant.

Juste ciel ! que ma ronde
Est pénible pour moi !
Je fais le tour du monde
Pour la cinquième fois.
Chacun meurt à son tour
Et moi je vis toujours !

Je traverse les mers,
Les rivières, les ruisseaux,
Les forêts, les déserts,
Les montagnes, les coteaux ;
Les plaines, les vallons,
Tous chemins me sont bons.

J'ai vu dedans l'Europe,
Ainsi que dans l'Asie,
Des batailles et des chocs
Qui coûtaient bien des vies :
Je les ai traversés
Sans y être blessé.

J'ai vu dans l'Amérique,
C'est une vérité,
Ainsi que dans l'Afrique,
Grande mortalité :
La mort ne me peut rien,
Je m'en aperçois bien.

Je n'ai point de ressource
En maison ni en bien ;
J'ai cinq sous dans ma bourse
Voilà tout mon moyen.
En tous lieux, en tous temps,
J'en ai toujours autant.

—Nous pensions comme un songe
Le récit de vos maux;
Nous traitions de mensonge
Tous vos plus grands travaux ;
Aujourd'hui nous voyons
Que nous nous méprenions.

Vous étiez donc coupable
De quelque grand péché,
Pour que Dieu tout aimable
Vous eût tant affligé ?
Dites-nous l'occasion
De cette punition.

—C'est ma cruelle audace
Qui causa mon malheur ;
Si mon crime s'efface,
J'aurai bien du bonheur.
J'ai traité mon Sauveur
Avec trop de rigueur.

Sur le mont du Calvaire
Jésus portait sa croix ;
Il me dit, débonnaire,
Passant devant chez moi :
« Veux-tu bien, mon ami,
« Que je repose ici ? »

Moi, brutal et rebelle,
Je lui dis sans raison :
« Ote-toi, criminel,
« De devant ma maison ;
« Avance et marche donc,
« Car tu me fais affront. »

Jésus, la bonté même,
Me dit en souriant :
« Tu marcheras toi-même
« Pendant plus de mille ans ;
« Le dernier jugement
« Finira ton tourment. »

De chez moi, à l'heure même,
Je sortis bien chagrin ;
Avec douleur extrême,
Je me mis en chemin.
Dès ce jour-là je suis
En marche jour et nuit.

Messieurs, le temps me presse,
Adieu la compagnie ;
Grâce à vos politesses,
Je vous en remercie ;
Je suis trop tourmenté
Quand je suis arrêté. »

ANONYME.

VIVE HENRI IV.

Vive Henri Quatre !
Vive ce roi vaillant !
Ce diable à quatre
A le triple talent
De boire et de battre,
Et d'être vert galant.

Chantons l'antienne
Qu'on chant'ra dans mille ans :
Que Dieu maintienne
En paix ses descendants,
Jusqu'à ce qu'on prenne
La lune avec les dents.

J'aimons les filles,
Et j'aimons le bon vin.
De nos bons drilles
Voilà tout le refrain.
Oui, j'aimons les filles,
Et j'aimons le bon vin.

Moins de soudrilles
Eussent troublé le sein
De nos familles,
Si l'Ligueux plus humain
Eût aimé les filles,
Eût aimé le bon vin.

COLLÉ.

MALBROUGH.

Malbrough s'en va-t-en guerre,
Mironton, mironton, mirontaine :
Malbrough s'en va-t-en guerre,
Ne sait quand reviendra. *ter.*

Il reviendra z'à Pâques,
Mironton, mironton, mirontaine,
Il reviendra z'à Pâques,
Ou à la Trinité. *ter.*

La Trinité se passe,
Mironton, mironton, mirontaine ;
La Trinité se passe,
Malbrough ne revient pas. *ter.*

Madame à sa tour monte,
Mironton, mironton, mirontaine ;
Madame à sa tour monte,
Si haut qu'elle peut monter. *ter.*

Elle aperçoit son page,
Mironton, mironton, mirontaine ;
Elle aperçoit son page,
Tout de noir habillé. *ter.*

Beau page, ah ! mon beau page,
Mironton, mironton, mirontaine ;
Beau page, ah ! mon beau page,
Quelle nouvelle apportez ? *ter.*

Aux nouvell's que j'apporte,
Mironton, mironton, mirontaine ;
Aux nouvell's que j'apporte,
Vos beaux yeux vont pleurer. *ter.*

Quittez vos habits roses,
Mironton, mironton, mirontaine ;
Quittez vos habits roses,
Et vos satins brochés. *ter.*

Monsieur d' Malbrough est mort,
Mironton, mironton, mirontaine ;
Monsieur d' Malbrough est mort,
Est mort et enterré !... *ter.*

J' l'ai vu porter en terre,
Mironton, mironton, mirontaine ;
J' l'ai vu porter en terre,
Par quatre z'officiers. *ter.*

L'un portait sa cuirasse,
Mironton, mironton, mirontaine ;
L'un portait sa cuirasse,
L'autre son bouclier. *ter.*

L'un portait son grand sabre,
Mironton, mironton, mirontaine ;
L'un portait son grand sabre,
L'autre ne portait rien. *ter.*

A l'entour de sa tombe,
Mironton, mironton, mirontaine ;
A l'entour de sa tombe,
Romarins l'on planta. *ter.*

Sur la plus haute branche,
Mironton, mironton, mirontaine ;
Sur la plus haute branche,
Le rossignol chanta. *ter.*

On vit voler son âme,
Mironton, mironton, mirontaine ;
On vit voler son âme,
A travers des lauriers. *ter.*

Chacun mit ventre à terre,
Mironton, mironton, mirontaine ;
Chacun mit ventre à terre
Et puis se releva. *ter.*

Malbrough.

Pour chanter les victoires,
Mironton, mironton, mirontaine ;
Pour chanter les victoires,
Que Malbrough remporta.   *ter.*

La cérémonie faite,
Mironton, mironton, mirontaine ;
La cérémonie faite,
Chacun s'en fut coucher,   *ter.*

Les uns avec leurs femmes,
Mironton, mironton, mirontaine ;
Les uns avec leurs femmes,
Et les autres tout seuls.   *ter.*

Ce n'est pas qu'il en manque,
Mironton, mironton, mirontaine ;
Ce n'est pas qu'il en manque,
Car j'en connais beaucoup.   *ter.*

Des blondes et des brunes,
Mironton, mironton, mirontaine ;
Des blondes et des brunes,
Et des châtaign's aussi.   *ter.*

J' n'en dis pas davantage,
Mironton, mironton, mirontaine ;
J' n'en dis pas davantage,
Car en voilà z'assez.   *ter.*

ANONYME.

AH! VOUS DIRAI-JE, MAMAN?

Ah ! vous dirai-je maman,
Ce qui cause mon tourment?
Depuis que j'ai vu Silvandre
Me regarder d'un air tendre,
Mon cœur dit à tout moment :
Peut-on vivre sans amant ?

L'autre jour dans un bosquet,
De fleurs il fit un bouquet,
Il en para ma houlette,
Me disant : « Belle brunette,
Flore est moins belle que toi,
L'Amour moins tendre que moi.

« Étant faite pour charmer,
Il faut plaire, il faut aimer.
C'est au printemps de son âge
Qu'il est dit que l'on s'engage ;
Si vous tardez plus longtemps
On regrette ces moments »

Je rougis, et, par malheur,
Un soupir trahit mon cœur ;
Silvandre, en amant habile,
Ne joua pas l'imbécile :
Je veux fuir, il ne veut pas ;
Jugez de mon embarras.

Je fis semblant d'avoir peur,
Je m'échappai par bonheur ;
J'eus recours à la retraite,
Mais quelle peine secrète
Se mêle dans mon espoir,
Si je ne puis le revoir !

Bergères de ce hameau,
N'aimez que votre troupeau ;
Un berger, prenez-y garde,
S'il vous aime, vous regarde,
Et s'exprime tendrement,
Peut vous causer du tourment.

ANONYME.

IL ÉTAIT UNE BERGÈRE.

Il était un' bergère,
Eh ! ron, ron, ron, petit patapon ;
Il était un' bergère,
Qui gardait ses moutons,
   Ron, ron,
Qui gardait ses moutons.

Elle fit un fromage,
Eh ! ron, ron, ron, petit patapon ;
Elle fit un fromage
Du lait de ses moutons,
   Ron, ron,
Du lait de ses moutons.

Le chat qui la regarde,
Eh ! ron, ron, ron, petit patapon ;
Le chat qui la regarde,
D'un petit air fripon,
   Ron, ron,
D'un petit air fripon.

Si tu y mets la patte,
Eh ! ron, ron, ron, petit patapon ;
Si tu y mets la patte,
Tu auras du bâton,
   Ron, ron,
Tu auras du bâton.

Il n'y mit pas la patte,
Eh ! ron, ron, ron, petit patapon ;
Il n'y mit pas la patte,
Il y mit le menton,
   Ron, ron,
Il y mit le menton.

La bergère en colère,
Eh ! ron, ron, ron, petit patapon ;
La bergère en colère
Tua son p'tit chaton,
   Ron, ron,
Tua son p'tit chaton.

Elle fut à confesse,
Eh ! ron, ron, ron, petit patapon ;
Elle fut à confesse,
Pour demander pardon,
   Ron, ron,
Pour demander pardon.

Mon père, je m'accuse,
Eh ! ron, ron, ron, petit patapon ;
Mon père, je m'accuse
D'avoir tué mon chaton,
   Ron, ron,
D'avoir tué mon chaton.

Ma fill', pour pénitence,
Eh ! ron, ron, ron, petit patapon ;
Ma fill', pour pénitence,
Nous nous embrasserons,
   Ron, ron,
Nous nous embrasserons.

La pénitence est douce,
Eh ! ron, ron, ron, petit patapon ;
La pénitence est douce,
Nous recommencerons,
   Ron, ron,
Nous recommencerons.

ANONYME.

LE ROI DAGOBERT.

Le bon roi Dagobert
Avait sa culotte à l'envers ;
Le grand saint Éloi
Lui dit : ô mon roi !
    Votre majesté
    Est mal culotté ;
C'est vrai, lui dit le roi,
Je vais la remettre à l'endroit.

Comme il la remettait,
Et qu'un peu il se découvrait,
Le grand saint Éloi
Lui dit : ô mon roi !
    Vous avez la peau
    Plus noir' qu'un corbeau ;
Bah ! bah ! lui dit le roi,
La rein' l'a plus noire que moi.

Le bon roi Dagobert
Fut mettre son bel habit vert ;
Le grand saint Éloi
Lui dit : ô mon roi !
    Votre habit paré
    Au coude est percé :
C'est vrai, lui dit le roi,
Le tien est bon, prête-le-moi.

Du bon roi Dagobert
Les bas étaient rongés des vers,
Le grand saint Éloi
Lui dit : ô mon roi !
    Vos deux bas cadets
    Font voir vos mollets ;
C'est vrai, lui dit le roi,
Les tiens sont bons, donne-les-moi.

Le bon roi Dagobert
Faisait peu sa barbe en hiver ;
Le grand saint Éloi
Lui dit : ô mon roi !
    Il faut du savon
    Pour votre menton ;
C'est vrai, lui dit le roi
As-tu deux sous ? prête-les-moi.

Du bon roi Dagobert
La perruque était de travers ;
Le grand saint Éloi
Lui dit : ô mon roi !
    Votre perruquier
    Vous a mal coiffé ;
C'est vrai, lui dit le roi,
Je prends ta tignasse pour moi.

Le bon roi Dagobert
Portait manteau court en hiver ;
Le grand saint Éloi
Lui dit : ô mon roi !
    Votre majesté
    Est bien écourtée ;
C'est vrai lui dit le roi,
Fais-le rallonger de deux doigts.

Du bon roi Dagobert
Le chapeau coiffait comme un cerf ;
Le grand saint Eloi
Lui dit : ô mon roi !
    La corne au milieu
    Vous siérait bien mieux ;
C'est vrai, lui dit le roi,
J'avais pris modèle sur toi.

Le roi faisait des vers,
Mais il les faisait de travers ;
Le grand saint Éloi
Lui dit : ô mon roi !
    Laissez aux oisons
    Faire des chansons ;
C'est vrai lui dit le roi,
C'est toi qui les feras pour moi.

Le Roi Dagobert.

Le bon roi Dagobert
Chassait dans la plaine d'Anvers ;
Le grand saint Éloi
Lui dit : ô mon roi !
   Votre majesté
   Est bien essoufflée;
C'est vrai, lui dit le roi,
Un lapin courait après moi.

Le bon roi Dagobert
Allait à la chasse au pivert ;
Le grand saint Éloi
Lui dit : ô mon roi !
   La chasse aux coucous
   Vaudrait mieux pour vous ;
Eh bien! lui dit le roi,
Je vais tirer, prends garde à toi.

Le bon roi Dagobert
Avait un grand sabre de fer;
Le grand saint Éloi
Lui dit : ô mon roi !
   Votre majesté
   Pourrait se blesser ;
C'est vrai, lui dit le roi.
Qu'on me donne un sabre de bois.

Les chiens de Dagobert
Etaient de gale tout couverts;
Le grand saint Éloi
Lui dit : ô mon roi !
   Pour les nettoyer
   Faudrait les noyer ;
Eh bien ! lui dit le roi,
Va-t'en les noyer avec toi.

Le bon roi Dagobert
Se battait à tort, à travers;
Le grand saint Éloi
Lui dit : ô mon roi !
   Votre majesté
   Se fera tuer ;
C'est vrai, lui dit le roi,
Mets-toi bien vite devant moi.

Le bon roi Dagobert
Voulait conquérir l'univers;
Le grand saint Éloi
Lui dit : ô mon roi !
   Voyager si loin
   Donne du tintoin;
C'est vrai, lui dit le roi,
Il vaudrait mieux rester chez soi.

Le roi faisait la guerre,
Mais il la faisait en hiver;
Le grand saint Éloi
Lui dit : ô mon roi !
   Votre majesté
   Se fera geler ;
C'est vrai, lui dit le roi,
Je m'en vais retourner chez moi.

Le bon roi Dagobert
Voulait s'embarquer sur la mer;
Le grand saint Éloi
Lui dit : ô mon roi !
   Votre majesté
   Se fera noyer ;
C'est vrai, lui dit le roi,
On pourra crier le roi boit.

Le bon roi Dagobert
Avait un vieux fauteuil de fer ;
Le grand saint Éloi
Lui dit ; ô mon roi !
   Votre vieux fauteuil
   M'a donné dans l'œil ;
Eh bien! lui dit le roi,
Fais-le vite emporter chez toi.

La reine Dagobert
Choyait un galant assez vert ;
Le grand saint Éloi
Lui dit : ô mon roi !
   Vous êtes... cornu,
   J'en suis convaincu ;
C'est bon, lui dit le roi,
Mon père l'était avant moi.

Le bon roi Dagobert
Mangeait en glouton du dessert;
Le grand saint Éloi
Lui dit : ô mon roi !

Vous êtes gourmand,
Ne mangez pas tant ;
Bah ! bah ! lui dit le roi,
Je ne le suis pas tant que toi.

Le bon roi Dagobert
Ayant bu allait de travers ;
Le grand saint Éloi
Lui dit : ô mon roi !
Votre majesté,
Va tout de côté ;

Eh bien ! lui dit le roi, [droit ?
Quand t'es gris, marches-tu plus

Quand Dagobert mourut,
Le diable aussitôt accourut ;
Le grand saint Éloi
Lui dit : ô mon roi !
Satan va passer,
Faut vous confesser ;
Hélas ! dit le bon roi,
Ne pourrais-tu mourir pour moi ?

ANONYME.

LE POINT DU JOUR.

Le point du jour
A nos bosquets rend toute leur parure,
Flore est plus belle à son retour,
L'oiseau redit son chant d'amour :
Tout célèbre dans la nature
Le point du jour.

Au point du jour
Désir plus vif est toujours près d'éclore :
Jeune et sensible troubadour,
Quand vient la nuit, chante l'amour ;
Mais il chante bien mieux encore
Au point du jour.

Le point du jour
Cause, parfois, cause douleur extrême ;
Que l'espace des nuits est court
Pour le berger brûlant d'amour,
Forcé de quitter ce qu'il aime
Au point du jour !

DE LA CHABAUDIÈRE et ÉTIENNE.

MONSIEUR ET MADAME DENIS.

Air : *Premier mois de mes amours.*

MADAME DENIS.

Quoi ! vous ne me dites rien ?
Mon ami, ce n'est pas bien ;
Jadis c'était différent,
   Souvenez-vous-en,
   Souvenez-vous-en...
J'étais sourde à vos discours,
Et vous me parliez toujours.

MONSIEUR DENIS, se retournant.

Mais, m'amour, j'ai sur le corps
Cinquante ans de plus qu'alors ;
Car c'était en mil sept cent,
   Souvenez-vous-en,
   Souvenez-vous-en...
An premier de mes amours,
Que ne duriez-vous toujours !

MADAME DENIS, se ravisant.

C'est de vous qu'en sept cent-un
Une anguille de Melun
M'arriva si galamment !
   Souvenez-vous-en,
   Souvenez-vous-en...
Avec des pruneaux de Tours
Que je crois manger toujours.

MONSIEUR DENIS.

En mil sept cent-deux, mon cœur
Vous déclara son ardeur ;
J'étais un petit volcan !
   Souvenez-vous-en,
   Souvenez-vous-en...
Feux des premières amours,
Que ne brûlez-vous toujours !

MADAME DENIS.

On nous maria, je crois,
A Saint-Germain-l'Auxerrois :
J'étais mise en satin blanc,
   Souvenez-vous-en,
   Souvenez-vous-en...
Du plaisir charmants atours,
Je vous conserve toujours.

M. DENIS, se mettant sur son séant.

Comme j'étais étoffé !

MADAME DENIS, s'asseyant de même.

Comme vous étiez coiffé !

MONSIEUR DENIS.

Habit jaune en bouracan,
   Souvenez-vous-en,
   Souvenez-vous-en...

MADAME DENIS.

Et culotte de velours
Que je regrette toujours.

(Continuant.)

Comme en dansant le menuet
Vous tendîtes le jarret !
Ah ! vous alliez joliment !
   Souvenez-vous-en,
   Souvenez-vous-en...
Aujourd'hui nous sommes lourds.

Monsieur et Madame Denis.

MONSIEUR DENIS.

On ne danse pas toujours,

(S'animant.)

Comme votre joli sein
S'agitait sous le satin !
Il était mieux qu'à présent,
　Souvenez-vous-en,
　Souvenez-vous-en...
Belles formes, doux contours,
Que ne duriez-vous toujours !

MADAME DENIS.

La nuit, pour ne pas rougir,
Je fis semblant de dormir ;
Vous me pinciez doucement,
　Souvenez-vous-en,
　Souvenez-vous-en...
Mais à présent nuits et jours,
C'est moi qui vous pince toujours.

MONSIEUR DENIS.

La nuit, lorsque votre époux,
S'émancipait avec vous,
Comme vous faisiez l'enfant,
　Souvenez-vous-en,
　Souvenez-vous-en...
Mais on fait les premiers jours
Ce qu'on ne fait pas toujours.

MADAME DENIS.

« Comment avez-vous dormi ? »
Nous demandait chaque ami ;
« Bien, » répondais-je à l'instant,
　Souvenez-vous-en,
　Souvenez-vous-en...
Mais nos yeux et nos discours
Se contredisaient toujours.

M. DENIS, lui offrant une prise de tabac.

Demain, songez, s'il vous plaît,
A me donner mon bouquet.

Mme DENIS,
tenant la prise de tabac sous le nez.

Quoi ! c'est demain la Saint-Jean ?

M. DENIS, rentrant dans son lit.

Souvenez-vous-en,
Souvenez-vous-en...
Epoque où j'ai des retours
Qui me surprennent toujours.

Mme DENIS, se recouchant.

Oui, jolis retours, ma foi !
Votre éloquence avec moi
Eclate une fois par an,
　Souvenez-vous-en,
　Souvenez-vous-en...
Encore votre beau discours
Ne finit-il pas toujours.

(Ici M. Denis a une réminiscence.)

MADAME DENIS, minaudant.

Que faites-vous donc, mon cœur ?

MONSIEUR DENIS.

Rien... je me pique d'honneur.

MADAME DENIS.

Quel baiser !.. il est brûlant...

MONSIEUR DENIS, toussant.

Souvenez-vous-en,
Souvenez-vous-en...

MADAME DENIS, rajustant sa cornette.

Tendre objet de mes amours,
Pique-toi d'honneur toujours !
Ici le couple bâilla,
S'étendit et sommeilla,
L'un marmottait en ronflant :
« Souvenez-vous-en,
　Souvenez-vous en... »
L'autre : « Objet de mes amours,
Pique-toi d'honneur toujours ! »

DÉSAUGIERS.

LA VEILLÉE.

COUPLETS D'OVINSKA.

Heureux qui, dans sa maisonnette,
Dont la neige a blanchi le toit,
Nargue le chagrin et le froid
Au refrain d'une chansonnette.
Que les soirs d'hiver sont charmants
Lorsqu'une famille assemblée
Sait, par divers amusements,
   Egayer la veillée !

Assis près de sa bien-aimée,
Voyez le paisible Lapon,
Lorsque la neige, à gros flocon,
Tombe sur sa hutte enfumée :

Autour du feu, dans ce réduit,
La famille entière assemblée
Semble trouver six mois de nuit
   Trop courts pour la veillée.

J'aime surtout une soirée
Où l'en parle de revenants,
Alors qu'on entend tous les vents
Siffler autour de la contrée.
A ces récits intéressants
Toute la troupe émerveillée
Tremble, écoute et voudrait long-
   Prolonger la veillée.   [temps

VILLEMONTEZ.

MALGRÉ LA BATAILLE.

Malgré la bataille
Qu'on livre demain,
Ça, faisons ripaille,
Charmante catin.
Attendant la gloire,
Goûtons le plaisir,
Sans lire au grimoire
Du sombre avenir.

Tiens, voilà ma pipe,
Serre mon briquet ;
Et si la Tulipe
Fait le noir trajet,
Que tu sois la seule,
Dans le régiment,
Qu'ait le brûle-gueule
De son cher amant.

Si la hallebarde
Je puis mériter,
Près du corps-de-garde
Je te veux planter,

Avec la dentelle,
Le soulier brodé,
La boucle à l'oreille,
Le chignon cardé.

Narguant tes compagnes,
Méprisant leurs vœux,
J'ai fait deux campagnes
Rôti de tes feux.
Digne de la pomme,
Tu reçus ma foi,
Et jamais rogomme
Ne fut bu sans toi.

Ah ! retiens tes larmes,
Calme ton chagrin,
Au nom de tes charmes,
Achève ton vin.
Déjà de nos bandes
J'entends les tambours.
Gloire, tu commandes :
Adieu, mes amours !

DE LASALLE.

CADET ROUSSELLE.

Cadet Rousselle a trois maisons   *bis.*
Qui n'ont ni poutres ni chevrons.
C'est pour loger les hirondelles ;
Que direz-vous d'Cadet Rousselle ?
   Ah ! ah ! ah ! mais vraiment,
Cadet Rousselle est bon enfant.

Cadet Rousselle a trois habits ;   *bis.*
Deux jaunes, l'autre en papier gris ;
Il met celui-là quand il gèle,
Ou quand il pleut et quand il grêle,
   Ah ! ah ! ah ! mais vraiment,
Cadet Rousselle est bon enfant.

Cadet Rousselle a trois chapeaux ;   *bis.*
Les deux ronds ne sont pas très-beaux,
Et le troisième est à deux cornes :
De sa tête il a pris la forme.
   Ah ! ah ! ah ! mais vraiment,
Cadet Rousselle est bon enfant.

Cadet Rousselle a trois beaux yeux ;   *bis.*
L'un r'garde à Caen, l'autre à Bayeux,
Comme il n'a pas la vu' bien nette,
Le troisième, c'est sa lorgnette.
   Ah ! ah ! ah ! mais vraiment,
Cadet Rousselle est bon enfant.

Cadet Rousselle a une épée,   *bis.*
Très-longue mais toute rouillée :
On dit qu'ell' ne cherche querelle
Qu'aux moineaux et aux hirondelles.
   Ah ! ah ! ah ! mais vraiment,
Cadet Rousselle est bon enfant.

Cadet Rousselle a trois souliers ;   *bis.*
Il en met deux dans ses deux pieds ;
Le troisièm' n'a pas de semelle ;
Il s'en sert pour chausser sa belle.
   Ah ! ah ! ah ! mais vraiment,
Cadet Rousselle est bon enfant.

Cadet Rousselle.

Cadet Rousselle a trois cheveux ;   *bis.*
Deux pour les fac's, un pour la queue;
Et quand il va voir sa maîtresse,
Il les met tous les trois en tresse.
   Ah ! ah ! ah ! mais vraiment,
Cadet Rousselle est bon enfant.

Cadet Rousselle a trois garçons :
L'un est voleur, l'autre est fripon ;
Le troisième est un peu ficelle,
Il ressemble à Cadet Rousselle.
   Ah ! ah ! ah ! mais vraiment,
Cadet Rousselle est bon enfant.

Cadet Rousselle a trois gros chiens,   *bis.*
L'un court au lièvr', l'autre au lapin,
L' troisièm' s'enfuit quand on l'appelle,
Comm' le chien de Jean de Nivelle.
   Ah ! ah ! ah ! mais vraiment,
Cadet Rousselle est bon enfant.

Cadet Rousselle a trois beaux chats,   *bis.*
Qui n'attrapent jamais les rats ;
Le troisièm' n'a pas de prunelle ;
Il monte au grenier sans chandelle.
   Ah ! ah ! ah ! mais vraiment,
Cadet Rousselle est bon enfant.

Cadet Rousselle a marié   *bis.*
Ses trois filles dans trois quartiers ;
Les deux premièr's ne sont pas belles,
La troisièm' n' pas de cervelle ;
   Ah ! ah ! ah ! mais vraiment,
Cadet Rousselle est bon enfant.

Cadet Rousselle a trois deniers,   *bis.*
C'est pour payer ses créanciers ;
Quand il a montré ses ressources,
Il les resserre dans sa bourse.
   Ah ! ah ! ah ! mais vraiment,
Cadet Rousselle est bon enfant.

Cadet Roussell' s'est fait acteur,   *bis.*
Comme Chénier s'est fait auteur ;
Au café quand il jou' son rôle
Les aveugles le trouvent drôle.

Ah ! ah ! ah ! mais vraiment,
Cadet Rousselle 'est bon enfant.

Cadet Rousséll' ne mourra pas ,   *bis.*
Car avant de sauter le pas,
On dit qu'il apprend l'orthographe
Pour fair' lui-mêm' son épitaphe.
  Ah ! ah ! ah ! mais vraiment,
Cadet Rousselle est bon enfant.

ANONYME.

GRACE A LA MODE.

Grâce à la mode,
On n'a plus de cheveux ;   *bis.*
Ah ! que c'est commode !
On n'a plus d'cheveux,
  On dit qu'c'est mieux.

Grâce à la mode,
On va sans façon,   *bis.*
Ah ! que c'est commode !
On va sans façon
  Et sans jupon.

Grâce à la mode,
On n'a plus d'fichu ;   *bis.*
Ah ! que c'est commode !
On n'a plus d'fichu,
  Tout est déchu.

Grâce à la mode,
Plus d'poche au vêtement ; *bis.*
Ah ! que c'est commode !
Plus d'poche au vêtement,
  Et plus d'argent.

Grâce à la mode,
On n'a plus d'corset ;   *bis.*
Ah ! que c'est commode !
On n'a plus d'corset,
  C'est plus tôt fait.

Grâce à la mode,
Un' chemis' suffit ;   *bis.*
Ah ! que c'est commode !
Un' chemise suffit,
  C'est tout profit.

Grâce à la mode,
On n'a qu'un vêtement ;   *bis.*
Ah ! que c'est commode !
On n'a qu'un vêt'ment,
  Qu'est transparent.

Grâce à la mode,
On n'a rien de caché ;   *bis.*
Ah ! que c'est commode !
On n'a rien d'caché :
  J'en suis fâché.

ANONYME.

VA-T'EN VOIR S'ILS VIENNENT.

On dit qu'il arrive ici
  Une compagnie
Meilleure que celle-ci
  Et bien mieux choisie :
Va-t'en voir s'ils viennent, Jean,
  Va-t'en voir s'ils viennent.

Un abbé qui n'aime rien
  Que le séminaire,
Qui donne aux pauvres son bien,
  Et dit son bréviaire :
Va-t'en voir s'ils viennent, Jean.
  Va-t'en voir s'ils viennent.

Un magistrat curieux
  De jurisprudence,
Et qui devant deux beaux yeux
  Tient bien la balance :
Va-t'en voir s'ils viennent, Jean,
  Va-t'en voir s'ils viennent.

Une fille de quinze ans,
  D'Agnès la pareille,
Qui pense que les enfants
  Se font par l'oreille :
Va-t'en voir s'ils viennent, Jean,
  Va-t'en voir s'ils viennent.

Une femme et son époux,
  Couple bien fidèle ;
Elle le préfère à tous,
  Et lui n'aime qu'elle :
Va-t'en voir s'ils viennent, Jean,
  Va-t'en voir s'ils viennent.

Un chanoine dégoûté
  Du bon jus d'octobre ;
Un auteur sans vanité ;
  Un musicien sobre :
Va-t'en voir s'ils viennent, Jean,
  Va-t'en voir s'ils viennent.

Un breton qui ne boit point ;
  Un gascon tout bête ;
Un Normand franc de tout point ;
  Un Picard sans tête :
Va-t'en voir s'ils viennent, Jean,
  Va-t'en voir s'ils viennent.

Une femme que le temps
  A presque flétrie,
Qui voit des appas naissants
  Sans aucune envie :
Va-t'en voir s'ils viennent, Jean,
  Va-t'en voir s'ils viennent.

Une belle qui, cherchant
  Compagne fidèle,
La choisit en la sachant
  Plus aimable qu'elle :
Va-t'en voir s'ils viennent, Jean,
  Va-t'en voir s'ils viennent.

Un savant prédicateur
  Comme Bourdaloue,
Qui veut toucher le pécheur
  Et craint qu'on le loue :
Va-t'en voir s'ils viennent, Jean,
  Va-t'en voir s'ils viennent.

Une nonne de Longchamps,
  Belle comme Astrée,
Qui brûle, en courant les champs,
  D'être recloîtrée :
Va-t'en voir s'ils viennent, Jean,
  Va t'en voir s'ils viennent.

Un médecin sans grands mots,
  D'un savoir extrême,
Qui n'ordonne point les eaux
  Et guérit lui-même :
Va-t'en voir s'ils viennent, Jean,
  Va-t'en voir s'ils viennent.

Et pour bénédiction,
  Nous aurons un moine
Fort dans la tentation,
  Comme saint Antoine :
Va-t'en voir s'ils viennent, Jean,
  Va-t'en voir s'ils viennente

ANONYME.

Va-t'en voir s'ils viennent.

TABLEAU DE PARIS A CINQ HEURES DU MATIN.

L'ombre s'évapore
Et déjà l'aurore
De ses rayons dore,
Les toits d'alentour,
Les lampes pâlissent
Les maisons blanchissent,
Les marchés s'emplissent,
Ou a vu le jour.

De La Villette,
Dans sa charrette,
Suzon brouette
Ses fleurs sur le quai :
Et de Vincenne
Gros-Pierre amène
Ses fruits que traîne
Un âne efflanqué.

Déjà l'épicière,
Déjà la fruitière,
Déjà l'écaillère
Saute à bas du lit,
L'ouvrier travaille,
L'écrivain rimaille,
Le fainéant bâille
Et le savant lit.

J'entends Javotte,
Portant sa hotte,
Crier carotte,
Panais et chou-fleur.
Perçant et grêle,
Son cri se mêle
A la voix frêle
Du gai ramoneur.

L'huissier carillonne,
Attend, jure et sonne,
Ressonne, et la bonne,
Qui l'entend trop bien,

Maudissant le traître,
Du lit de son maître
Prompte à disparaître,
Regagne le sien.

Gentille, accorte,
Devant ma porte
Perrette apporte
Son lait encor chaud ;
Et la portière
Sous la gouttière
Pend la volière
De dame Margot.

Le joueur avide,
La mine livide
Et la bourse vide
Rentre en fulminant,
Et sur son passage
L'ivrogne plus sage
Cuvant son breuvage,
Ronfle en fredonnant.

Tout chez Hortense
Est en cadence,
On chante, danse,
Joue, et cætera...
Et sur la pierre,
Un pauvre hère
La nuit entière
Souffrit et pleura.

Le malade sonne
Afin qu'on lui donne
La drogue qu'ordonne
Son vieux médecin,
Tandis que sa belle
Que l'amour appelle,
Au plaisir fidèle,
Feint d'aller au bain.

Quand vers Cythère
La solitaire
Avec mystère
Dirige ses pas,
La diligence
Part pour Mayence
Bordeaux, Florence,
Ou les Pays-Bas.

« Adieu donc, mon père,
Adieu donc, ma mère,
Adieu donc, mon frère,
Adieu, mes petits. »
Les chevaux hennissent,
Les fouets retentissent,
Les vitres frémissent,
Les voilà partis.

Dans chaque rue
Plus parcourue
La foule accrue,
Grossit tout à coup ;
Grands, valetaille,
Vieillards, marmaille,
Bourgeois, canaille,
Abondent partout.

Ah ! quelle cohue !
Ma tête est perdue,
Moulue et fendue,
Où donc me cacher?
Jamais mon oreille
N'eut frayeur pareille,..
Tout Paris s'éveille...
Allons nous coucher.

DÉSAUGIERS.

LE CABARET.

A boire je passe ma vie,
Toujours dispos, toujours content;
La bouteille est ma bonne amie,
Et je suis un amant constant.
Au cabaret j'attends l'aurore :
Du vin tel est l'heureux effet,
La nuit souvent me trouve encore
    Au cabaret. *bis.*

Si, frappé de quelques alarmes,
Mon cœur éprouve du chagrin,
Soudain on voit couler mes larmes;
Mais ce sont des larmes de vin.
Je bois, je bois à longue haleine,
Du vin tel est l'heureux effet,
Le malheureux n'a plus de peine
    Au cabaret. *bis.*

Si j'étais maître de la terre,
Tout homme serait vigneron;
Au dieu d'amour toujours sincère,
Bacchus serait mon Cupidon.
Je ne quitterais plus sa mère,
Car de la cour un juste arrêt
Ferait du temple de Cythère
    Un cabaret. *bis.*

Auteurs qui courez vers la gloire,
Bien boire est le premier talent :
Bacchus au temple de mémoire
Obtient toujours le premier rang.
Un tonneau, voilà mon Pégase ;
Ma lyre, un large robinet;
Et je trouve le mont Parnasse
    Au cabaret. *bis.*

J. J. LUCET.

LA BELLE BOURBONNAISE.

Dans Paris la grand'ville,
Garçons, femmes et filles,
Ont tous le cœur débile,
Et poussent des hélas ! ah ! ah ! ah ! ah !
La belle Bourbonnaise,
La maîtresse de Blaise,
Est très-mal à son aise,
Elle est sur le grabat, ah ! ah !   *huit fois.*

N'est-ce pas grand dommage
Qu'une fille aussi sage
Au printemps de son âge,
Soit réduite au trépas? ah ! ah ! ah ! ah !
La veille d'un dimanche,
En tombant d'une branche,
Se fit mal à la hanche
Et se démit le bras, ah ! ah !   *huit fois.*

On chercha dans la ville
Un médecin habile
Pour guérir cette fille :
Il ne s'en trouva pas, ah ! ah ! ah ! ah !
On mit tout en usage,
Médecine et herbage,
Bon bouillon et laitage :
Rien ne la soulagea, ah ! ah !   *huit fois.*

Voilà qu'elle succombe ;
Elle est dans l'autre monde.
Puisqu'elle est dans la tombe,
Chantons son *Libéra*, ah ! ah ! ah ! ah !
Soyons dans la tristesse,
Et que chacun s'empresse
En regrettant sans cesse,
Ses charmes, ses appas, ah ! ah !   *huit fois.*

Pour qu'on sonnât les cloches,
On donna ses galoches,
Son mouchoir et ses poches,
Ses souliers et ses bas, ah ! ah ! ah ! ah !

La Belle Bourbonnaise.

Quant à sa sœur Javotte.
On lui donna sa cotte
Son manteau plein de crotte,
Le jour qu'elle expira, ah! ah! *huit fois.*

En fermant la paupière
Ell' finit sa carrière,
Et sans drap et sans bière
En terre on l'emporta, ah! ah! ah! ah!
La pauvre Bourbonnaise
Va dormir à son aise,
Sans fauteuil et sans chaise,
Sans lit et sans sopha, ah! ah! *huit fois.*

ANONYME.

LE FLANEUR.

Air de *la Légère,* contredanse.

Moi, je flâne ;   *bis.*
Qu'on m'approuve ou me condamne!
Moi, je flâne,   *bis.*
Je vois tout
Je suis partout.

Dès sept heures du matin,
Je demande à la laitière
Des nouvelles de Nanterre
Ou bien du marché voisin;
Ensuite au café je flûte
Un verre d'eau pectoral,
Puis tout en mangeant ma flûte,
Je dévore le journal.
  Moi, je flâne, etc.

J'ai des soins très-assidus
Pour les *Petites-Affiches;*
J'y cherche les chiens caniches
Que l'on peut avoir perdus.
Des gazettes qu'on renomme
Je suis le premier lecteur;
Après je fais un bon somme
Sur l'éternel *Moniteur.*
  Moi, je flâne, etc.

Pressant ma digestion,
Je cours à la promenade;
Sans moi, jamais de parade,
Jamais de procession.
Joignant aux mœurs les plus sages
La gaîté, les sentiments,
Je m'invite aux mariages,
Je suis les enterrements.
  Moi, je flâne, etc.

J'inspecte le quai nouveau
Qu'on a bâti sur la Seine ;
J'aime à voir d'une fontaine
Tranquillement couler l'eau.
Quelquefois, une heure entière,
Appuyé sur l'un des ponts,
Je crache dans la rivière
Pour faire des petits ronds.
  Moi, je flâne, etc.

Il faut me voir au Palais,
Debout à la cour d'assises;
Près des caillettes assises,
Je suis tous les grands procès.
De l'antre des procédures

Je vole chez Martinet,
Et dans les caricatures
Je vois souvent mon portrait.
    Moi, je flâne, etc.

Almanach royal vivant,
Je connais chaque livrée,
Chaque personne titrée
Et tout l'Institut savant.
Chaque généalogie
Se logeant dans mon cerveau,
Je pourrais, par mon génie,
Siéger au conseil du *sceau*,
    Moi, je flâne, etc.

Sur les quais, comme un savant,
En prudent bibliomane,
Je fais devant une manne,
Une lecture en plein vent.
Si je trouve un bon ouvrage,
Je sais, en flâneur malin,
Faire une corne à la page,
Pour lire le lendemain.
    Moi, je flâne, etc.

Quand le soleil est ardent,
Pour ne point payer de chaise
Et me reposer à l'aise,
Je m'étale sur un banc,
A Coblentz, aux Tuileries,
Observateur fortuné,
Combien de femmes jolies
Me passent..... devant le nez.
    Moi, je flâne, etc.

Las de m'être promené,
Je vais, en gai parasite,
Rendre à mes amis visite
Quand vient l'heure du dîné.
Par une mode incivile,
S'il arrive, par malheur,
Qu'hélas! ils dînent en ville
Alors, je dîne par cœur.
    Moi, je flâne, etc.

Le soir, près des étourneaux,
A mon café je babille
Sur les effets d'une bille,
Sur un coup de dominos;
Je fais la paix ou la guerre
Avec quelque vieux nigaud,
Qui sable un cruchon de bière
En raisonnant comme un pot.
    Moi, je flâne, etc.

Enfin soyez avertis
Que je ne vais au spectacle
Que quand, par un grand miracle,
Les Français donnent *gratis*.
Sans maîtresse et sans envie,
Buvant de l'eau pour soutien,
Ainsi je mène la vie
D'un joyeux épicurien.

    Moi, je flâne,   *bis.*
Qu'on m'approuve ou me condamne!
    Moi, je flâne,   *bis.*
    Je vois tout,
    Je suis partout.

CASIMIR MÉNÉTRIER.

LA VIEILLE.

A Paris, dans une ronde
Composée de jeunes gens,
Il se trouva une vieille,
Agée de quatre-vingts ans,
Ah ! la vieille, la vieille, la vieille,
Qui croyait avoir quinze ans !

Il se trouva une vieille,
Agée de quatre-vingts ans,
Elle choisit le plus jeune,
Qui était le plus galant.
Ah ! la vieille, etc.

Elle choisit le plus jeune,
Qui était le plus galant ;
Va-t'en, va-t'en, bonne vieille,
Tu n'as pas assez d'argent.
Ah ! la vieille, etc.

Va-t'en, va-t'en, bonne vieille,
Tu n'as pas assez d'argent :
Si vous saviez c'qu'a la vieille,
Vous n'en diriez pas autant.
Ah ! la vieille, etc.

Si vous saviez c'qu'a la vieille,
Vous n'en diriez pas autant.
Dis-nous donc ce qu'a la vieille ?
Elle a dix tonneaux d'argent.
Ah ! la vieille, etc.

Dis-nous donc ce qu'a la vieille ?
Elle a dix tonneaux d'argent ;
Reviens, reviens, bonne vieille,
Marions-nous promptement.
Ah ! la vieille, etc.

Reviens, reviens, bonne vieille,
Marions-nous promptement.
On la conduit au notaire :
Mariez-moi cette enfant !
Ah ! la vieille, etc.

On la conduit au notaire,
Mariez-moi cette enfant :
Cette enfant, dit le notaire,
Elle a bien quatre-vingts ans.
Ah ! la vieille, etc.

Cette enfant, dit le notaire,
Elle a bien quatre-vingts ans :
Aujourd'hui le mariage,
Et demain l'enterrement.
Ah ! la vieille, etc.

Aujourd'hui le mariage,
Et demain l'enterrement.
On fit tant sauter la vieille,
Qu'elle est morte en sautillant.
Ah ! la vieille, etc.

On fit tant sauter la vieille,
Qu'elle est morte en sautillant.
On regarde dans sa bouche,
Elle n'avait que trois dents.
Ah ! la vieille, etc.

On regarde dans sa bouche,
Elle n'avait que trois dents :
Un' qui branle, une qui hoche,
L'autre qui s'envole au vent.
Ah ! la vieille, etc.

Un' qui branle, une qui hoche,
L'autre qui s'envole au vent.
On regarde dans sa poche,
Elle n'avait qu'trois liards d'argent.
Ah ! la vieille, etc.

On regarde dans sa poche,
Elle n'avait qu'trois liards d'argent.
Ah ! la vieille, la vieille, la vieille,
Avait trompé le galant.

ANONYME.

La Vieille.

TABLEAU DE PARIS A CINQ HEURES DU SOIR.

Air : *Vive la Lithographie.*

En tous lieux la foule
Par torrents s'écoule ;
L'un court, l'autre roule :
Le jour baisse et fuit.
Les affaires cessent ;
Les dîners se pressent,
Les tables se dressent ;
Il est bientôt nuit.

    Là, je devine
    Poularde fine,
    Et bécassine,
Et dindon truffé ;
    Plus loin je hume
    Salé, légume,
    Cuits dans l'écume
D'un bœuf réchauffé.

Le sec parasite
Flaire... et trotte vite
Partout où l'invite
L'odeur d'un repas ;
Le surnuméraire
Pour vingt sous va faire
Une maigre chère
Qu'il ne payera pas.

    Plus loin, qu'entends-je ?
    Quel bruit étrange
    Et quel mélange
De tons et de voix !
    Chants de tendresse,
    Cris d'allégresse,
    Chorus d'ivresse
Partent à la fois.

Les repas finissent ;
Les teints refleurissent ;
Les cafés s'emplissent ;
Et trop aviné,
Un lourd gastronome
De sa chute assomme
Le corps d'un pauvre homme
Qui n'a pas dîné.

    Le moka fume,
    Le punch s'allume,
    L'air se parfume ;
Et de crier tous :
    « Garçons, ma glace !
    —Ma demi-tasse !...
    —Monsieur, de grâce,
Paris, après vous.

Les journaux se lisent ;
Les liqueurs s'épuisent ;
Les jeux s'organisent ;
Et l'habitué,
Le nez sur sa canne,
Approuve ou chicane,
Défend ou condamne
Chaque coup joué.

    La tragédie,
    La comédie,
    La parodie,
Les escamoteurs,
    Tout jusqu'au drame
    Et mélodrame,
    Attend, réclame
L'or des amateurs.

Les quinquets fourmillent ;
Les lustres scintillent ;
Les magasins brillent ;
Et, l'air agaçant,

La jeune marchande
Provoque, affriande
Et de l'œil commande
L'emplette au passant.

  Des gens sans nombre
  D'un lieu plus sombre
  Vont chercher l'ombre
Chère à leurs desseins.
  L'époux convole,
  Le fripon vole,
  Et l'amant vole
A d'autres larcins.

Jeannot, Claude, Blaise,
Nicolas, Nicaise,
Tous cinq de Falaise
Récemment sortis,
Elevant la face,
Et cloués sur place,
Devant un paillasse
S'amusent *gratis*.

  La jeune fille,
  Quittant l'aiguille,
  Rejoint son drille
Au bal de *Luquet*;
  Et sa grand'mère
  Chez la commère
  Va coudre et faire
Son cent de piquet.

Dix heures sonnées,
Des pièces données
Trois sont condamnées
Et se laissent choir.
Les spectateurs sortent,
Se poussent, se portent...
Heureux, s'ils rapportent
Et montre et mouchoir.

« Saint-Jean, la Flèche,
  Qu'on se dépêche...
  Notre calèche !
Mon cabriolet ! »
  Et la livrée,
  Quoique enivrée,

  Plus altérée
Sort du cabaret.

Les carrosses viennent,
S'ouvrent et reprennent
Leurs maîtres qu'ils mènent
En se succédant ;
Et d'une voix âcre,
Le cocher de fiacre
Peste, jure et sacre
En rétrogradant.

  Quel tintamarre !
  Quelle bagarre !
  Aux cris de *gare*
Cent fois répétés,
  Vite on traverse,
  On se renverse,
  On se disperse
De tous les côtés.

La sœur perd son frère,
La fille son père,
Le garçon sa mère
Qui perd son mari ;
Mais un galant passe,
S'avance avec grâce,
Et s'offre à la place
De l'époux chéri.

  Plus loin, des belles
  Fort peu rebelles,
  Par ribambelles,
Errant à l'écart,
  Ont doux visage,
  Gentil corsage...
  Mais je suis sage...
D'ailleurs il est tard.

Faute de pratique,
On ferme boutique.
Quel contraste unique
Bientôt m'est offert !
Ces places courues,
Ces bruyantes rues,
Muettes et nues,
Sont un noir désert.

Une figure
De triste augure
M'approche et jure
En me regardant...
Un long *qui vive*!
De loin m'arrive
Et je m'esquive
De peur d'accident.

Par longs intervalles,
Quelques lampes pâles,
Faibles, inégales,
M'éclairent encore...
Leur feu m'abandonne,
L'ombre m'environne ;
Le vent seul résonne :
Silence !... tout dort.

DÉSAUGIERS.

PLUS ON EST DE FOUS, PLUS ON RIT.

Des frelons bravant la piqûre,
Que j'aime à voir dans ce séjour
Le joyeux troupeau d'Épicure
Se recruter de jour en jour !
Francs buveurs que Bacchus attire
Dans ces retraites qu'il chérit,
Avec nous venez boire et rire :
Plus on est de fous *bis*, plus on rit.

Ma règle est plus douce et plus prompte
Que les calculs de nos savants :
C'est le verre en main que je compte
Mes vrais amis, les bons vivants !
Plus je bois, plus leur nombre augmente,
Et quand ma coupe se tarit,
Au lieu de quinze j'en vois trente !...
Plus on est de fous *bis*, plus on rit.

Si j'avais une salle pleine
Des vins choisis que nous sablons,
Et grande au moins comme la plaine
De Saint-Denis ou des Sablons,
Mon pinceau, trempé dans la lie,
Sur tous les murs aurait écrit :
Entrez, enfants de la folie,
Plus on est de fous *bis*, plus on rit.

Entrez, soutiens de la sagesse,
Apôtres de l'humanité ;
Entrez, amis de la richesse ;
Entrez, amants de la beauté ;
Entrez, fillettes dégourdies ;

Plus on est de fous, plus on rit.

Vieilles qui visez à l'esprit ;
Entrez, auteurs de tragédies :
Plus on est de fous *bis*, plus on rit.

Puisque notre vie a des bornes,
Aux enfers un jour nous irons ;
Et malgré le diable et ses cornes,
Aux enfers un jour nous rirons.
L'heureux espoir ! que vous en semble ?
Or, voici ce qui le nourrit :
Nous serons là-bas tous ensemble,
Plus on est de fous, plus on rit. *bis.*

ARMAND GOUFFÉ.

SOUVENIRS D'UN VIEUX MILITAIRE.

Te souviens-tu, disait un capitaine
Au vétéran qui mendiait son pain,
Te souviens-tu qu'autrefois dans la plaine
Tu détournas un sabre de mon sein ?
Sous les drapeaux d'une mère chérie
Tous deux jadis nous avons combattu ;
Je m'en souviens, car je te dois la vie ;
Mais toi, soldat, dis-moi, t'en souviens-tu ?

Te souviens-tu de ces jours trop rapides..
Où le Français acquit tant de renom ?
Te souviens-tu que sur les pyramides
Chacun de nous osa graver son nom ?
Malgré les vents, malgré la terre et l'onde,
On vit flotter, après l'avoir vaincu,
Notre étendard sur le berceau du monde :
Dis-moi, soldat, dis-moi, t'en souviens-tu ?

Te souviens-tu que les preux d'Italie
Ont vainement combattu contre nous ?
Te souviens-tu que les preux d'Ibérie
Devant nos chefs ont plié les genoux ?
Te souviens-tu qu'aux champs de l'Allemagne,
Nos bataillons, arrivant impromptu,
En quatre jours ont fait une campagne :
Dis-moi, soldat, dis-moi, t'en souviens-tu ?

Te souviens-tu de ces plaines glacées
Où le Français, abordant en vainqueur,

Vit sur son front les neiges amassées
Glacer son corps sans refroidir son cœur?
Souvent alors au milieu des alarmes,
Nos pleurs coulaient, mais notre œil abattu
Brillait encor quand on volait aux armes :
Dis-moi, soldat, dis-moi, t'en souviens-tu?

Te souviens-tu qu'un jour notre patrie,
Vivante encor descendit au cercueil,
Et que l'on vit dans Lutèce flétrie
Des étrangers marcher avec orgueil?
Grave en ton cœur ce jour pour le maudire,
Et quand Bellone enfin aura paru,
Qu'un chef jamais n'ait besoin de te dire :
Dis-moi, soldat, dis-moi, t'en souviens-tu?

Te souviens-tu..... Mais ici ma voix tremble,
Car je n'ai plus de nobles souvenirs;
Viens-t'en, l'ami, nous pleurerons ensemble,
En attendant un meilleur avenir.
Mais si la mort, planant sur ma chaumière,
Me rappelait au repos qui m'est dû,
Tu fermeras doucement ma paupière,
En me disant : Soldat, t'en souviens-tu?

E. DEBRAUX.

FEMME SENSIBLE.

CHANT DU BARDE DANS ARIODANT.

Femme sensible, entends-tu le ramage
De ces oiseaux qui célèbrent leurs feux?
Ils font redire à l'écho du rivage :
Le printemps fuit, hâtez-vous d'être heureux.

Vois-tu ces fleurs, ces fleurs qu'un doux Zéphire
Va caressant de son souffle amoureux?
En se fanant elles semblent te dire :
Le printemps fuit, hâtez-vous d'être heureux.

Moments charmants d'amour et de tendresse,
Comme un éclair vous fuyez à nos yeux;
Et tous les jours perdus dans la tristesse
Nous sont comptés comme des jours heureux.

HOFFMANN

J'AI DU BON TABAC DANS MA TABATIÈRE.

J'ai du bon tabac dans ma tabatière,
J'ai du bon tabac, tu n'en auras pas.
J'en ai du fin et du râpé,
Ce n'est pas pour ton fichu nez.
J'ai du bon tabac dans ma tabatière,
J'ai du bon tabac, tu n'en auras pas.

Ce refrain connu que chantait mon père,
A ce seul couplet il était borné.
Moi, je me suis déterminé
A le grossir comme mon nez.
J'ai du bon tabac dans ma tabatière,
J'ai du bon tabac, tu n'en auras pas.

Un noble héritier de gentilhommière,
Recueille tout seul un fief blasonné;
Il dit à son frère puîné :
Sois abbé, je sois ton aîné.
J'ai du bon tabac dans ma tabatière,
J'ai du bon tabac, tu n'en auras pas.

Un vieil usurier, expert en affaire,
Auquel par besoin on est amené,
A l'emprunteur infortuné,
Dit, après l'avoir ruiné :
J'ai du bon tabac dans ma tabatière,
J'ai du bon tabac, tu n'en auras pas.

Juges, avocats, entr'ouvrant leur serre,
Au pauvre plaideur par eux rançonné,
Après avoir pateliné,
Disent, le procès terminé :
J'ai du bon tabac dans ma tabatière,
J'ai du bon tabac, tu n'en auras pas.

D'un gros financier, la coquette flaire
Le beau bijou d'or de diamants orné.
Ce grigou, d'un air renfrogné,
Lui dit : « Malgré ton joli nez...
J'ai du bon tabac dans ma tabatière,
J'ai du bon tabac, tu n'en auras pas. »

J'ai du bon tabac dans ma tabatière.

Tel qui veut nier l'esprit de Voltaire,
Est pour le sentir trop enchifrené.
   Cet esprit est trop raffiné,
   Et lui passe devant le nez.
Voltaire a l'esprit dans sa tabatière,
Et du bon tabac, tu n'en aura pas.

Voilà huit couplets, cela ne fait guère,
Pour un tel sujet bien assaisonné ;
   Mais j'ai peur qu'un priseur mal né,
   Me chante, en me riant au nez :
J'ai du bon tabac dans ma tabatière,
J'ai du bon tabac, tu n'en aura pas.   LATTAIGNANT.

GIROFLÉ, GIROFLA.

Que t'as de belles filles,
Giroflé, Girofla.
Que t'as de belles filles,
L'amour m'y compt'ra.

Ell' sont bell' et gentilles,
Giroflé, Girofla ;
Ell' sont bell' et gentilles,
L'amour m'y compt'ra.

Donne-moi z'en donc une,
Giroflé, etc.
Pas seul'ment la queue d'une,
Giroflé, etc.

J'irai au bois seulette,
Giroflé, etc.
Que faire au bois seulette ?
Giroflé, etc.

Cueillir la violette,
Giroflé, etc.

Que faire de la violette ?
Giroflé, etc.

Pour mettre à ma collerette,
Giroflé, etc.

Si le Roi t'y rencontre ?
Giroflé, etc.

J'lui f'rai trois révérences,
Giroflé, etc.

Si la Reine t'y rencontre ?
Giroflé, etc.

J'lui f'rai six révérences,
Giroflé, etc.

Si le diable t'y rencontre ?
Giroflé, etc.

Je lui ferai les cornes,
Giroflé, Girofla,
Je lui ferai les cornes,
L'amour m'y compt'ra.

   ANONYME.

V'LA C'QUE C'EST QUE L'CARNAVAL.

Momus agite ses grelots,
Comus allume ses fourneaux,
Bacchus s'enivre sur sa tonne,
   Pallas déraisonne,
   Apollon détonne ;
Trouble divin, bruit infernal...
   V'là c' que c'est que l'Carnaval.

Au lever du soleil on dort,
Au lever de la lune on sort ;
L'époux, bien calme et bien fidèle,
   Laisse aller sa belle
   Où l'amour l'appelle :
L'un est au lit, l'autre est au bal...
   V'là c' que c'est que l'Carnaval.

Carrosses pleins vont par milliers,
Regorgeant, dans tous les quartiers ;
Dedans, dessus, devant, derrière,
   Jusqu'à la portière,
   Quelle fourmilière !
Des fous on croit voir l'hôpital...
   V'là c'que c'est que l'Carnaval.

Un char, pompeusement orné,
Présente à notre œil étonné
Quinze poissardes, qu'avec peine
   Une rosse traîne ;
   Jupiter les mène :
Un cul-de-jatte est à cheval...
   V'là c'que c'est que l'Carnaval.

Arlequin courtise Junon,
Colombine poursuit Pluton,
Mars, madame Angot qu'il embras-
   Crispin une Grâce, [se,
Vénus un paillasse ;
Ciel, terre, enfers, tout est égal...
   V'là c' que c'est que l'Carnaval.

Mercure veut rosser Jeannot,
On crie à la garde aussitôt,
Et chacun voit, de l'aventure,
   Le pauvre Mercure
   A la préfecture,
Couché sur un procès-verbal...
   V'là c' que c'est que l' Carnaval.

Profitant aussi des jours gras,
Le traiteur déguise ses plats,
Nous offre vinaigre en bouteille,
   Ragoût de la veille,
   Daube encor plus vieille, [mal :
Nous payons bien, nous soupons
   V'là c' que c'est que l'Carnaval.

Un bœuf, à la mort condamné,
Dans tout Paris est promené :
Fleurs et rubans parent sa tête :
   On chante, on le fête,
   Et, la ronde faite,
On tue, on mange l'animal...
   V'là c' que c'est que l' Carnaval.

Quand on a bien ri, bien couru,
Bien chanté, bien mangé, bien bu,
Mars d'un fripier reprend l'enseigne,
   Pluton son empeigne,
   Jupiter son peigne :
Tout rentre en place, et bien ou mal
   V'là c' que c'est que l' Carnaval.

                DÉSAUGIERS.

VAUDEVILLE DE M. DUMOLLET.

LE DÉPART POUR SAINT-MALO.

Bon voyage,
Cher Dumollet,
A Saint-Malo débarquez sans naufrage.
Bon voyage,
Cher Dumollet,
Et revenez si le pays vous plaît.

Peut-être un jour une femme charmante
Vous rendra père aussi vite qu'époux,
Tâchez, c'te fois qu' person' ne vous démente.
Quand vous direz que l'enfant est à vous.
Bon voyage, etc.

Si vous venez revoir la capitale,
Méfiez-vous des voleurs, des amis,
Des billets-doux, des coups, de la cabale,
Des pistolets et des torticolis.
Bon voyage, etc,

DUMOLLET.

Allez au diable et vous et votre ville,
Où j'ai souffert mille et mille tourments.

AU PUBLIC

Il vous serait cependant bien facile
De m'y fixer, Messieurs, encor longtemps.
Pour vous plaire, je suis tout prêt
A rétablir ici mon domicile.
Faites connaître à Dumollet
S'il doit rester ou faire son paquet.

DÉSAUGIERS.

M. Dumollet.

LE COMPÈRE GUILLERI.

Il était un p'tit homme
Qui s'app'lait Guilleri,
   Carabi ;
Il s'en fut à la chasse,
A la chasse aux perdrix,
   Carabi,
    Toto carabo.
Marchand d' carabas,
Compère Guilleri,
Te lairas-tu (*ter*) mouri ?

Il s'en fut à la chasse,
A la chasse aux perdrix,
   Carabi ;
Il monta sur un arbre
Pour voir ses chiens couri,
   Carabi,
    Toto carabo.
Marchand d' carabas,
Compère Guilleri,
Te lairas-tu (*ter*) mouri ?

Il monta sur un arbre
Pour voir ses chiens couri,
   Carabi ;
La branche vint à rompre,
Et Guilleri tombi,
   Carabi,
    Toto carabo.
Marchand d' carabas,
Compère Guilleri,
Te lairas-tu (*ter*) mouri ?

La branche vint à rompre,
Et Guilleri tombi,
   Carabi ;
Il se cassa la jambe,
Et le bras se démit,
   Carabi,
    Toto carabo.
Marchand d' carabas,
Compère Guilleri,
Te lairas-tu (*ter*) mouri ?

Il se cassa la jambe,
Et le bras se démit,
   Carabi ;
Les dam's de l'*Hôpital*
Sont arrivé's au bruit,
   Carabi,
    Toto carabo.
Marchand d' carabas,
Compère Guilleri,
Te lairas-tu (*ter*) mouri ?

Les dam's de l'*Hôpital*
Sont arrivé's au bruit,
   Carabi ;
L'une apporte un emplâtre,
L'autre, de la charpi,
   Carabi,
    Toto carabo.
Marchand d' carabas,
Compère Guilleri,
Te lairas-tu (*ter*) mouri ?

L'une apporte un emplâtre,
L'autre, de la charpi,
   Carabi ;
On lui banda la jambe
Et le bras lui remit,
   Carabi,
    Toto carabo.
Marchand d' carabas,
Compère Guilleri,
Te lairas-tu (*ter*) mouri ?

On lui banda la jambe,
Et le bras lui remit,
   Carabi ;
Pour remercier ces dames,
Guilleri les embrassi,
   Carabi,
   Toto Carabo.
Marchand d' carabas,
Compère Guilleri,
Te lairas-tu (*ter*) mouri ?

Pour remercier ces dames,
Guilleri les embrassi,
   Carabi ;
Ça prouv' que par les femmes
L'homme est toujours guéri,
   Carabi,
   Toto carabo.
Marchand d' carabas,
Compère Guilleri,
Te lairas-tu (*ter*) mouri ?

— ANONYME.

RIEN N'ÉTAIT SI JOLI QU'ADÈLE.

Rien n'était si joli qu'Adèle,
  Qui, grâce à Lucas,
  Arrivait à grands pas
A l'âge où l'Amour dit tout bas :
    Amusez-vous,
    Belle aux yeux doux,
    Amusez-vous,
    Trémoussez-vous,
    Amusez-vous, belle ;
    Amusez-vous,
    Ne craignez rien,
    Trémoussez-vous bien.

Un jour Lucas surprit Adèle
  Au fond d'un p'tit bois,
  Où l'drôle en tapinois
Lui chanta pour la premièr' fois :
    Amusez-vous, etc.

Ce r'frain amusa tant Adèle
  Qu'avant de s' quitter,
  Sans pouvoir s'arrêter,
Elle et Lucas n' fir'nt que chanter :
    Amusez-vous, etc.

Mais un jour que sur l'herb' nou-
  Adèl' chantait ça, [velle
  Un gros loup la croqua...
Fillettes, d'après c'te l'çon-là,
    Méfiez-vous
    D' ce r'frain si doux :
    Amusez-vous,
    Trémoussez-vous,
    Amusez-vous, belle,
    Amusez-vous,
    Ne craignez rien,
    Trémoussez-vous bien.

DÉSAUGIERS.

AU CLAIR DE LA LUNE.

Au clair de la lune,
Mon ami Pierrot,
Prête-moi ta plume
Pour écrire un mot.
Ma chandelle est morte,
Je n'ai plus de feu ;
Ouvre-moi ta porte,
Pour l'amour de Dieu.

Au clair de la lune,
Pierrot répondit :
Je n'ai pas de plume,
Je suis dans mon lit.
Va chez la voisine,
Je crois qu'elle y est,
Car dans sa cuisine
On bat le briquet.

Au clair de la lune,
L'aimable Lubin
Frappe chez la brune ;
Ell' répond soudain :
Qui frappe de la sorte ?
Il dit à son tour :
Ouvrez votre porte,
Pour le dieu d'amour.

Au clair de la lune,
On n'y voit qu'un peu.
On chercha la plume,
On chercha du feu.
En cherchant d'la sorte,
Je n'sais c' qu'on trouva,
Mais j'sais que la porte
Sur eux se ferma.

ANONYME.

VIVRE LOIN DE SES AMOURS.

S'il est vrai que d'être deux
Fut toujours le bien suprême,
Hélas ! c'est un mal affreux
De ne plus voir ce qu'on aime.
Vivre loin de ses amous,
N'est-ce pas mourir tous les jours ?

Chaque instant vient attiser
La flamme qui vous dévore,
On se rappelle un baiser
Et mille baiser encore.
Vivre loin de ses amours,
N'est-ce pas mourir tous les jours ?

La nuit en dormant, hélas !
Victime d'un doux mensonge,
Vous vous sentez dans ses bras ;
Le jour vient..... c'était un songe.
Vivre loin de ses amours,
N'est-ce pas mourir tous les jours ?

Un tissu de ses cheveux
Est le seul bien qui me reste ;
Il devait me rendre heureux :
C'est un trésor bien funeste.
Vivre loin de ses amours,
N'est-ce pas mourir tous les jours ?

ANONYME.

Au clair de la lune.

LA FIN DU JOUR.

La fin du jour
Sauve les fleurs et rafraîchit les belles :
Je veux, en galant troubadour,
Célébrer au nom de l'amour,
Chanter au nom des fleurs nouvelles
La fin du jour.

La fin du jour
Rend aux plaisirs l'habitant du village :
Voyez les bergers d'alentour
Danser en chantant tour à tour ;
Ah ! comme on aime, après l'ouvrage,
La fin du jour !

La fin du jour
Rend aux amants et l'ombre et le mystère :
Quand Phébus termine son tour,
Vénus, au milieu de sa cour,
Avec Mars célèbre à Cythère
La fin du jour.

La fin du jour
Rend le bonheur aux oiseaux du bocage :
Bravant dans leur obscur séjour
La griffe du cruel vautour,
Ils vont guetter sous le feuillage
La fin du jour.

La fin du jour
Me voit souvent commencer un bon somme,
Et pour descendre au noir séjour,
En fermant les yeux sans retour
Je dirai gaîment : C'est tout comme
La fin du jour.

A. GOUFFÉ.

REPROCHES A CATHEREINE.

Ton humeur est, Cathereine,
Plus aigre qu'un citron vard ;
On ne sait qui te chagreine,
Ni qui gagne, ni qui pard,
Qu'on soit sage ou qu'on badeine,
Avec toi c'est choux pour choux,
Comme un vrai fagot d'épeine
Tu piques par tous les bouts.

Si je parle, tu t'offenses ;
Tu grognes, si je me tais ;
Lorsque je me plains tu danses ;
Quand je ris, je te déplais.
A ton oreille mal faite
Mes chansons ne valent rien,
Et ma tant douce musette
N'est qu'un instrument de chien.

Cependant, quoi que tu dises,
Je ne puis quitter ces lieux,
Et quoique tu me méprises,
Partout je suivrai tes yeux.
Je m'en veux mal à moi-même ;
Mais quand on est amoureux
Un cheveu de ce qu'on aime
Tire plus que quatre bœufs.

D'un pot plein de marjolaine
Quand je te fis un présent,
Aussitôt pour mon étrenne,
Tu le cassis, moi présent.
Si j'avais cru mon courage,
Après ce biau grand merci,
Ma main qui bouillait de rage
T'eût cassé la gueule aussi.

Pour te mettre en oubliance,
A d'autres j'ai fait la cour ;
Mais par cette manigance,
Tu m'as baillé plus d'amour :

Je crois que tu m'ensorcelles,
Car à mes yeux ébaubis,
Auprès de toi les plus belles
Ne me sont que du pain bis.

L'autre jour d'un air honnête,
Quand je t'ôtis mon chapiau,
Plus vite qu'une arbalète,
Tu le fis sauter dans l'iau :
Et puis d'un ton d'arrogance,
Sans dire ni qui, ni quoi,
Tu me baillis l'ordonnance
De m'approcher loin de toi.

Chacune de tes deux joues
Semble une pomme d'apis,
Comme deux morceaux de roues
Sont à tout point tes sourcils.
Tes yeux plus noirs que des marles,
Semblent mouches dans du lait,
Et tes dents un rang de parles
Aussi blanches que du lait.

Pour ta bouche, elle est plus rouge
Que n'est la crête d'un coq,
Et ta gorge qui ne bouge
Paraît plus ferme qu'un roc.
Quant au reste, il m'en faut taire,
Car je ne l'ai jamais vu.
Mais je crois que tu dois faire
Sans chemise un beau corps nu.

Par la morgué ! c'est dommage
Que tant de rares beautés
Ne me soient pour tout partage
Qu'un sac plein de duretés.
Quand ton humeur est revêche,
Je rumine en mon cerveau,
Et tu sembles une pêche
Dont ton cœur est le noyau.

Le soleil, qui fond la glace,
N'est pas plus ardent que moi :
Comme un gueux de sa besace,
Je me sens jaloux de toi ;
Au grand Colas, qui te lorgne,
Je veux pocher les deux yeux
Ou du moins en faire un borgne,
Si ne puis en faire mieux.

Avec lui dans nos prairies,
Tu t'en vas batifoler ;
Vous jasez comme deux pies
Et moi je n'ose parler.
Il t'embrasse, il te chatouille,
Il te caresse le grouin ;
Et moi d'abord que je grouille,
Tu me flanque' un coup de poing.

Sangué ! vois-tu, Cathereine ?
Je n'y saurai plus tenir ;
Je crève dans ma poitreine,
Il faut changer, ou finir.
Tu me prends pour une bûche,
Parce que j'ai l'air bénin ;
Mais tant à l'eau va la cruche
Qu'elle se casse à la fin.

Quand j'aime une criature,
Jarnigoi ! c'est tout de bon.
Je suis doux de ma nature
Autant et plus qu'un mouton ;
Mais quand mon amour sincère
N'est payé que d'un rebut,
Dame ! alors dans ma colère,
Je suis pis qu'un cerf en rut.

ANONYME.

LA MÈRE MICHEL.

C'est la mère Michel qui a perdu son chat,
Qui cri' par la fenêtr' qui est-c' qui lui rendra,
Et l' compèr' Lustucru qui lui a répondu :
« Allez, la mèr' Michel, votre chat n'est pas perdu. »

C'est la mère Michel qui lui a demandé :
« Mon chat n'est pas perdu ! vous l'avez donc trouvé ?
Et l' compèr' Lustucru qui lui a répondu :
« Donnez un' récompense, il vous sera rendu. »

Et la mère Michel lui dit : « C'est décidé :
Si vous rendez mon chat, vous aurez un baiser. »
Le compèr' Lustucru, qui n'en a pas voulu,
Lui dit : « Pour un lapin votre chat est vendu. »

ANONYME.

La mère Michel.

RELAN TAMPLAN, TAMBOUR BATTANT.

Je veux, au bout d'une campagne,
Me voir déjà joli garçon ;
Des héros que l'on accompagne
On saisit l'air, on prend le ton :
Des ennemis ainsi qu' des belles
On est vainqueur en l's imitant.
    Et r'li, et r'lan,
On prend d'assaut les citadelles.
Relan tamplan, tambour battant.

Braves garçons que l'honneur mène,
Prenez parti dans Orléans ;
Not' coronel, grand capitaine,
Est le patron des bons vivants :
Dam' il fallait le voir en plaine
Où le danger était l' plus grand.
    Et r'li, et r'lan,
Lui seul en vaut une douzaine,
Relan tamplan, tambour battant.

Nos officiers dans la bataille
Sont pêle-mêle avec nous tous :
Il n'en est point qui ne nous vaille,
Et les premiers ils sont aux coups.
Un général, fût-il un prince,
Des grenadiers se met au rang.
    Et r'li, et r'lan,
Fond sur l's enn'mis et vous les rince,
Relan tamplan, tambour battant.

Vaillant et fier sans arrogance,
Et respecter ses ennemis ;
Brutal pour qui fait résistance,
Honnête à ceux qui sont soumis ;
Servir le roi, servir les dames :
Voilà l'esprit du régiment.
    Et r'li, et r'lan,
Nos grenadiers sont bonnes lames,
Et vont toujours tambour battant.

Viens vite prendre la cocarde ;
Du régiment quand tu seras,
Avec respect j'veux qu'on te r'garde :
Le prince est l'chef, et j'sons les bras.
Par le courage on se ressemble :
J'ons même cœur et sentiment.
    Et r'li, et r'lan,
Droit à l'honneur j'allons ensemble,
Relan tamplan, tambour battant.

La jeune Agnès devint ma femme,
J'étais le maître à la maison.
Au bout d'un mois changeant de gamme,
Elle fut pire qu'un dragon.
Pauvres époux, voyez ma peine :
Si je m'échappe un seul instant,
    Et r'li, et r'lan,
Relan tamplan, elle me mène,
Relan tamplan, tambour battant.

Quand un mari fait bon ménage,
Que de sa femme il est l'amant,
Frauder ses droits est un outrage
Que l'on excuse rarement.
S'il va courir la pretantaine,
Ne peut-on pas en faire autant ?
    Et r'li, et r'lan,
Relan tamplan, on vous le mène,
Relan tamplan, tambour battant.

               FAVART.

CHARMANTE GABRIELLE.

Charmante Gabrielle,
Percé de mille dards,
Quand la gloire m'appelle
A la suite de Mars,
Cruelle départie !
  Malheureux jour !
Que ne suis-je sans vie
  Ou sans amour !

L'amour, sans nulle peine,
M'a, par vos doux regards,
Comme un grand capitaine
Mis sous ses étendards.
Cruelle départie !
  Malheureux jour !
Que ne suis-je sans vie
  Ou sans amour !

Si votre nom célèbre
Sur mes drapeaux brillait,
Jusqu'au delà de l'Èbre
L'Espagne me craindrait.
Cruelle départie !
  Malheureux jour !
Que ne suis-je sans vie
  Ou sans amour !

Je n'ai pu, dans la guerre,
Qu'un royaume gagner ;
Mais sur toute la terre
Vos yeux doivent régner.
Cruelle départie !
  Malheureux jour !
Que ne suis-je sans vie
  Ou sans amour !

Partagez ma couronne,
Le prix de ma valeur ;
Je la tiens de Bellone :
Tenez-la de mon cœur.
Cruelle départie !
  Malheureux jour !
C'est trop peu d'une vie
  Pour tant d'amour.

Bel astre que je quitte,
Ah ! cruel souvenir !
Ma douleur s'en irrite :
Vous revoir ou mourir.
Cruelle départie !
  Malheureux jour !
C'est trop peu d'une vie
  Pour tant d'amour.

Je veux que mes trompettes,
Mes fifres, les échos,
A tout moment répètent
Ces doux et tristes mots !
Cruelle départie !
  Malheureux jour !
C'est trop peu d'une vie
  Pour tant d'amour.

          ATTRIBUÉE A HENRI IV.

LE VRAI BUVEUR.

Aussitôt que la lumière
A redoré nos coteaux,
Je commence ma carrière
Par visiter mes tonneaux.
Ravi de revoir l'aurore,
Le verre en main je lui dis :
Vois-tu sur la rive maure
Plus qu'à mon nez de rubis ?

Le plus grand roi de la terre,
Quand je suis dans un repas,
S'il me déclarait la guerre,
Ne m'épouvanterait pas.
A table rien ne m'étonne,
Et je pense, quand je bois,
Si là-haut Jupiter tonne,
Que c'est qu'il a peur de moi.

Si quelque jour, étant ivre,
La mort arrêtait mes pas,
Je ne voudrais pas revivre
Pour changer ce doux trépas.
Je m'en irais dans l'Averne
Faire enivrer Alecton,
Et bâtir une taverne
Dans le manoir de Pluton.

Par ce nectar délectable
Les démons étant vaincus,
Je ferais chanter au diable
Les louanges de Bacchus.
J'apaiserais de Tantale
La grande altération;
Et, passant l'onde infernale,
Je ferais boire Ixion....

Au bout de ma quarantaine,
Cent ivrognes m'ont promis
De venir, la tasse pleine,
Au gîte où l'on m'aura mis.
Pour me faire une hécatombe
Qui signale mon destin,
Ils arroseront ma tombe
De plus de cent brocs de vin.

De marbre ni de porphyre
Qu'on ne fasse mon tombeau.
Pour cercueil je ne désire
Que le contour d'un tonneau ;
Je veux qu'on peigne ma trogne
Avec ces vers à l'entour :
Ci-gît le plus grand ivrogne
Qui jamais ait vu le jour.

MAÎTRE ADAM.

M. DE LA PALISSE.

Messieurs, vous plaît-il d'ouïr
L'air du fameux La Palisse ?
Il pourra vous réjouir,
Pourvu qu'il vous divertisse.

La Palisse eut peu de bien
Pour soutenir sa naissance ;
Mais il ne manqua de rien,
Dès qu'il fut dans l'abondance.

Bien instruit dès le berceau,
Jamais, tant il fut honnête,
Il ne mettait son chapeau,
Qu'il ne se couvrît la tête.

Il était affable et doux,
De l'humeur de feu son père,
Et n'entrait guère en courroux
Si ce n'est dans la colère.

Le vrai buveur.

Il buvait tous les matins
Un doigt tiré de la tonne,
Et mangeant chez ses voisins,
Il s'y trouvait en personne.

Il voulait dans ses repas
Des mets exquis et fort tendres,
Et faisait son mardi gras
Toujours la veille des Cendres.

Ses valets étaient soigneux
De le servir d'andouillettes,
Et n'oubliaient pas les œufs,
Surtout dans les omelettes.

De l'inventeur du raisin
Il révérait la mémoire ;
Et pour bien goûter le vin
Jugeait qu'il en fallait boire.

Il disait que le nouveau
Avait pour lui plus d'amorce ;
Et moins il y mettait d'eau
Plus il y trouvait de force.

Il consultait rarement
Hippocrate et sa doctrine ;
Et se purgeait seulement
Lorsqu'il prenait médecine.

Il aimait à prendre l'air
Quand la saison était bonne ;
Et n'attendait pas l'hiver
Pour vendanger en automne.

Il épousa, ce dit-on,
Une vertueuse dame ;
S'il avait vécu garçon,
Il n'aurait pas eu de femme.

Il en fut toujours chéri ;
Elle n'était point jalouse ;
Sitôt qu'il fut son mari,
Elle devint son épouse.

D'un air galant et badin,
Il courtisait sa Caliste,
Sans jamais être chagrin
Qu'au moment qu'il était triste.

Il passa près de huit ans
Avec elle fort à l'aise ;
Il eut jusqu'à huit enfants :
C'était la moitié de seize.

On dit que dans ses amours
Il fut caressé des belles,
Qui le suivirent toujours
Tant qu'il marcha devant elles.

Il brillait comme un soleil ;
Sa chevelure était blonde ;
Il n'eût pas eu son pareil,
S'il eût été seul au monde.

Il eut des talents divers :
Même on assure une chose :
Quand il écrivait en vers,
Il n'écrivait pas en prose.

En matière de rébus,
Il n'avait pas son semblable ;
S'il eût fait des impromptus,
Il en eût été capable.

Il savait un triolet
Bien mieux que sa patenôtre ;
Quand il chantait un couplet,
Il n'en chantait pas un autre.

Il expliqua doctement
La physique et la morale :
Il soutint qu'une jument
Est toujours une cavale.

Par un discours sérieux,
Il prouva que la berlue
Et les autres maux des yeux
Sont contraires à la vue.

Chacun alors applaudit
A sa science inouïe ;
Tout homme qui l'entendit,
N'avait pas perdu l'ouïe.

Il prétendit en un mois
Lire toute l'Écriture,
Et l'aurait lue une fois,
S'il en eût fait la lecture.

Par son esprit et son air,
Il s'acquit le don de plaire ;
Le roi l'eût fait duc et pair,
S'il avait voulu le faire.

Mieux que tout autre il savait
A la cour jouer son rôle :
Et jamais, lorsqu'il buvait,
Ne disait une parole.

Lorsqu'en sa maison des champs
Il vivait libre et tranquille ;
On aurait perdu son temps
De le chercher à la ville.

Un jour il fut assigné
Devant son juge ordinaire ;
S'il eût été condamné,
Il eût perdu son affaire.

Il voyageait volontiers,
Courant par tout le royaume ;
Quand il était à Poitiers,
Il n'était pas à Vendôme.

Il se plaisait en bateau ;
Et, soit en paix, soit en guerre,
Il allait toujours par eau,
Quand il n'allait pas par terre.

Un beau jour, s'étant fourré
Dans un profond marécage,
Il y serait demeuré,
S'il n'eût pas trouvé passage.

Il fuyait assez l'excès ;
Mais dans les cas d'importance,
Quand il se mettait en frais,
Il se mettait en dépense.

Dans un superbe tournoi,
Prêt à fournir sa carrière,
Il parut devant le roi :
Il n'était donc pas derrière.

Monté sur un cheval noir,
Les dames le reconnurent,
Et c'est là qu'il se fit voir
A tous ceux qui l'aperçurent.

Mais bien qu'il fût vigoureux,
Bien qu'il fît le diable à quatre,
Il ne renversa que ceux
Qu'il eut l'adresse d'abattre.

Au piquet, par tout pays,
Il jouait suivant sa pente,
Et comptait quatre-vingt-dix
Lorsqu'il faisait un nonante.

Il savait les autres jeux
Qu'on joue à l'académie,
Et n'était pas malheureux,
Tant qu'il gagnait la partie.

On s'étonne sans raison
D'une chose très-commune :
C'est qu'il vendit sa maison ;
Il fallait qu'il en eût une.

Il choisissait prudemment
De deux choses la meilleure,
Et répétait fréquemment
Ce qu'il disait à toute heure.

Il fut, à la vérité,
Un danseur assez vulgaire ;
Mais il n'eût pas mal chanté,
S'il n'avait voulu se taire.

Il eut la goutte à Paris,
Longtemps cloué sur sa couche ;
En y jetant les hauts cris,
Il ouvrait bien fort la bouche.

On raconte que jamais
Il ne pouvait se résoudre
A charger ses pistolets
Quand il n'avait pas de poudre.

On ne le vit jamais las,
Ni sujet à la paresse :
Tandis qu'il ne dormait pas,
On tient qu'il veillait sans cesse.

C'était un homme de cœur,
Insatiable de gloire ;
Lorsqu'il était le vainqueur,
Il remportait la victoire.

Les places qu'il attaquait,
A peine osaient se défendre ;
Et jamais il ne manquait
Celles qu'on lui voyait prendre.

Un devin, pour deux testons,
Lui dit d'une voix hardie,
Qu'il mourrait de là les monts,
S'il mourait en Lombardie.

Il y mourut, ce héros,
Personne aujourd'hui n'en doute ;

Sitôt qu'il eut les yeux clos,
Aussitôt il ne vit goutte.

Il fut, par un triste sort,
Blessé d'une main cruelle.
On croit, puisqu'il en est mort,
Que la plaie était mortelle.

Regretté de ses soldats,
Il mourut digne d'envie ;
Et le jour de son trépas
Fut le dernier de sa vie.

Il mourut le vendredi,
Le dernier jour de son âge ;
S'il fût mort le samedi,
Il eût vécu davantage.

J'ai lu dans les vieux écrits
Qui contiennent son histoire,
Qu'il irait en paradis,
S'il n'était en purgatoire.

ANONYME.

FANFAN LA TULIPE.

Comme l'mari d'notre mère,
Doit toujours s'appeler papa,
Je vous dirai que mon père
Un certain jour me happa ;
Puis me menant jusqu'au bas d'la rampe,
M' dit ces mots qui m' mirent tout sens d'sus d'sous :
« J' te dirai, ma foi,
N'y a plus rien pour toi,
Rien chez nous :
V'là cinq sous,
Et décampe.
En avant, Fanfan La Tulipe,
Mill' millions d'un' pipe,
En avant ! »

Puisqu'il est d'fait qu'un jeune homme,
Quand il a cinq sous vaillant,
Peut aller d' Paris à Rome,
Je partis en sautillant.

Fanfan la Tulipe.

L' premier jour je trottais comme un ange,
Mais l' lendemain j' mourais quasi de faim.
  Un r'cruteur passa
  Qui me proposa...
   Pas d'orgueil,
   J' men bats l'œil,
   Faut que j' mange.
En avant, Fanfan La Tulipe, etc.

Quand j'entendis la mitraille,
Comm' je r'grettais mes foyers !
Mais quand j' vis à la bataille
Marcher nos vieux grenadiers :
Un instant, nous somm's toujours ensemble.
Ventrebleu ! me dis-je alors tout bas :
  Allons, mon enfant,
  Mon petit Fanfan,
   Vite au pas,
   Qu'on n' dis' pas
   Que tu trembles.
En avant, Fanfan La Tulipe, etc.

En vrai soldat de la garde
Sans regarder la cocarde,
J'tendais la main aux blessés.
D'insulter des homm's vivant encore,
Quand j'voyais des lâch's se faire un jeu ;
  Ah ! mille ventrebleu,
  Quoi ! d'vant moi, morbleu,
   J' souffrirais
   Qu'un Français
   S' déshonore !
En avant, Fanfan La Tulipe, etc.

Longtemps soldat vaill' que vaille
Quoiqu'au d'voir toujours soumis
Un' fois hors du champ d' bataille,
J' n'ai jamais connu d'enn'mis ;
Des vaincus la touchante prière
M' fit toujours voler à leur s'cours.
  P't-êtr' que c' que pour eux
  J' fais, les malheureux
   L' f'ront un jour,
   A leur tour,
   Pour ma mère.
En avant, Fanfan La Tulipe, etc.

A plus d'une gentill' friponne
Maintes fois j'ai fait la cour,
Mais toujours à la dragonne :
C'est vraiment l' chemin l' plus court,
Et j' disais, quand une fille un peu fière
Sur l'honneur se mettait à dada :
« N' tremblons pas pour ça,
Car ces vertus-là
Tôt ou tard
Finiss'nt par
S' laisser faire. »
En avant, Fanfan La Tulipe, etc.

Mon père dans l'infortune,
M'app'la pour le protéger ;
Si j'avais eu d'la rancune
Quel moment pour me venger !
Mais un franc, un loyal militaire
D' ses parents doit toujours être l'appui.
Si j' n'avais eu que lui
Je s'rais aujourd'hui
Mort de faim ;
Mais enfin,
C'est mon père.
En avant, Fanfan La Tulipe, etc.

Maintenant je me repose
Sous le chaume hospitalier,
Et j'y cultive la rose
Sans négliger le laurier.
D' mon armur' je détache la rouille.
Si le roi m'app'lait dans les combats,
De nos jeun's soldats
En guidant les pas,
J' m'écrirais :
« J' suis Français !
Qui touche mouille.
En avant, Fanfan La Tulipe,
Mill' millions d'un' pipe,
En avant ! »

E. DEBRAUX.

LE PETIT MAITRE.

Ainsi doit être
Un petit-maître :
Léger, amusant,
Vif, complaisant,
  Plaisant,
Railleur aimable,
Traître adorable,
C'est l'homme du jour,
Fait pour l'amour.

D'un fade langage,
D'un froid persiflage,
Il fait un vain étalage ;
Il veut tout savoir,
Il veut tout voir.
Sur tout il chicane
  Et ricane,
Jugeant de tout
  Sans goût.

Ainsi doit être
Un petit-maître :
Léger, amusant,
Et sur le ton plaisant,
Railleur aimable,
Traître adorable.
C'est l'homme du jour,
Fait pour l'amour.

De la femme qu'il aura
Bientôt il se lassera,
On s'attend bien à cela ;
Mais chacun a de son côté
  Même liberté,
Et rien ne sera gâté.
A peine on se voit,
Sous le même toit,
Chacun, comme étranger,
Peut vivre à sa guise,
  Et s'arranger,
Sans qu'on s'en formalise.
Ainsi doit être

Un petit-maître :
Libre en ses désirs,
De plaisirs en plaisirs
Sans cesse il vole.
Toujours frivole.
C'est l'homme du jour
Fait pour l'amour.

L'esprit dégagé
De tout préjugé,
Un goût de caprice
Le prendra pour quelque actrice ;
Il la meublera
Et l'étalera ;
Et dans la coulisse,
D'un souper lui parlera...
Viens, c'est à l'écart,
Sur le rempart...
La désobligeante
Y conduit l'infante.
Là, parlant d'abord,
Soupant après,
On donne essor
Aux malins traits :
L'absent a tort,
Et les bons mots
Sont les plus sots propos.
On parle vers,
  Concerts,
  Bijoux,
  Ragoûts,
  Chevaux,
Romans nouveaux,
  Pagodes,
  Modes ;
  On médit,
On s'attendrit,
  On rit ;
Grand bruit
Au fruit :
Ensuite, au bal, on achève la nuit.

Le petit maître.

Le matin, mis comme un valet,
　　Pâle et défait,
Monsieur, dans un cabriolet,
　　Part comme un trait,
　　Et pousse deux
　　Chevaux fougueux,
Qui secouant leurs crins poudreux,
　　Renversent ceux
　　Qui sont près d'eux !
　　Et s'échappant,
　　En galopant,
　　Dans ce fracas,
　　Doublent le pas.

Notre moderne Phaéton,
　　Prenant un ton,
Va chez plusieurs femmes de nom,
Leur fait la cour, pour les trahir,
Les aime, comme on doit haïr,
Ensuite il envoie un coureur
Chez le Maignan, chez l'Empereur[1]
Demander des assortiments
Des rivières de diamants
Pour sa déesse d'Opéra
　　Qui bientôt s'en rira.

　　Ainsi doit être, etc.

FRANÇOIS DE NEUFCHATEAU.

LE ROSIER.

Je l'ai planté, je l'ai vu naître,
Ce beau rosier où les oiseaux
Au matin, près de ma fenêtre,
Viennent chanter sous ses rameaux.

Joyeux oiseaux, troupe amoureuse,
Ah ! par pitié, ne chantez pas :
L'amant qui me rendait heureuse
Est parti pour d'autres climats.

Pour les trésors du nouveau monde
Il fuit l'amour, brave la mort.
Hélas ! pourquoi chercher sur l'onde
Le bonheur qu'il trouvait au port ?

Vous, passagères hirondelles,
Qui revenez chaque printemps,
Oiseaux voyageurs, mais fidèles,
Ramenez-le-moi tous les ans.

[1] Célèbres bijoutiers de l'époque.

COLINETTE AU BOIS S'EN ALLA.

Colinette au bois s'en alla,
En sautillant par-ci, par-là ;
Trala déridéra, trala déridéra
Un beau monsieur la rencontra.
Frisé par-ci, poudré par-là,
Trala déridéra, trala déridéra.
« Fillette, où courez-vous comm' ça ?
—Monsieur, j'm'en vais dans c'p'tit bois-là,
Cueillir la noisette. »
Trala déridéra, trala déridéra.
N'y a pas d'mal à ça,
Colinette,
N'y a pas d'mal à ça.

A ses côtés l' monsieur s'en va,
Sautant comme ell' par-ci, par-là,
Trala déridéra, trala déridéra.
« Où v'nez-vous donc, monsieur, comme ça ?
—J'vais avec vous dans c'p'tit bois-là.
Trala déridéra, trala déridéra.
Mais jusqu'à tant qu' nous soyons là,
Chantons gaîment par-ci, par-là,
La p'tit' chansonnette. »
Trala déridéra, trala déridéra.
N'y a pas d'mal à ça,
Colinette,
N'y a pas d'mal à ça.

L' monsieur lui dit, quand ils fur'nt là :
« Asseyons-nous sur c'gazon-là,
Trala déridéra, trala déridéra. »
Sans résistance il l'embrassa,
Et p'tit à p'tit, et cætera,
Trala déridéra, trala déridéra.
La pauvre fille, en sortant de là
Garda l' silence et puis pleura !
Personn' ne répète :
Trala déridéra, trala déridéra,
N'y a pas d'mal à ça,
Colinette,
N'y a pas d'mal à ça.

COUSIN JACQUES.

MANON LA COUTURIÈRE.

Qui veut savoir l'histoire entière,
De Mam'selle Manon la couturière,
Et de monsieux son cher zamant,
Qui l'aimait zamicablement.

Ce jeune homme-cy, t'un beau dimanche,
Qu'il buvait son d'mi-s'tier à la Croix-Blanche,
Fut accueilli par des farauds,
Qui racolent en manière de crocs.

L'un d'eux ly dit : Voulez-vous boire
A la santé du roi couvert de gloire?
A sa santé? dit-il, zoui-dà
Il mérite ben c't honneur-là.

On n'eut pas plus tôt dit la chose,
Qu'un racoleur ly dit et ly propose,
En lui disant en abrégé,
Qu'avec eux-t-il est zengagé.

Oh! c' n'est pas comm' ça qu'on zengage,
Répond le jeun' garçon, faisant tapage.
Yau guet! yau guet! yau guet! yau guet!
Le guet vient pour savoir le fait.

Pour afin d'éclaircir l'affaire,
Le guet les mèn' trétous chez l'commissaire
Qui condamne l' jeune garçon
D'aller faire un tour t'en prison.

Ah! voyez-t-un peu l'injustice
De ces messieurs les gens de la justice!
Ils vous jugeont sans jugement,
Sans savoir l'queul qu'est l'innocent.

Sachant cela, Manon z'habile.
S'en va tout droit de cheux M. d' Marville,
Pour lui raconter zen pleurant
Le malheur de son accident.

Manon la couturière.

Monsieux le lieutenant de police,
Soit par raison d'État ou par malice,
  Dit : Mam'sell' quoiqu' vous parlez bien,
  Vot' serviteur ; vous n'aurez rien.

  Là-d'ssus, c'te pauvre chère amante
Pleure encore un p'tit brin, pour qu'ça le tente.
  Mais voyant qu' ça n'opérait pas,
  Pour la cour all' part de ce pas.

  A Fontainebleau zelle arrive
Quasi presque toute aussi morte que vive,
  S' jette au cou de M. Villeroi,
  Qu'alle prit d'abord pour le roi.

  Monsieux, vot' servante...—J' suis l' vôtre.
C' n'est pas moi qu'est l' roi, c'est un autre.
  Mon enfant, t'nez, l' v'là tout là bas...
  —Ah, Monsieux, je l'vois, n' bougez pas.

  Sire, excusez si j' vous dérange ;
Mais c'est que je ne dors, ne bois, ni ne mange,
  Du depuis que l'amant que j'ai,
  Sur vot' respect, est zengagé.

  On zy a forcé sa signature
De signer un papier plein d'écriture ;
  Il ne serait point zenrôlé,
  Sy on ne l'avait pas violé.

  Le roi, qu'est la justice même,
Dit : « Vous méritez qu' vote amant vous aime. »
  Puis lui fit donner mill' zécus,
  Et le congé par là-dessus.

  Ah, dit-elle, roi trop propice,
S'il y avait queuqu' chose pour vot' sarvice,
  Je pourrions nous employer, dà....
  L'roi dit qu'il n'voulait rien pour ça.

  De Paris regagnant la ville,
Elle reva cheux monsieux de Marville.
  M' faut mon amant, rendez-le-moi :
  T'nez, lisez, v'là l'ordre du roi.

  —Il est trop tard, Mademoiselle.—
Quand il serait encor plus tard, l'y dit-elle,

M' faut mon amant, je l' veut avoir
Non pas demain, mais drès ce soir.

L' magistrat, voyant ben que c't ordre,
Allait lui donner du fil à retordre,
Fit venir le jeune garçon,
Et puis le remit à Manon.

Vous jugez comme ils s'embrassirent,
Et puis ensuite comme ils s'épousirent,
Et l'on entend dire en tout lieu,
Que c'est un petit ménage de Dieu.

Filles qui faites les fringantes,
Parmi vous trouve-t-on de tell's amantes ?
Profitez de cette leçon ;
Vous aurez le sort de Manon.

VADÉ.

MA TANTE MARGUERITE.

Ma vieille tante Marguerite.
Qui touche à ses quatre-vingts ans,
Me dit toujours : « Pauvre petite,
Craignez les propos séduisants ;
Fillette doit fuir au plus vite
Quand un berger lui fait la cour.
—Ah ! vieille tante Marguerite,
Vous n'entendez rien à l'amour. *bis.*

Eh quoi ! lorsque, dans la prairie,
On me dira bien poliment
Que je suis aimable et jolie,
Faudra-t-il me fâcher vraiment !
Un beau berger, si je l'irrite,
Prendrait de l'humeur à son tour.
Ah ! vieille tante Marguerite,
Vous n'entendez rien à l'amour. *bis.*

Toutes les filles de mon âge
En cachette écoutent déjà
Des garçons le tendre langage,
Je ne vois pas grand mal à ça.
Ma tante veut qu'on les évite :
Mais je répondrai chaque jour :
Ah ! vieille tante Marguerite,
Vous n'entendez rien à l'amour. *bis.*

Et l'innocente, un soir, seulette,
Fit la rencontre de Colin,
Qui, d'abord, lui conta fleurette,
Puis l'égara de son chemin ;
Si bien que la pauvre petite
N'osa plus dire à son retour :
« Ah ! vieille tante Marguerite
Vous n'entendez rien à l'amour. » *bis.*

LES GRANDES VÉRITÉS.

Oh ! le bon siècle, mes frères,
Que le siècle où nous vivons !
On ne craint plus les carrières
Pour quelques opinions.
Plus libre que Philoxène,
Je déchire le rideau ;
Coulez, mes vers, de ma veine.
Peuple, voici du nouveau.

La chandelle nous éclaire,
Le grand froid nous engourdit,
L'eau fraîche nous désaltère,
On dort bien dans un bon lit ;
On fait vendange en septembre,
En juin viennent les chaleurs ;
Et quand je suis dans ma chambre,
Je ne suis jamais ailleurs.

Rien n'est plus froid que la glace.
Pour saler il faut du sel.
Tout fuit, tout s'use et tout passe ;
Dieu lui seul est éternel.
Le Danube n'est pas l'Oise,
Le soir n'est pas le matin,
Et le chemin de Pontoise
N'est pas celui de Pantin.

Le plus sot n'est qu'une bête,
Le plus sage est le moins fou ;
Les pieds sont loin de la tête,
La tête est bien près du cou.
Quand on boit trop on s'enivre ;
La sauce fait le poisson ;
Un pain d'une demi-livre
Pèse plus d'un quarteron.

Romulus a fondé Rome,
On se mouille quand il pleut.
Caton fut un honnête homme.
Ne s'enrichit pas qui veut.

On n'aime pas la moutarde
Que l'on sert après dîné.
Parlez-moi d'une camarde
Pour avoir un petit nez.

Quand un malade a la fièvre
Il ne se porte pas bien.
Qui veut courir plus d'un lièvre,
A coup sûr n'attrape rien.
Soufflez sur votre potage,
Bientôt il refroidira.
Enfermez votre fromage,
Ou le chat le mangera.

Les chemises ont des manches.
Tout coquin n'est pas pendu.
Tout le monde court aux branches
Lorsque l'arbre est abattu.
Qui croit tout est trop crédule.
En mesure il faut danser.
Une écrevisse recule
Toujours au lieu d'avancer.

Point de mets que l'on ne mange,
Mais il faut du pain avec,
Et des perdrix sans orange
Valent mieux qu'un hareng sec.
Une tonne de vinaigre
Ne prend pas un moucheron.
A vouloir blanchir un nègre
Un barbier perd son savon.

On ne se fait pas la barbe
Avec un manche à balai.
Plantez-moi de la rhubarbe,
Vous n'aurez pas de navet.
C'était le cheval de Troie
Qui ne buvait pas de vin ;
Et les ânes qu'on emploie
Ne sont pas tous au moulin.

Les grandes vérités.

J'ai vu des cailloux de pierre,
Des arbres dans les forêts,
Des poissons dans la rivière,
Des grenouilles aux marais.
J'ai vu le lièvre imbécile
Craignant le vent qui soufflait,
Et la girouette mobile
Tournant au vent qui tournait.

Le bon sens vaut tous les livres,
La sagesse est un trésor;
Trente francs font trente livres;
Du papier n'est pas de l'or;
Par maint babillard qui beugle
Le sourd n'est pas étourdi;
Il n'est rien tel qu'un aveugle
Pour n'y voir goutte à midi.

ARMAND CHARLEMAGNE.

LA MUSETTE.

O ma tendre musette,
Musette des amours,
Toi qui chantais Lisette,
Lisette et ses beaux jours,
D'une vaine espérance
Tu m'avais trop flatté :
Chante son inconstance
Et ma fidélité.

C'est l'amour, c'est sa flamme
Qui brille dans ses yeux :
Je croyais que son âme
Brûlait des mêmes feux.
Lisette à son aurore
Respirait le plaisir.
Hélas! si jeune encore
Sait-on déjà trahir?

Sa voix, pour me séduire,
Avait plus de douceur.
Jusques à son sourire,
Tout en elle est trompeur;
Tout en elle intéresse;
Et je voudrais, hélas!
Qu'elle eût plus de tendresse,
Ou qu'elle eût moins d'appas.

O ma tendre musette,
Console ma douleur;
Parle-moi de Lisette:
Ce nom fait mon bonheur.
Je la revois plus belle,
Plus belle tous les jours :
Je me plains toujours d'elle,
Et je l'aime toujours.

LA HARPE.

NOUS N'AVONS QU'UN TEMPS A VIVRE.

Nous n'avons qu'un temps à vivre,
Amis, passons-le gaîment;
Que celui qui doit le suivre
Ne nous cause aucun tourment.

A quoi sert d'apprendre l'histoire ?
N'est-ce pas la même partout ?

Apprenons seulement à boire :
Quand on sait bien boire on sait tout.

Nous n'avons qu'un temps à vivre, etc.

Qu'un tel soit général d'armée ;
Que l'Anglais succombe sous lui :
Moi qui vis bien sans renommée,
Je ne veux vaincre que l'ennui.

Nous n'avons qu'un temps à vivre, etc.

A parcourir la terre et l'onde,
On perd trop de temps en chemin ;
Faisons plutôt tourner le monde
Par l'effet de ce jus divin.

Nous n'avons qu'un temps à vivre, etc.

Qu'un savant à voir les planètes
Occupe son plus beau loisir ;
Je n'ai pas besoin de lunettes
Pour apercevoir le plaisir.

Nous n'avons qu'un temps à vivre, etc.

Qu'un avide alchimiste exhale
Sa fortune en cherchant de l'or ;
J'ai ma pierre philosophale
Dans un cœur qui fait mon trésor.

Nous n'avons qu'un temps à vivre, etc.

Au grec, à l'hébreu je renonce :
Ma maîtresse entend le français ;
Sitôt qu'à boire ! je prononce,
Elle me verse du vin frais.

Nous n'avons qu'un temps à vivre,
Amis, passons-le gaîment :
Que celui qui doit le suivre
Ne nous cause aucun tourment.

LE COMTE DE BONNEVAL.

LE ROI DES PLAISIRS ET LE PLAISIR DES ROIS.

Sous des lambris où l'or éclate
Fouler la pourpre et l'écarlate,
Sur un trône dicter des lois,
   C'est le plaisir des rois.
Sur la fougère et sur l'herbette,
Lire dans les yeux de Lisette
Qu'elle est sensible à nos soupirs,
   C'est le roi des plaisirs. *bis.*

Quelque part que l'on se transporte,
Être entouré d'une cohorte,
Voir des curieux jusques aux toits,
   C'est le plaisir des rois.
Quand on voyage avec Sylvie,
N'avoir pour toute compagnie
Que les amours et les zéphyrs,
   C'est le roi des plaisirs. *bis.*

Posséder des trésors immenses,
Briller par de riches dépenses,
Commander et donner des lois,
   C'est le plaisir des rois.
Toucher l'objet qui sait nous plaire;
Par un retour tendre et sincère,
Le voir sensible à nos désirs,
   C'est le roi des plaisirs. *bis.*

Agir et commander en maître,
Avec la poudre et le salpêtre
Fortement appuyer ses droits,
   C'est le plaisir des rois. [ronne,
Quand le tendre enfant nous cou-
Tenir du cœur ce qu'on nous donne,
Ne rien devoir qu'aux doux soupirs,
   C'est le roi des plaisirs. *bis.*

Des plus beaux bijoux de l'Asie
Parer une beauté chérie,
En charger sa tête et ses doigts,
   C'est le plaisir des rois.
Voir une petite fleurette
Toucher plus le cœur de Nanette
Que perles, rubans et saphirs,
   C'est le roi des plaisirs. *bis.*

Quand on est heureux à la guerre,
En informer toute la terre,
Publier partout ses exploits,
   C'est le plaisir des rois.
Lorsque l'amour nous récompense,
Goûter dans l'ombre et le silence
Le fruit de nos tendres soupirs,
   C'est le roi des plaisirs. *bis.*

Avec une meute bruyante,
Remplir les forêts d'épouvante,
Réduire des cerfs aux abois,
   C'est le plaisir des rois.
Avec une troupe choisie,
Chasser à grands coups d'ambroisie
La douleur et les vains soupirs,
   C'est le roi des plaisirs. *bis.*

Donner dans une grande fête
Des concerts à rompre la tête,
Où l'on entend mugir cent voix,
   C'est le plaisir des rois.
Dans un petit repas tranquille,
Par quelque gentil vaudeville,
Du cœur exprimer les désirs,
   C'est le roi des plaisirs. *bis.*

A des flatteurs, dont la souplesse
S'avilit jusqu'à la bassesse,
Donner souvent les beaux emplois,
   C'est le plaisir des rois. [me,
Verre en main près de ce qu'on ai-
Railler ceux qu'une ardeur extrême
De l'ambition rend martyrs,
   C'est le roi des plaisirs. *bis.*

PANARD.

Le Roi des Plaisirs.

QUAND ON EST MORT, C'EST POUR LONGTEMPS.

Quand on est mort, c'est pour longtemps,
Dit un vieil adage
Fort sage ;
Employons donc bien nos instants,
Et contents,
Narguons la faux du temps.

De la tristesse
Fuyons l'écueil ;
Évitons l'œil
De l'austère sagesse.
De sa jeunesse
Qui jouit bien
Dans sa vieillesse
Ne regrettera rien.
Si tous les sots
Dont les sanglots
Mal à propos
Ont éteint l'existence,
Redevenaient
Ce qu'ils étaient,
Dieu sait, je pense,
Comme ils s'en donneraient!
Quand on est mort, etc.

Pressés d'éclore,
Que nos désirs,
Que nos plaisirs
Naissent avec l'aurore ;
Quand Phébus dore
Notre réduit,
Chantons encore,
Chantons quand vient la nuit.
Des joyeux sons
De nos chansons
Étourdissons
La ville et la campagne,
Et que moussant

A notre accent,
Le gai champagne
Répète en jaillissant :
Quand on est mort, etc.

Jamais de gêne,
Jamais de soin ;
Est-il besoin
De prendre tant de peine
Pour que la haine,
Lançant ses traits,
Tout à coup vienne
Détruire nos succès ?
Qu'un jour mon nom
De son renom
Remplisse ou non
Le temple de Mémoire,
J'ai la gaîté.
J'ai la santé,
Qui vaut la gloire
De l'immortalité !
Quand on est mort, etc.

Est-il monarque
Dont les bienfaits,
Dont les hauts faits
Aient désarmé la Parque?
Le souci marque
Leur moindre jour,
Et puis la barque
Les emporte à leur tour.

Je n'ai pas d'or,
Mais un trésor
Plus cher encor
Me console et m'enivre :
J'aime, je bois,
Je plais parfois ;
Qui sait bien vivre
Est au-dessus des rois.
Quand on est mort, etc.

Au lit, à table,
Aimons, rions,
Puis envoyons
Les affaires au diable.
Juge implacable,
Sot chicaneur,
Juif intraitable,
Respectez mon bonheur.
Je suis, ma foi,
De mince aloi.
Épargnez-moi
Votre griffe funeste....
Sans vous, hélas !
N'aurai-je pas
Du temps de reste
Pour me damner là-bas ?
Quand on est mort, etc.

Quand le tonnerre
Vient en éclats
De son fracas
Épouvanter la terre,
De sa colère
Qu'alors pour nous
Le choc du verre
Amortisse les coups.
Bouchons, volez !
Flacons, coulez !
Buveurs, sablez !
Un dieu sert les ivrognes.
Au sein de l'air.
Que notre œil fier,
Nos rouges trognes
Fassent pâlir l'éclair.
Quand on est mort, etc.

De la guinguette
Jusqu'au boudoir,
Matin et soir
Circulons en goguette.
Guerre aux grisettes,
Guerre aux jaloux,
Guerre aux coquettes,
Surtout guerre aux époux.
Sur vingt tendrons
Bien frais, bien ronds,
En francs lurons
Faisons rafle à toute heure
Puisque aussi bien,
Sage ou vaurien,
Il faut qu'on meure,
Ne nous refusons rien.

Quand on est mort, c'est pour longtemps,
Dit un vieil adage
Fort sage ;
Employons donc bien nos instants,
Et contents,
Narguons la faux du temps.

DÉSAUGIERS.

NOUS ÉTIONS TROIS FILLES.

Nous étions trois filles,
Bonnes à marier,
Nous nous en allâmes,
Dans un pré danser,
Dans le pré, mes compagnes,
Qu'il fait bon danser !

Nous nous en allâmes
Dans un pré danser,
Nous fîmes rencontre
D'un joli berger,
Dans le pré, etc.

Nous fîmes rencontre
D'un joli berger,
Il prit la plus jeune,
Voulut l'embrasser.
Dans le pré, etc.

Il prit la plus jeune
Voulut l'embrasser.
Nous nous mîmes toutes
A l'en empêcher.
Dans le pré, etc.

Nous nous mîmes toutes
A l'en empêcher,
Le berger timide
La laissa aller.
Dans le pré, mes compagnes,
Qu'il fait bon danser !

Le berger timide
La laissa aller.
Nous nous écriâmes :
Ah ! le sot berger !
Dans le pré, etc.

Nous nous écriâmes :
Ah ! le sot berger !
Quand on tient l'anguille
Il faut la manger.
Dans le pré, etc.

Quand on tient l'anguille
Il faut la manger,
Quand on tient les filles
Faut les embrasser.
Dans le pré, etc.

LES SOUHAITS.

Que ne suis-je la fougère
Où, sur le soir d'un beau jour,
Se repose ma bergère
Sous la garde de l'Amour !

Que ne suis-je le Zéphire
Qui rafraîchit ses appas,
L'air que sa bouche respire,
La fleur qui naît sous ses pas !

Que ne suis-je l'onde pure
Qui la reçoit dans son sein !
Que ne suis-je la parure
Qui la couvre après le bain !

Que ne suis-je cette glace
Où son portrait répété
Offre à nos yeux une grâce
Qui sourit à la beauté !

Que ne puis-je par un songe
Tenir son cœur enchanté !
Que ne puis-je du mensonge
Passer à la vérité !

Les dieux qui m'ont donné l'être
M'ont fait trop ambitieux.
Car enfin je voudrais être
Tout ce qui plaît à ses yeux.

Nous étions trois Filles.

CE QU'ON VOIT BEAUCOUP ET CE QU'ON NE VOIT GUÈRE.

Chez les savants la suffisance,
Chez les chantres l'intempérance,
L'avidité chez les traitants,
C'est ce qu'on voit en tout temps :
Le scrupule chez les notaires,
Le courage chez les auteurs,
La mémoire chez les seigneurs,
    C'est ce qu'on ne voit guères.

Qu'une ville que l'on doit prendre
Soit encore longue à se rendre
Lorsqu'on est maître des faubourgs,
C'est ce qu'on voit tous les jours :
Mais que, dans l'île de Cythère,
Un fort soit longtemps défendu
Quand le moindre poste est rendu,
    C'est ce qu'on ne voit guère.

Ce qu'un homme franc a dans l'âme
Ce qu'un jeune amant sent de flamme,
Ce qu'un prodigue a de comptant,
C'est ce qu'on voit dans l'instant :
Ce qu'un politique veut faire,
Ce qu'un sournois a dans l'humeur,
Ce qu'une femme a dans le cœur,
    C'est ce qu'on ne voit guère.

Du savoir chez les ignorantes,
De l'esprit chez les innocentes,
Chez les Agnès de petits tours,
C'est ce qu'on voit tous les jours :
Du secret chez les mousquetaires,
De la pudeur chez un abbé,
Chez les pages de la bonté,
    C'est ce qu'on ne voit guères.

Les regrets avec la vieillesse,
Les erreurs avec la jeunesse,
La folie avec les amours,
C'est ce qu'on voit tous les jours :
L'enjouement avec les affaires,

Les grâces avec le savoir,
Le plaisir avec le devoir,
  C'est ce qu'on ne voit guères:

De bons nez chez les parasites,
Des yeux doux chez les hypocrites,
Des bras longs chez les gens de cour,
C'est ce qu'on voit chaque jour :
Des doigts courts chez les commissaires
Des mains gourdes chez les sergents,
Chez les clercs de mauvaises dents,
  C'est ce qu'on ne voit guères.

Qu'un objet qui danse ou qui chante
Fasse une figure brillante.
Moyennant un certain secours,
C'est ce qu'on voit tous les jours :
Mais qu'en ce métier l'on prospère,
Sans vendre fort cher à quelqu'un
Quelque chose de très-commun,
  C'est ce qu'on ne voit guère.

Des forgeurs de pièce nouvelle,
Des gens qui s'usent la cervelle
Pour trouver quelques traits pointus,
C'est ce que l'on voit tant et plus :
Aux Français de nouveaux Molières,
A l'Opéra du vrai Lulli,
De l'Almazine en ce lieu-ci,
  C'est ce qu'on ne voit guères.

PANARD.

AMIS, LA MATINÉE EST BELLE.

Amis la matinée est belle :
Sur le rivage assemblez-vous ;
Montez gaiement votre nacelle ;
Et des vents bravez le courroux.
Conduis ta barque avec prudence,
  Pêcheur, parle bas ;
Jette tes filets en silence,
  Pêcheur, parle bas,
Le roi des mers ne t'échappera pas ! *(bis.)*

L'heure viendra, sachons l'attendre ;
Plus tard nous saurons la saisir.
Le courage fait entreprendre,
Mais l'adresse fait réussir.
Conduis ta barque, etc.

Pêcheur, sur la mer orageuse,
Brave la mort et le destin ;
Pour une action périlleuse,
Vogue sans peur en vrai marin.
Conduis ta barque, etc.

Ne redoute pas la baleine ;
Le temps est calme : il faut partir.
Si la conquête est incertaine,
Brave. ne crains pas de mourir.
Conduis ta barque avec prudence,
 Pêcheur, parle bas ;
Jette tes filets en silence,
 Pêcheur, parle bas,
Le roi des mers ne t'échappera pas ! *(bis.)*
     SCRIBE.

Les deux premiers couplets, seulement sont de M. Scribe. et sont extraits de la *Muette de Portici*, opéra en vente chez Tresse, galerie de Chartres, 2 et 3. Prix : 1 fr.

JADIS ET AUJOURD'HUI.

UN VIEILLARD.

Dans ma jeunesse,
Gaîment le temps passait :
On se divertissait,
Avec grâce on dansait,
Dans un bal on faisait
Admirer son adresse.
Aujourd'hui ce n'est plus cela :
Ce n'est qu'indolence,
Langueur, négligence ;
Les grâces, la danse
Sont en décadence,
 Et le bal va,
 Cahin, caha.

UNE VIEILLE.

Dans ma jeunesse,
La vérité régnait,
La vertu dominait.

La constance brillait,
La bonne foi réglait
L'amant et la maîtresse.
Aujourd'hui ce n'est plus cela :
Ce n'est qu'injustice,
Trahison, malice,
Changements, caprice,
Détours, artifice,
 Et l'amour va,
 Cahin, caha.

LE VIEILLARD.

Dans ma jeunesse,
Les veuves, les mineurs,
Avaient des défenseurs ;
Avocats, procureurs,
Juges et rapporteurs,
Soutenaient leur faiblesse.
Aujourd'hui ce n'est plus cela :

Jadis et Aujourd'hui.

L'on gruge, l'on pille,
La veuve, la fille,
Mineur et pupille,
Sur tout on grapille,
 Et Thémis va
 Cahin, caha.

LA VIEILLE.

Dans ma jeunesse
Quand deux cœurs amoureux
S'unissaient tous les deux,
Ils sentaient mêmes feux,
De l'hymen les doux nœuds
Augmentaient leur tendresse.
Aujourd'hui ce n'est plus cela :
 Quand l'hymen s'en mêle,
 L'ardeur la plus belle
 N'est qu'une étincelle,
 L'amour bat de l'aile,
 Et l'époux va,
 Cahin, caha.

LE VIEILLARD.

Dans ma jeunesse,
On voyait des auteurs,
Fertiles producteurs
Enchanter les lecteurs,
Charmer les spectateurs
Par leur délicatesse.
Aujourd'hui ce n'est plus cela :
 Les vers assoupissent,
 Les scènes languissent :
 Les Muses gémissent,
 Succombent, périssent :
 Pégase va
 Cahin caha.

LA VIEILLE.

Dans ma jeunesse,
Les papas, les mamans,
Sévères, vigilants,
En dépit des amants,
De leurs tendrons charmants
Conservaient la sagesse.
Aujourd'hui ce n'est plus cela :
 L'amant est habile,
 La fille docile,
 La mère facile,
 Le père imbécile,
 Et l'honneur va
 Cahin, caha.

LE VIEILLARD.

Dans ma jeunesse,
L'homme sobre et prudent,
Au plaisir moins ardent,
Se bornait sagement,
Et ce ménagement
Retardait sa vieillesse.
Aujourd'hui ce n'est plus cela :
 Honteux d'être sage,
 Le libertinage
 Dès quinze ans l'engage,
 A vingt il fait rage,
 A trente il va
 Cahin, caha.

LA VIEILLE.

Dans ma jeunesse,
Les femmes dès vingt ans
Renonçaient aux amants ;
De leurs engagements
Les devoirs importants
Les occupaient sans cesse.
Aujourd'hui ce n'est plus cela :
 Plus d'une grand'mère
 S'efforce de plaire,
 Et veut encore faire
 Un tour à Cythère :
 La bonne y va
 Cahin, caha.

LE VIEILLARD.

Dans ma jeunesse,
Des riches partisans
Les trésors séduisants,
Les fêtes, les présents
N'étaient pas suffisants
Pour vaincre une maîtresse.
Aujourd'hui ce n'est plus cela,
 Un commis sans peine
 Gagne une Climène,
 Et dès qu'à Vincenne
 En fiacre il la mène,
 La vertu va
 Cahin, caha.

LES BOSSUS.

Depuis longtemps je me suis aperçu
De l'agrément qu'on a d'être bossu.
Polichinelle en tous lieux si connu,
Toujours chéri, partout si bien venu,
Fait le gros dos parce qu'il est bossu.

Loin qu'une bosse soit un embarras,
De ce paquet on fait un fort grand cas :
Quand un bossu l'est derrière et devant,
Son estomac est à l'abri du vent,
Et ses épaules sont plus chaudement.

On trouve ici des gens assez mal nés
Pour s'aviser d'aller leur rire au nez :
Ils l'ont toujours aussi long que le bec
De cet oiseau que l'on trouve à Québec ;
Et leur babil inspire le respect.

Tous les bossus ont ordinairement
Le ton comique et beaucoup d'agrément
Quand un bossu se montre de côté,
Il règne en lui certaine majesté,
Qu'on ne peut voir sans être enchanté.

Si j'avais eu les trésors de Crésus.
J'aurais rempli mon palais de bossus.
On aurait vu près de moi, nuit et jour,
Tous les bossus s'empresser tour à tour,
De montrer leur éminence à ma cour.

Dans mes jardins, sur un beau piédestal
J'aurais fait mettre un Ésope en métal,
Et par mon ordre, un de mes substituts
Aurait gravé près de ses attributs :
Vive la bosse et vivent les bossus !

Concluons donc, pour aller jusqu'au bout,
Qu'avec la bosse on peut passer partout
Qu'un homme soit ou fantasque ou bourru,
Qu'il soit chassieux, malpropre, mal vêtu,
On le distingue alors qu'il est bossu.

LA MÈRE BONTEMPS.

La mère Bontemps
S'en allait disant aux fillettes :
 « Dansez, mes enfants,
Tandis que vous êtes jeunettes ;
 La fleur de gaîté
 Ne croît point l'été :
Née au printemps comme la rose,
Cueillez-la dès qu'elle est éclose :
 Dansez à quinze ans,
 Plus tard il n'est plus temps.

 A vingt ans mon cœur
Crut l'Amour un dieu plein de char-
 Ce petit trompeur.   [mes ;
M'a fait répandre bien des larmes !
 Il est exigeant,
 Boudeur et changeant ;
Fille qu'il tient sous son empire
Fuit le monde, rêve et soupire.
 Dansez à quinze ans,
 Plus tard il n'est plus temps.

 Les jeux et les ris
Dansèrent à mon mariage :
 Mais bientôt j'appris
Qu'il est d'autres soins en ménage.
 Mon mari grondait,
 Mon enfant criait.
Moi, ne sachant auquel entendre,
Sous l'ormeau pouvais-je me ren-
 Dansez à quinze ans,   [dre?
 Plus tard il n'est plus temps.

 L'instant arriva
Où ma fille me fit grand'mère.
 On tousse en parlant,
 Quand on est là ;
Danser n'intéresse plus guère :
 On marche en tremblant ;
Au lieu de sauter la gavotte,
Dans un grand fauteuil on radote.
 Dansez à quinze ans,
 Plus tard il n'est plus temps.

 Voyez les Amours
Jouer encor près de Louise.
 Elle plaît toujours,
Au bal elle serait de mise ;
 Comme moi pourtant,
 Sans cesse on l'entend
Dire et redire à ses fillettes,
Si gentilles, si joliettes :
 Dansez à quinze ans,
 Plus tard il n'est plus temps. »

PHILIPPON DE LA MADELEINE.

LA RESSEMBLANCE ET LA DIFFÉRENCE.

Mars et l'Amour en tous lieux
Savent triompher tous deux :
 Voilà la ressemblance.
L'un règne par la fureur,
Et l'autre par la douceur :
 Voilà la différence.

Le voleur et le tailleur
Du bien d'autrui font le leur :
 Voilà la ressemblance.
L'un vole en nous dépouillant,
Et l'autre en nous habillant ;
 Voilà différence.

La mère Bontemps.

L'amourette et le procès.
Tous deux causent bien des frais :
   Voilà la ressemblance.
Dans l'un on gagne en perdant,
Dans l'autre on perd en gagnant :
   Voilà la différence.

Clitandre se plaint d'Iris,
Damon se plaint de Laïs :
   Voilà la ressemblance.
L'un murmure des rigueurs,
L'autre gémit des faveurs :
   Voilà la différence.

Belle femme et bon mari
Font aisément un ami :
   Voilà la ressemblance.
L'une en se servant des yeux,
L'autre en les fermant tous deux :
   Voilà la différence.

Le chasseur et l'amoureux
Battent le buisson tous deux :
   Voilà la ressemblance.
Bien souvent dans le taillis
L'un attrappe et l'autre est pris :
   Voilà la différence.

Un rien détruit une fleur,
Un rien fait périr l'honneur :
   Voilà la ressemblance.
La fleur peut renaître un jour,
L'honneur se perd sans retour :
   Voilà la différence.

Par gens prudents et discrets
Clystère et contrat sont faits :
   Voilà la ressemblance.
L'un est fait pour engager,
Et l'autre pour dégager :
   Voilà la différence.

Clef de fer et clef d'argent
Ouvrent tout appartement :
   Voilà la ressemblance.
Le fer ouvre avec fracas,
L'argent sans bruit et tout bas :
   Voilà la différence.

La douceur et la beauté
Font notre félicité :
   Voilà la ressemblance.
La beauté deux ou trois ans,
La douceur dans tous les temps :
   Voilà la différence.

Hippocrate et le canon
Nous dépêchent chez Pluton :
   Voilà la ressemblance.
L'un le fait pour de l'argent,
Et l'autre gratuitement :
   Voilà la différence.

Adolescents et barbons
Pour aimer ne sont pas bons :
   Voilà la ressemblance.
Il n'est pas temps à quinze ans,
A soixante il n'est plus temps :
   Voilà la différence.

L'amour donne un grand désir,
Il cause aussi grand plaisir :
   Voilà la ressemblance.
Le désir est son berceau,
Le plaisir est son tombeau ;
   Voilà la différence.

Maint procureur et drapier
D'allonger font leur métier :
   Voilà la ressemblance.
L'un allonge le procès
Et l'autre le Van Robez :
   Voilà la différence.

Le perroquet et l'acteur
Tous deux récitent par cœur :
   Voilà la ressemblance.
Devant le monde assemblé
L'un siffle, l'autre est sifflé :
   Voilà la différence.

Critiquer, satiriser,
C'est aux abus s'opposer :
   Voilà la ressemblance;
Par l'un on veut outrager,
Par l'autre on veut corriger.
   Voilà la différence.

LE CANAL SAINT-MARTIN.

Gais enfants du canal, répètez mon refrain !
De Pantin à Paris, de Paris à Pantin,
  Vive à jamais le canal St-Martin,
    Pour le joyeux gamin,
    L'honnête citadin,
  Vive à jamais le canal St-Martin (*bis*).

    Mariniers, blanchisseuses,
    Débardeurs, charbonniers,
    Ses écluses nombreuses
    Font vivre cent métiers ;
    Mieux que sur la rivière
    On y gagne son pain ;
    C'est son eau salutaire
    Qui nous fait boir' du vin !
      Gais enfants, etc.

    Le pêcheur à la ligne
    Espère et ne prend rien ;
    Le bourgeois d'un air digne
    Y vient baigner son chien ;
    Car malgré les affiches
    Depuis sa fondation,
    C'est d' messieurs les caniches
    L'école de natation.
      Gais enfants, etc.

    C'est encore très-commode
    Pour les marchands de vin,
    Et plus d'un s'accommode
    De puiser chez l' voisin ;
    Dans l'intérêt d' l'ivrogne
    Qui pourrait s' faire du mal,
    Les vendanges de Bourgogne
    Se font dans le canal.
      Gais enfants, etc.

    Mais voici la nuit sombre :
    Sur les bords du canal,
    Je vois glisser une ombre,

J'entends comme un signal ;
Au ciel pas une étoile ;
Bourgeois, rentrez chez vous ;
La lune a mis son voile,
C'est l'heure des filous !...

Redoutez, redoutez, honnête citadin,
De Pantin à Paris, de Paris à Pantin ;
Ah ! redoutez le canal St-Martin.
   De minuit au matin,
    Honnête citadin,
Ah ! redoutez le canal St-Martin. (*bis*.)

Paroles de MM. Dupeuty et Cormon. Musique de M Paul Henrion. Extrait de la pièce *le Canal Saint-Martin*. Prix : 50 cent. En vente chez M. Marchant, éditeur, boulevard Saint-Martin, 12.

LA MARMOTTE EN VIE.

J'ai quitté la montagne
Où jadis je naquis,
Pour courir la campagne
Et venir à Paris.
Ah ! voyez donc la marmotte,
  La marmotte en vie.
Donnez quequ' chose à Javotte
  Pour sa marmotte en vie.
Ah ! voulez-vous voir la marmotte,
  La marmotte en vie ;
Ah ! donnez quequ' chose à Javotte
  Pour sa marmotte en vie.

De village en village
Je m'en allai tout droit,
Portant petit bagage,
Criant dans chaque endroit :
« Ah ! voyez donc la marmotte
  La marmotte en vie.
Donnez quequ' chose à Javotte
  Pour sa marmotte en vie,
Ah ! voulez-vous voir la marmotte
  La marmotte en vie ;
Ah ! donnez quequ' chose à Javotte,
  Pour sa marmotte en vie. »

Quand j' fus à la barrière,
Un commis m'arrêta,
M' disant : « Jeune étrangère,
Que portez-vous donc là ?
—Ah ! monsieur, c'est la marmotte,
  La marmotte en vie !
Donnez quequ' chose à Javotte
  Pour sa marmotte en vie ;
Ah ! voulez-vous voir la marmotte,
  La marmotte en vie,
Ah ! donnez quequ' chose à Javotte,
  Pour sa marmotte en vie.

—Passez, la jeune fille,
Avec ce petit bien ;
Quand on est si gentille,
Au roi l'on ne doit rien.
Allez crier la marmotte,
  La marmotte en vie.
D'mandez quequ'chose pour Javotte,
  Pour sa marmotte en vie. »
Ah ! voulez-vous voir la marmotte,
  La marmotte en vie ;
Ah ! donnez quequ'chose à Javotte.
  Pour sa marmotte en vie.

La Marmotte en vie.

Un beau monsieur me r'garde,
Puis s'arrête tout doux :
« La belle Savoyarde,
Montre-moi tes bijoux ;
Ah ! voyons donc c'te marmotte,
C'te marmotte en vie.
J' donn'rai queuqu' chose à Javotte
Pour sa marmotte en vie.
« Ah ! montre-moi ta marmotte,
Ta marmotte en vie ;
Oui j' donn'rai queuqu' chose à Ja- [votte,
Pour sa marmotte en vie. »

Moi, sans plus de mystère,
Soudain j' le satisfis.
Il ouvre son aumônière,
Puis, comptant ses louis :
Ah ! prête-moi ta marmotte,
Ta marmotte en vie.
J' donn'rai tout c' t or à Javotte
Pour sa marmotte en vie.
Ah ! prête-moi ta marmotte,
Ta marmotte en vie ;
Oui, j' donn'rai tout c't or à Javotte
Pour sa marmotte en vie. »

Que faire, pauvre fille,
En voyant tant d'argent ?
D'aise mon cœur pétille.
J'accepte le présent...
« Prenez, prenez la marmotte,
La marmotte en vie.
Donnez, donnez à Javotte
Pour sa marmotte en vie ;
Ah ! caressez la marmotte,
La marmotte en vie ;
Ah ! donnez, donnez à Javotte
Pour sa marmotte en vie. »

Mais ce bien que j' regrette,
Il me l'prit pour son or ;
N'ai plus que la coffrette
Où gardais ce trésor.
Ah ! j'ai perdu la marmotte
La marmotte en vie.
C'en est fait, pauvre Javotte,
D'ta marmotte en vie !
Ah ! oui, j'ai perdu la marmotte,
La marmotte en vie,
Ah ! c'en est fait, pauvre Javotte,
D' ta marmotte en vie !

RONDE DE TABLE.

Allons, mettons-nous en train ;
Qu'on rie,
Et que la folie,
D'un aussi joli festin
Vienne couronner la fin.

Si par quelques malins traits
Les convives se provoquent,
Ici ce ne sont jamais
Que les verres qui se choquent.
Allons, etc.

Le vin donne du talent
Et vaut, dit-on, une muse ;
Or donc, en me l'infusant,
J'aurai la science infuse.
Allons, etc.

Amis, c'est en préférant
La bouteille à la carafe,
Qu'on voit le plus ignorant
Devenir bon géographe.
Allons, etc.

Beaune, pays si vanté,
Châblis, Mâcon, Bordeaux, Grave..
Avec quelle volupté
Je vous parcours dans ma cave !
    Allons, etc,

Champagne, ton nom flatteur
A bien plus d'attraits, je pense,
Sur la carte du traiteur
Que sur la carte de France.
    Allons, etc.

A voir ainsi du pays,
On s'expose moins sans doute :
Il vaut mieux à mon avis,
Verser à table qu'en route.
    Allons, etc.

Je sais qu'une fois en train
On est étendu par terre
Tout aussi bien par le vin
Que par un vélocifère.
    Allons, etc.

Mais voyage qui voudra ;
A moins que l'on ne me chasse,
D'un autel où me voilà,
Je ne bougerai de place.
    Allons, etc.

Ce lieu vaut seul, en effet,
Toute la machine ronde,
Et le tour de ce banquet
Est pour moi le tour du monde.
    Allons, etc.

Il faudra pourtant, amis,
Fuir de ce séjour aimable,
En quittant ce paradis,
Nous nous donnerons au diable.

Allons, mettons-nous en train ;
    Qu'on rie,
    Et que la folie
D'un aussi joli festin
Vienne couronner la fin.

TONTON, TONTAINE.

Mes amis, partons pour la chasse :
Du cor j'entends le joyeux son
    Tonton, tonton,
  Tontaine, tonton.
Jamais ce plaisir ne nous lasse,
Il est bon en toute saison.
    Tonton,
  Tontaine, tonton.

A sa manière chacun chasse,
Et le jeune homme et le barbon
    Tonton, tonton,
  Tontaine, tonton.
Mais le vieux chasse la bécasse,
Et le jeune un gibier mignon.
    Tonton,
  Tontaine, tonton.

Pour suivre le chevreuil qui passe
Il parcourt les bois, le vallon.
    Tonton, tonton,
  Tontaine, tonton.
Et jamais, en suivant sa trace,
Il ne trouve le chemin long
    Tonton,
  Tontaine, tonton.

A l'affût le chasseur se place,
Guettant le lièvre ou l'oisillon.
    Tonton, tonton,
  Tontaine, tonton.
Mais si jeune fillette passe,
Il l'a prend : pour lui tout est bon,
    Tonton,
  Tontaine, tonton.

Le vrai chasseur est plein d'audace;
Il est gai, joyeux et luron.
    Tonton, tonton,
  Tontaine, tonton.
Mais, quelque fanfare qu'il fasse,
Le chasseur n'est pas fanfaron,
    Tonton,
  Tontaine, tonton.

Quand un bois de cerf l'embarrasse,
Chez sa voisine, sans façon,
    Tonton, tonton,
  Tontaine, tonton.
Bien discrètement il le place
Sur la tête d'un compagnon.
    Tonton,
  Tontaine, tonton.

Quand on a terminé la chasse,
Le chasseur se rend au grand rond.
    Tonton, tonton,
  Tontaine, tonton.
Et chacun boit à pleine tasse
Au grand saint Hubert, son patron.
    Tonton,
  Tontaine, tonton

Tonton, tontaine.

LA MANIÈRE DE VIVRE CENT ANS.

Si de votre vie.
Joyeux troubadours,
Vous avez l'envie
D'étendre le cours,
Écoutez les sons
De ma lyre sexagénaire;
Prêcher en chansons
Est ma fantaisie ordinaire.
Daignez donc vous taire
Pour quelques instants :
Voici la manière
De vivre cent ans.

S'endormir à l'heure
Où le jour s'enfuit,
Quitter sa demeure
Dès que le jour luit :
Au loin, de ses pas
Porter la marche irrégulière;
Pour chaque repas
Nouvelle course auxiliaire :
Et l'année entière
Même passe-temps,
Voilà la manière
De vivre cent ans.

Fier sur une tonne
Narguer le chagrin;
Prévoir, quand il tonne
Un ciel plus serein;
Se montrer soumis
Aux coups du sort parfois sévère;
Tendre à ses amis
Sa bourse, sa main et son verre.
Suivre la bannière
De Roger-Bontemps,
Voilà la manière
De vivre cent ans.

Des beautés factices
Redouter l'accueil,
De leurs artifices
Éviter l'écueil;
Sauver sa gaieté
Des flots de la gent chicanière :
De la Faculté
Fuir la doctrine meurtrière;
Ne faire la guerre
Qu'aux cerfs haletants,
Voilà la manière
De vivre cent ans.

Toujours honnête homme,
Marcher hardiment,
Toujours économe
Jouir sobrement;
Être par accès
Des neuf sœurs heureux tributaire,
Puis, avec succès,
Volant du Parnasse à Cythère,
A rimer et plaire
Consacrer son temps,
Voilà la manière
De vivre cent ans.

Lorsque du jeune âge
L'on sent fuir l'ardeur,
Dans un doux ménage
Chercher le bonheur :
Au gré de ses vœux
Voir bientôt son épouse mère,
Toujours plus heureux
Au bout de dix ans se voir père
D'une pépinière
D'enfants bien portants,
Voilà la manière
De vivre cent ans.

Du gai vaudeville
Fidèles troupeaux,
Parcourir la ville
Au son des pipeaux;
Convives grivois,
Chaque mois faire bonne chère,
Serrer chaque mois
Les nœuds d'une amitié si chère,
Se revoir, se plaire
Se quitter contents,
Voilà la manière
De vivre cent ans.

Faut-il par l'exemple
Vous convaincre tous?
J'en vois dans ce temple
Un bien doux pour nous.
Regardez Laujon,
L'honneur de notre sanctuaire;
Fils d'Anacréon,
Il boit et chante octogénaire;
Toute sa carrière
Fut un long printemps;
Voilà la manière
De vivre cent ans.

DÉSAUGIERS.

LES AMOURETTES.

Vivent les fillettes
Mais pour un seul jour;
J'ai des amourettes
Et n'ai point d'amour.

Hier, pour Céphise
Je quittai Doris;
Aujourd'hui c'est Lise,
A demain Chloris.
Vivent les fillettes, etc.

J'aime fort ma belle
Lorsqu'il m'en souvient;
Je lui suis fidèle
Quand son tour revient.
Vivent les fillettes, etc.

On entre au bocage,
Le plaisir vous suit.
On rentre au village,
Eh bien! tout est dit.
Vivent les filles, etc.

Vivent les fillettes,
Mais pour un seul jour;
J'ai des amourettes
Et n'ai point d'amour.

BERQUIN.

IL PLEUT BERGÈRE.

Il pleut, il pleut, bergère,
Presse tes blancs moutons,
Allons sous ma chaumière,
Bergère, vite, allons;
J'entends sur le feuillage
L'eau qui tombe à grand bruit;
Voici, voici l'orage;
Voilà l'éclair qui luit.

Entends-tu le tonnerre?
Il roule en approchant;
Prends un abri, bergère,
A ma droite, en marchant.
Je vois notre cabane...
Et, tiens, voici venir
Ma mère et ma sœur Anne,
Qui vont l'étable ouvrir.

Bonsoir, bonsoir, ma mère;
Ma sœur Anne, bonsoir;
J'amène ma bergère
Près de vous pour ce soir.
Va te sécher, ma mie,
Auprès de nos tisons,
Sœur, fais-lui compagnie.
Entrez, petits moutons.

Soignons bien, ô ma mère,
Son tant joli troupeau;
Donnez plus de litière
A son petit agneau.
C'est fait. Allons près d'elle.
Eh bien! donc, te voilà?
En corset qu'elle est belle!
Ma mère, voyez-la.

Soupons, prends cette chaise,
Tu seras près de moi;
Ce flambeau de mélèze
Brûlera devant toi;
Goûte de ce laitage.
Mais tu ne manges pas?
Tu te sens de l'orage.
Il a lassé tes pas.

Eh bien! voilà ta couche,
Dors-y jusques au jour;
Laisse-moi sur ta bouche
Prendre un baiser d'amour.
Ne rougis pas, bergère,
Ma mère et moi, demain,
Nous irons chez ton père
Lui demander ta main.

RICHARD, CŒUR DE LION.

O Richard! ô mon roi!
L'univers t'abandonne;
Sur la terre il n'est donc que moi
Qui s'intéresse à ta personne!
Moi seul dans l'univers,
Voudrais briser tes fers.
Et tout le monde t'abandonne.
O Richard! ô mon roi!
L'univers t'abandonne,
Et sur la terre il n'est que moi (bis).
Qui s'intéresse à ta personne.

Et sa noble amie... hélas! son cœur
Doit être navré de douleur;
Oui, son cœur est navré de douleur.
Monarques, cherchez des amis,
Non sous les lauriers de la gloire,
Mais sous les myrtes favoris
Qu'offrent les filles de Mémoire.
Un troubadour
Est tout amour,
Fidélité, constance,
Et sans espoir de récompense.

Il pleut Bergère.

O Richard! ô mon roi!
L'univers t'abandonne;
Sur la terre il n'est donc que moi
Qui s'intéresse à ta personne!
O Richard! ô mon roi!
L'univers t'abandonne;
Et sur la terre il n'est que moi,
Oui, c'est Blondel! il n'est que moi
Qui s'intéresse à ta personne!
N'est-il que moi (*bis*.)
Qui s'intéresse à ta personne?

SEDAINE.

DIS-MOI POURQUOI.

Depuis longtemps, gentille Annette,
Tu ne viens plus sous la coudrette,
Danser au son du chalumeau,
Lorsque tu quittes le hameau,
Fuyant les plaisirs de ton âge,
Tu vas rêver dans le bocage :
  Dis-moi
  Pourquoi! } *bis*.
Dansez, dansez, jeunes compagnes,
Dansez la ronde des montagnes;
Un jour (*bis*) vous saurez comme moi,
Un jour (*bis*) vous saurez pourquoi.

Lorsque tu viens dans le bocage
Si tristement chercher l'ombrage,
En même temps au fond du bois,
Lubin se glisse en tapinois.
Souvent le hasard vous rassemble,
Et l'on vous voit rêver ensemble.
  Dis-moi, etc.

A la retraite tant chérie
Tu vas toujours par la prairie;
Et d'une fleur, chaque matin,
Nous te voyons parer ton sein.
Le soir, hélas! à la veillée,
La pauvre fleur est effeuillée,
  Dis-moi, etc.

THÉAULON.

Extrait du *Petit Chaperon rouge*, opéra-comique en 3 actes, chez M. Tresse, éditeur, galerie de Chartres, 2 et 3. Prix : 60 cent.

RONDE DE RATON ET ROSETTE.

Courons d'la blonde à la brune,
A changer tout nous instruit;
Le croissant devient pleine lune,
Après l'beau temps l'mauvais suit.
  L'hirondelle
  Peu fidèle
Change de lieu tous les ans;
L'papillon, volage à l'extrême,
 Est errant dans nos champs.
  Si l'papillon,
  L'hirondelle,
  La lune,
La pluie et l'biau temps
 Sont changeants,
Il faut changer de même (*bis*).

A tout vent la girouette
Et les ailes du moulin,
Font toujours la pirouette
En tournant, tournant sans fin.
  Dans la pente
  L'eau serpente
Et fait cent tours différents.
On voit d'une inconstance extrême
Les zéphirs voltigeants.
  Si l'papillon,
  L'hirondelle,
  La lune.

 La pluie et l'biau temps,
  Les ruisseaux,
  Les oiseaux,
  Les moulins,
  La girouette,
  Les vents
  Sont changeants,
 Il faut changer de même,
  Et les monts
  Dans nos champs
  Sont constants,
 Je suis constant de même (*bis*).

LE MÉNAGE DE GARÇON.

Je loge au quatrième étage,
C'est là que finit l'escalier ;
Je suis ma femme de ménage,
Mon domestique et mon portier (*bis*).
Des créanciers quand la cohorte
Au logis sonne à tour de bras,
C'est toujours, en ouvrant la porte,
Moi qui dis que je n'y suis pas.

De tous mes meubles l'inventaire
Tiendrait un carré de papier ;
Pourtant je reçois d'ordinaire
Des visites dans mon grenier (*bis*).
Je mets les gens fort à leur aise :
A la porte un bavard maudit,
Tous mes amis sur une chaise,
Et ma maîtresse sur mon lit.

Vers ma demeure quand tu marches,
Jeune beauté, va doucement ;
Crois-moi, quatre-vingt-dix-huit marches
Ne se montent pas lestement (*bis*).
Lorsque l'on arrive à mon gîte,
On se sent un certain émoi ;
Jamais sans que son cœur palpite,
Une femme n'entre chez moi.

Gourmands, vous voulez, j'imagine,
De moi pour faire certain cas,
Avoir l'état de ma cuisine.
Sachez que je fais trois repas (*bis*) :
Le déjeuner m'est très-facile,
De tous côtés je le reçoi :
Je ne dîne jamais qu'en ville,
Et ne soupe jamais chez moi.

Je suis riche, et j'ai pour campagne
Tous les environs de Paris ;
J'ai mille châteaux en Espagne ;
J'ai pour fermiers tous mes amis (*bis*).

Le Ménage de Garçon.

J'ai, pour faire le petit-maître,
Sur la place un cabriolet ;
J'ai mon jardin sur ma fenêtre,
Et mes rentes dans mon gilet.

Je vois plus d'un millionnaire
Sur moi s'égayer aujourd'hui :
Dans ma richesse imaginaire,
Je suis aussi riche que lui (*bis*).
Je ne vis qu'au jour la journée,
Lui, vante ses deniers comptants :
Et puis, à la fin de l'année,
Nous arrivons en même temps.

Un grand homme a dit dans son livre
Que tout est bien, il m'en souvient.
Tranquillement laissons-nous vivre.
Et prenons le temps comme il vient (*bis*).
Si, pour recréer ce bas monde.
Dieu nous consultait aujourd'hui,
Convenons-en tous à la ronde,
Nous ne ferions pas mieux que lui.

JOSEPH PAIN.

PARIS, LA NUIT.

Les cafés se garnissent
De gourmets, de fumeurs,
Les théâtres s'emplissent
De joyeux spectateurs ;
Les passages fourmillent
De badauds, d'amateurs,
Et les filoux frétillent
Derrière les flâneurs.
Oui, voilà, mes amis, voilà, Paris la nuit,
Oui, du plaisir et du bruit,   } *bis*.
Voilà Paris la nuit.
Oh ! eh ! oh ! eh !
Voilà Paris la nuit ! (*bis*.)
Oui, du plaisir et du bruit,
Voilà Paris la nuit.

Les maris sont de garde...
Les amants au logis ;
Mais chut ! ça ne regarde

Que les gens établis.
On se bat, on se grise,
Ivrognes et viveurs ;
Et la patrouille grise
Ramasse les buveurs.
Oui, voilà, etc.

Bientôt donnant l'exemple,
Les rich's rentrent chez eux :
Jusqu'au boul'vard du Temple,
Tout r'devient silencieux :
On n' voit plus qu'la silhouette,
Derrière les rideaux bleus,
D'une noce en goguette
Qui danse chez Deffieux.
Oui, voilà, etc

Mais j'entends, à la Ville,
Sonner l'heure... Ah ! mâtin,
Pour l'ouvrier agile,
C'est déjà le matin ;
Le marteau, la tenaille
Commencent à marcher.
On se lève, on travaille...
Vite, allons nous coucher !
Oui, voilà, mes amis, voilà, Paris la nuit, etc.

DUPEUTY ET CORMON.

Paris la Nuit, drame en 5 actes, chez M. Tresse, éditeur, galerie de Chartres, 2 et 3. Prix : 60 cent.

LA BONNE AVENTURE.

Jeunes filles qui portez
   Blonde chevelure,
L'amour vient de tous côtés
Rendre hommage à vos beautés,
La bonne aventure, ô gué !
   La bonne aventure.

Longue souffrance, en aimant
   Est chose bien dure,
Mais lorsqu'un heureux amant
Plaît au premier compliment,
La bonne aventure, ô gué !
   La bonne aventure.

Voir sans obstacle un ami,
   Bagatelle pure !
Mais pour un amant chéri

Tromper tuteur et mari,
La bonne aventure, ô gué !
   La bonne aventure.

Si l'amour d'un trait malin
   Vous a fait blessure,
Prenez-moi pour médecin
Quelque joyeux boute-en-train,
La bonne aventure, ô gué !
   La bonne aventure.

Suivons un penchant flatteur,
   Sans peur du murmure.
Est-il plus grande douceur
Que celle que donne le cœur.
La bonne aventure, ô gué !
   La bonne aventure.

DANCOURT.

LA FILLE DU SAVETIER.

Qu'un moment de vivacité
Peut causer de calamité !
Sexe chéri, pour qui les larmes
Sont un besoin rempli de charmes,
Ah ! qu'au récit de mes malheurs,
Vos beaux yeux vont verser des pleurs !

Mon père était un savetier
Fort estimé dans son métier,
Et ma mère était blanchisseuse ;
Moi, déjà j'étais ravaudeuse,
Gagnant jusqu'à dix sous par jour.
Mais qu'est l'or sans un peu d'amour ?

Sur le même carré que nous
Logeait un jeune homme fort doux :
Soit que j'entre, soit que je sorte,
Toujours il était sur la porte ;
A chaque heure il suivait mes pas,
Mais mes parents ne l'aimaient pas.

Un jour, j'étais innocemment
Dans la chambre de mon amant :
Mon père vient, frappe à la porte.
Grands dieux ! que le diable l'emporte !
Hélas ! ne pourrons-nous jamais
De nos amours jaser en paix !

Mon père, comme un furieux,
Prend mon amant par les cheveux ;
Mon amant, quoique doux et tendre,
Contraint enfin de se défendre,
D'un coup de poing sur le museau,
Jette papa sur le carreau.

Aux cris du vieillard moribond,
Ma mère, avec un gros bâton,
Arrive comme la tempête,
Frappe mon amant sur la tête.
Ah ! pour moi, quel funeste sort !
Mon amant tombe raide mort.

Pour ce fatal coup de bâton,
On conduit ma mère en prison ;
On la pend, et le commissaire
M'envoie à la Salpétrière.....
Qu'un moment de vivacité
Peut causer de calamité !

ANONYME.

La Fille du Savetier.

LA COLONNE.

Salut, monument gigantesque
De la valeur et des beaux-arts !
D'une teinte chevaleresque,
Toi seul colores nos remparts ;
De quelle gloire t'environne
Le tableau de tant de hauts faits !
Ah ! qu'on est fier d'être Français
Quand on regarde la Colonne !

Avec eux la gloire s'exile,
Osa-t-on dire des proscrits,
Et chacun vers le Champ d'Asile
Tournait des regards attendris ;
Malgré les rigueurs de Bellone
La gloire ne peut s'exiler,
Tant qu'en France on verra briller
Les noms gravés sur la Colonne.

L'Europe qui, dans ma patrie,
Un jour pâlit à ton aspect,
En brisant ta tête flétrie
Pour toi conserve du respect ;
Car des vainqueurs de Babylone,
Des héros morts chez l'étranger,
Les ombres pour la protéger
Planaient encor sur la Colonne.

Anglais, fier d'un jour de victoire,
Par vingt rois conquis bravement,
Tu prétends, pour tromper l'histoire,
Imiter ce beau monument ;
Souviens-toi donc, race bretonne,
Qu'en dépit de tes factions,
Du bronze de vingt nations
Nous avons formé la Colonne.

Et vous qui domptez les orages,
Guerriers, vous pouvez désormais
Du sort mépriser les outrages :
Les héros ne meurent jamais ;
Vos noms, si le temps vous moisson-
Iront à la postérité,   [ne,
Vos brevets d'immortalité
Sont burinés sur la Colonne.

Proscrits, sur l'onde fugitive,
Cherchez un destin moins fatal ;
Pour moi, comme la sensitive,
Je mourrai sur le sol natal.
Et si la France un jour m'ordonne
De chercher au loin le bonheur,
J'irai mourir au champ d'honneur
Ou bien au pied de la Colonne.

ÉMILE DEBRAUX.

LES BOHÉMIENS DE PARIS.

Fouler le bitume
Des boulevards, charmant séjour,
Avoir pour coutume
De n'exister qu'au jour le jour :
Mais lorsqu'on voyage,
Sur son dos comm' le limaçon
Porter son bagage,

Son mobilier et sa maison :
Vivre d'industrie
Avoir sa gaieté pour tout bien } bis
Et voilà la vie
Du vrai bohémien parisien.
Et voilà la vie
Oui, voilà la vie

Du vrai bohémien parisien.
  Voilà la vie (*bis*)
Du vrai bohémien parisien.

  Oiseau de passage,
Il fréquente tous les quartiers,
  Sans apprentissage
Il fait plus de vingt p'tits métiers,
  Mais l' pain qu'il soutire.
Aux bons jobards, aux gens bien mis,
  Le soir sans rien dire
Le partage avec les amis.
  Vivre d'industrie, etc.

  Auprès de nos belles
Comme un volcan il est cité,
  Pourtant avec elles
Il a très-peu de fixité;
  Qu'un' brune en ce monde
Lui fass' des traits ou des noirceurs,
  Il en prend une blonde
Afin de varier les couleurs.
  Vivre d'industrie, etc.

DENNERY ET GRANGER.

Extrait des *Bohémiens de Paris*. Prix, 50 cent. Chez M. Marchant, éditeur, boulevard Saint-Martin, 12.

MA NORMANDIE.

Quand tout renaît à l'espérance,
Et que l'hiver fuit loin de nous,
Sous le beau ciel de notre France,
Quand le soleil revient plus doux,
Quand la nature est reverdie,
Quand l'hirondelle est de retour,
J'aime à revoir ma Normandie,
C'est le pays qui m'a donné le jour.

J'ai vu les champs de l'Helvétie,
Et ses chalets et ses glaciers,
J'ai vu le ciel de l'Italie,
Et Venise, et ses gondoliers.

En saluant chaque patrie,
Je me disais : Aucun séjour
N'est plus beau que ma Normandie,
C'est le pays qui m'a donné le jour.

Il est un âge dans la vie
Où chaque rêve doit finir,
Un âge où l'âme recueillie
A besoin de se souvenir.
Lorsque ma muse refroidie
Aura fini ses chants d'amour,
J'irai revoir ma Normandie,
C'est le pays qui m'a donné le jour.

Paroles et musique de M. Frédéric Bérat. La musique se trouve chez Mayaud, éditeur, 7, boulevard des Italiens.
En vente chez tous les libraires, Œuvres choisies de Frédéric Bérat, publiées paroles et musique, par livraisons illustrées de magnifiques gravures et d'un beau portrait de l'auteur, 50 chansons en 33 livraisons à 20 c. Paris, Curmer, éditeur, rue des Marais-Saint-Germain.

L'ORIGINAL SANS COPIE.

  Feu, feu
  Monsieur Matthieu
Était un singulier homme ;
  Feu, feu
  Monsieur Matthieu
  Était comme
  On en voit peu.

Quoique maître d'un grand bien,
Et de famille fort bonne,
Il faisait souvent l'aumône
Et ne devait jamais rien.
  Feu, feu etc.

D'un habit de camelot
Il avait pris la coutume,
Prétendant que le costume
Ne prouve pas ce qu'on vaut.
  Feu, feu, etc.

Au joug de l'hymen soumis,
On l'a vu du fond de l'âme
Toujours préférer sa femme
A celle de ses amis.
  Feu, feu, etc.

Enchanté de voir grandir
Ses trois garçons et sa fille,
Il promenait sa famille
Sans bâiller et sans rougir.
  Feu, feu, etc.

Il bravait avec mépris
Nos usages et nos modes,
Et c'était aux plus commodes
Que mon sot donnait le prix.
  Feu, feu, etc.

On le vit, lorsque des ans
Le poids vint courber sa tête,
A la *titus* la mieux faite
Préférer ses cheveux blancs.
  Feu, feu, etc.

Il s'avisa de rimer
Des morceaux dignes d'envie,
Et notre auteur, de sa vie,
N'osa se faire imprimer.
  Feu, feu, etc.

A la faveur comme au rang
Il croyait que le mérite
Devait conduire plus vite
Que l'apostille d'un grand.
  Feu, feu, etc.

Un jour on lui proposa
Un emploi considérable,
Et s'en jugeant incapable,
Sans regret il refusa.
  Feu, feu, etc.

Jamais ce fou, s'il en fut,
Ne voulut faire antichambre
Pour obtenir d'être membre
Du beau corps de l'Institut.
  Feu, feu, etc.

Aux honneurs il fut admis
Par je ne sais quel miracle,
Et jamais, sur le pinacle,
Il n'oublia ses amis.
  Feu, feu, etc.

Eh bien ! on le chérissait ;
Et malgré ses faux systèmes
Il fut pleuré par ceux mêmes
Que sa mort enrichissait.
  Feu, feu
  Monsieur Matthieu
Était un singulier homme ;
  Feu, feu
  Monsieur Matthieu
  Était comme
  On en voit peu.

L'Original sans copie.

CHANSON BACHIQUE.

Puisque sans boire on ne peut vivre
Célébrons ce nectar parfait !
Mais permettez que je m'enivre
Pour me remplir de mon sujet.
Étourdi du jus de la tonne,
Je puis ne dire rien de bon,
Mais du moins si je déraisonne,
Ce ne sera pas sans raison.

D'Anacréon et d'Épicure
Suivons le précepte charmant.
Amis, tout boit dans la nature ;
Les enfants boivent en naissant,
L'homme boit dans la maladie,
Il boit quand il est bien portant ;
De boire enfin telle est l'envie,
Que l'on boit même en se noyant.

On dit qu'on chancelle à trop boire,
Que la chute suit le faux pas ;
Mais on voit, vous pouvez m'en croire,
Tout le contraire en certain cas :
Car lorsque le public écoute
Les pièces dont nous l'assommons,
Lui seul est bientôt soûl, sans doute,
Et c'est pourtant nous qui tombons.

Julit[1] que n'ai-je ton adresse
Pour représenter les buveurs !
A nos yeux quand tu peins l'ivresse,
Tu la fais passer dans nos cœurs.
Dans ton délire, combien j'aime
Les heureux faux pas que tu fais !
Ah ! chancelle toujours de même,
Et tu ne tomberas jamais.

DÉSAUGIERS.

[1] Acteur comique.

L'ANTIQUAIRE.

Antiquaire savant,
Je voyage souvent
Pour avoir sous la main
Tous les trésors du genre humain.
Partout j'ai su glaner une relique,
Car rien n'échappe à mon tact érudit ;
Et mon costume est un musée antique
Qu'on voit s'ouvrir quand j'ouvre mon habit.
Vous voyez le gilet
Que Louis Quinze portait,
Le pourpoint d'Henri Trois,
Le gantelet du beau Dunois.
Gens ignorants, trop vulgaires profanes,
Avec respect contemplez ce beau jonc,
Car il a vu la bataille de Cannes,
Bref, c'est un jonc, qui me vient de Dijon.
Ce cothurne romain
Est celui que Tarquin
Chez Lucrèce, sans bruit,
Voulut déposer à minuit.
Du Juif-Errant vous voyez une botte,
Botte qui fit le tour de l'univers ;
De Dagobert j'ai sur moi la culotte,
Celle qu'un jour il a mise à l'envers.
Cette visière, qui
Semble vulgaire ici,
Naguères ornait le chef
Du célèbre Pepin le Bref.
De Vespasien, grand lecteur de gazettes,
J'ai conservé plusieurs antiquités,
Et sur mon nez vous voyez les lunettes
Qu'il inventa pour ses commodités.

Antiquaire savant,
Je voyage souvent,
Pour avoir sous la main   } *bis.*
Tous les trésors du genre humain.

DENNERY et CLAIRVILLE.

Extrait des *Sept Châteaux du Diable*. Prix : 50 cent, Chez M. Marchant, boulevard Saint-Martin, n° 12.

A LA GRACE DE DIEU.

Tu vas quitter notre montagne,
Pour t'en aller bien loin hélas!
Et moi, ta mère et ta compagne,
Je ne pourrai guider tes pas.
L'enfant que le ciel vous envoie,
Vous le gardez, gens de Paris;
Nous, pauvres mères de Savoie,
Nous le chassons loin du pays,
   En lui disant : Adieu! ⎱ *bis.*
   A la grâce de Dieu!... ⎰
Adieu, à la grâce de Dieu!.. (*bis.*)

Ici commence ton voyage!
Si tu n'allais pas revenir!...
Ta pauvre mère est sans courage,
Pour te quitter, pour te bénir!
Travaille bien, fais ta prière,
La prière donne du cœur;
Et quelquefois pense à ta mère,
Cela te portera bonheur!
   Va, mon enfant, adieu! ⎱ *bis.*
   A la grâce de Dieu! ⎰
Adieu! à la grâce de Dieu! (*bis*)

Elle s'en va, douce exilée,
Gagner son pain sous d'autres cieux;
Longtemps, longtemps, dans la vallée,
Sa mère la suivit des yeux.
Mais lorsque sa douleur amère
N'eut plus sa fille pour témoin,
Elle pleura, la pauvre mère!
L'enfant qui lui disait de loin:
   Ma bonne mère adieu! ⎱ *bis.*
   A la grâce de Dieu! ⎰
Adieu! à la grâce de Dieu! (*bis.*)

GUSTAVE LEMOINE.

La musique, de Mlle Loïsa Puget, se trouve chez M. Meissonnier fils, rue Dauphine, n° 18.

Adieu! à la grâce de Dieu!

LE GARDE-MOULIN.

Je vais épouser la meunière
Dont on voit le moulin là-bas :
Mais j'aime une pauvre bergère ;
Comprenez-vous mon embarras ?
Ma Fanchette est si jolie !
Mais la meunière a du bien...
S'il faut faire une folie,
Que cela ne soit pas pour rien !
Bah ! j'épouserai la meunière,
Qui me fait toujours les yeux doux,
En me disant : Beau petit Pierre,
Mais quand donc nous marierons-nous ?

Un instant, n'allons pas si vite !
Suis-je bien certain d'être heureux
Avec la femme de mérite
Dont je ne suis pas amoureux ?
Il s'agit de mariage ;
C'est, hélas ! pour plus d'un jour ;
Oui, mais pour vivre en ménage.
C'est bien maigre, de l'amour !
Bah ! j'épouserai la, etc.

Cependant mon cœur s'inquiète,
Et me dit que c'est mal à moi
De trahir la pauvre Fanchette,
A qui j'avais donné ma foi.
Elle est si tendre, si bonne
Comme son cœur va souffrir !
Hélas ! si je l'abandonne,
Elle est capable d'en mourir !
Ma foi, tant pis pour la meunière,
Je ne serai pas son époux ;
Qu'elle dise : Beau petit Pierre !
Petit Pierre n'est pas pour vous !...

G. LEMOINE.

La musique, de Mlle Loïsa Puget, se trouve chez Meissonnier, rue Dauphine, 18.

ADIEU, MON BEAU NAVIRE.

Adieu, mon beau navire.
Aux grands mats pavoisés,
Je te quitte et puis dire :
Mes beaux jours (*bis*) sont passés !

Toi, qui plus fort que l'onde,
En sillonnant les flots,
A tous les bouts du monde
Porte nos matelots ;
Nous n'irons plus (*bis*) ensemble
Voir l'équateur en feu,
Mexique où le sol tremble,
Et l'Espagne (*bis*) au ciel ble !
    Adieu !
Adieu, mon beau, etc.

Quand éclatait la nue,
Et la foudre à nos yeux,
Lorsque la mer émue
S'élançait jusqu'aux cieux ;
Sous nos pieds (*bis*), sur nos têtes,
Quand grondaient mer et vent,
Entre ces deux tempêtes
Tu passais (*bis*) triomphant !
    Adieu ?
Adieu, mon beau, etc.

Plus de courses paisibles,
Où l'espoir rit au cœur !
Plus de combats terribles
Dont tu sortais vainqueur !
Et d'une main (*bis*), hardie
Un autre à mon vaisseau,
Sur la poupe ennemie,
Plantera (*bis*) ton drapeau !
    Adieu !
Adieu, mon beau, etc.

FRÉDÉRIC SOULIÉ et ARNOULD.

Extrait des *Deux Reines*, opéra-comique. Prix : 50 cent. Chez M. Marchand, boulevard Saint-Martin, 12.

DANS CE MODESTE ET SIMPLE ASILE.

Dans ce modeste et simple asile
Nul ne peut commander que moi ;
Je suis libre, heureuse et tranquille,
Je puis courir partout, je crois,
Sans qu'un mari gronde après moi.
  Et si quelque amoureux,
    Soupçonneux,
  Me faisait les grands yeux,
    Moi, je ris,
  Moi, je ris, et je dis :
  Liberté chérie,
  Seul bien de ma vie,
  Liberté chérie,
  Règne toujours là,
  Tra la, tra la, tra la, la.
  Liberté chérie,
  Seul bien de la vie,
  Liberté chérie,
  Règne toujours là.
    Tra la, la,
Tant pis pour qui s'en fâchera.
    Tra la, la,
Tant pis pour qui s'en fâchera.

J'irais, quand je suis la maîtresse
Me donner un maître, oui-da !
Pour qu'à la danse où l'on s'empresse,
Quand un galant m'invitera,
Mon mari dise : Restez là.
  Un époux en fureur
    Me fait peur,
C'est alors que mon cœur ne dirait
Qu'en secret, oui qu'en secret :

  Liberté chérie,
  Seul bien, etc.

SCRIBE ET MÉLESVILLE

Extrait du *Chalet*, opéra-comique. Prix, 60 cent. Chez M. Tresse, galerie de Chartres, 2 et 3.

Dans ce modeste et simple asile.

LA PATROUILLE, OU GARDE A VOUS !

Garde à vous ! garde à vous !
Avançons en silence,
Il faut de la prudence,
Sur mes pas marchez tous ;
Garde à vous ! garde à vous !
Veillons d'un pas docile
Au repos de la ville ;
Et vous, adroits filous,
Nous voici : garde à vous !
    Garde à vous !

Garde à vous ! garde à vous !
Bourgeois, gens de boutique,
Qui mettez par rubrique
A minuit los verrous ;
Garde à vous ! garde à vous !
Le devoir nous commande
De vous mettre à l'amende
Si vous ne filez doux ;
    Garde à vous !

Garde à vous ! garde à vous !
Séducteur qui, sans crainte,
La nuit portez atteinte
Au repos des époux ;
Garde à vous ! garde à vous !
Et vous, jeune fillette,
Qui, le soir en cachette
Donnez des rendez-vous,
    Garde à vous !

Extrait de *la Fiancée*, paroles de M. Scribe, musique d'Auber. En vente à Paris, chez M. Tresse, 2 et 3, galerie de Chartres. Prix : 60 c.

TITI LE TALOCHEUR.

Je suis ton cavalier
Adorable brocheuse :
Vois ma flamme amoureuse,
J' sens là comme un brasier.
Calme ce feu brûlant
Qui cause mon tourment,
Car, vois-tu c't' incendie
Doit durer toute ma vie.
Phrosine, à toi mon cœur,
Que n'en ai-je un' douzaine !
 Titi le Talocheur
 Te r'connaît pour sa reine.

On vante tour à tour
Les belles d'Italie,
D'Espagne et de Turquie ;
Mais j' l'avoue sans détour,
Sur le globe il n'est pas
D' plus séduisants appas
Que ceux de mon amie,
Foi d' Titi, j'le parie.
Phrosine, à toi, etc.

Il me semble déjà
M' voir dans mon p'tit ménage,
Et rev'nant de l'ouvrage
M'entendre app'ler papa.
Pour en faire des flambards,
Je veux que mes moutards
Soient à chaque barrière
Redoutés comm' leur père.
Phrosine, à toi, etc.

Quels ravissants destins !
J'voudrais qu'à la minute
On te cherchât dispute,
Quand ils seraient dix gamins
J'te prouv'rais mon amour en leur cassant les reins.
 Respect à l'Andalouse
 Qui devient mon épouse.
 Phrosine, à toi, etc.

Le premier et le dernier couplet seulement sont de MM. Cogniard frères et Jaime, extraits du vaudeville *la Tirelire*. Prix, 50 cent. Chez M. Marchant, éditeur, 12, boulevard Saint-Martin.
La musique, de Frédéric Bérat, se trouve à Paris, chez M. Schonenberger,

L'ATELIER DU PEINTRE OU LE PORTRAIT MANQUÉ.

Jaloux de donner à ma belle
Un duplicata de mes traits,
Je demande quel est l'Apelle
Le plus connu pour ses portraits.
C'est, me répond l'ami Dorlange,
Un artiste nommé Matthieu.
    Il prend fort peu..
    Mais ventrebleu !
Quel coloris ! quelle grâce ! quel feu !
Il vous attrape comme un ange,
Et loge près de l'Hôtel-Dieu.

Vite je cours chez mon Apelle,
J'arrive et ne sais où j'en suis ;
Son escalier est une échelle,
Et sa rampe une corde à puits.
Un chantre est au premier étage,
Au second loge un chaudronnier
    Puis un gaînier,
    Un rubanier,
Puis au cinquième un garçon cordonnier...
Je reprends haleine et courage,
Et j'arrive enfin au grenier.

J'entre et d'abord sur une chaise
Je vois le buste de Platon ;
Sur un Hercule de Farnèse
S'élève un bonnet de coton ;
Un briquet est dans une mule,
Dans un verre un peigne édenté ;
    Un bas crotté
    Sur un pâté,
Un pot à l'eau sous une Volupté.
L'Amour près d'un tison qui brûle
Et la Frileuse à son côté.

Le portrait d'un acteur tragique
Est vis-à-vis d'un mannequin,
Je vois sur la Vénus pudique
Une culotte de nankin ;

L'Atelier du Peintre.

Une tête de Diogène
A pour pendant un potiron ;
　　Près d'Apollon
　　Est un poêlon ;
Psyché sourit à l'ombre d'un chaudron,
　Et les restes d'une Romaine
　Sont sous l'œil du cruel Néron.

　Devant une vitre brisée
　S'agite un morceau de miroir,
　Et sous la barbe de Thésée
　Est une lame de rasoir ;
　Sous un Plutus une Lucrèce :
　Sur un tableau récemment peint
　　　Je vois un pain,
　　　Un escarpin,
Une Vénus sur un lit de sapin,
　Et la Diane chasseresse
　Derrière une peau de lapin.

　Seul j'admirais ce beau désordre,
　Quand un homme armé d'un bâton
　Entre, et m'annonce que par ordre
　Il va me conduire en prison.
　Je résiste... Il me parle en maître.
　Je lui lance un Caracalla,
　　　Un Attila,
　　　Un Scévola,
Un Alexandre, un Socrate, un Sylla.
　Et j'écrase le nez du traître
　Sous le poids d'un Caligula.

　A ses cris, au fracas des bosses,
　Je vois, vers moi, de l'escalier
　S'élancer vingt bêtes féroces,
　Vrais visages de créancier.
　Sur ma tête, assiettes, bouteilles
　Pleuvent au gré de leur fureur,
　　　Et le traiteur,
　　　Le blanchisseur,
Le perruquier, le bottier, le tailleur,
　Font payer à mes deux oreilles
　Le nez de leur ambassadeur.

　Au lieu d'emporter mon image,
　Comme je l'avais espéré,

Je sors n'emportant qu'un visage
Pâle, meurtri, défiguré,
O vous ! sensibles créatures,
Aux traits fins, bien réguliers,
Des noirs huissiers,
Des noirs greniers,
Évitez bien les périls meurtriers,
Et que Dieu garde vos figures
Des peintres et des créanciers !

DÉSAUGIERS,

VIENS, GENTILLE DAME.

Viens, gentille dame,
Ici, je réclame
La foi des serments.
A tes lois fidèle,
Me voici, ma belle.
Parais... je t'attends !

Que ce lieu solitaire
Et que ce doux mystère
Ont de charme pour moi !
Oui, je sens qu'à ta vue
L'âme doit être émue,
Mais ce n'est pas d'effroi...
Viens, gentille dame, etc.

Déjà la nuit plus sombre,
Répand sur nous son ombre,
Qu'elle tarde à venir !
Dans mon impatience,
Le cœur me bat d'avance
D'attente et de plaisir !

Viens, gentille dame,
Ici je réclame
La foi des serments,
A tes lois fidèle,
Me voici, ma belle,
Parais, je t'attends !

Extrait de *la Dame blanche*, opéra-comique, par M. E. Scribe. Prix, 60 cent.
Chez M. Tresse, galerie de Chartres, 2 et 3.

LA PETITE MARGOT.

C'est sur l'herbage,
Dans un village,
Qu'la p'tit' Margot se dépêcha d'grandir;
Du toit champêtre
Qui m'a vu naître,
Je garderai toujours le souvenir.
J'n'avais alors ni clinquants, ni parure;
Je n'savais pas tant seulement c'que c'était;
Mais quand l'printemps réveillait la nature.
Sa premièr' fleur brillait à mon corset.
J'étais heureuse,
J'étais joyeuse,
Et dans c'temps-là j'aurais donné d'bon cœur
Tout un royaume
Pour l'humble chaume
Qui m' promettait tant d' plaisir et d'bonheur.

Quand je passais m'dandinant sur mon âne,
Les villageois m'trouvaient très-bien comme'ça.
Et si j'n'avais qu'des habits d'paysanne
Ils savaient bien qu'un bon cœur battait là.
J'n'étais pas fière;
On pouvait m'faire
Tout c' qu'on voulait, sans qu'j'y trouve aucun mal
D'une gaieté franche,
Chaque dimanche,
De l'avant-deux je donnais le signal.

Je n'voyais pas de grands airs comme les vôtres,
Personne alors ne me dictait des lois;
C'est à la ville, en f'sant rougir les autres,
Que j'ai rougi pour la première fois.
Pauvre fillette,
Que je regrette
Ce temps heureux qui ne reviendra plus!
O mon village!
O mon jeune âge!
O mes plaisirs, qu'êtes-vous devenus?

La petite Margot.

Puisque j'devais dans le monde où vous êtes,
Chercher l'bonheur sans jamais savoir où,
Il fallait donc m'laisser avec mes bêtes,
Mon chat, mon chien, et mon cousin Jaillou.
C'est sur l'herbage,
Dans un village,
Qu'la p'tit' Margot se dépêcha d'grandir ;
Du toit champêtre
Qui m'a vu naître,
Je garderai toujours le souvenir.

Extrait de *Margot ou les Bienfaits de l'Éducation*, par MM. Clairville et Milon.
Prix, 50 cent. Chez M. Marchant, boulevard Saint-Martin, 12.

LA PAILLE.

Sur tout on a fait des chansons :
On a chanté le vin, les belles,
L'eau, le feu, les fleurs, les moissons,
Les brebis et les tourterelles :
Un auteur dont je suis bien loin
Fit des vers sur l'huître à l'écaille,
Un autre en a fait sur le foin :
Je vais m'étendre sur paille.

La paille couvre l'humble toit
Du laboureur, modeste asile ;
Un lit de paille aussi reçoit
Son corps fatigué mais tranquille.
Le riche au sein de ses palais.
Sur le duvet s'ennuie et bâille.
Peines, tourments sont sous le dais,
Quand le bonheur est sur la paille.

La paille tressée en réseaux,
Du soleil garantit nos belles,
Grâce à ces immenses chapeaux
Elles n'ont plus besoin d'ombrelles,
Mais ils voilent trop leurs appas,
Et Zéphir leur livre bataille.
Il a raison : l'on ne doit pas
Cacher les roses sous la paille.

Jadis, respectant ses serments,
L'amant fidèle à sa maîtresse,
Pour elle encor après trente ans,
Brûlait d'une égale tendresse ;
Hélas ! on n'aime plus qu'un jour !
De la constance l'on se raille ;
Et maintenant les feux d'amour
Ne sont plus que des feux de paille.

Mais je n'aurais jamais fini
Si, dans l'ardeur qui me travaille,
J'entreprenais de dire ici
Tout ce qui se fait sur la paille.
Ami lecteur, je meurs d'effroi
Que ta rigueur ne me chamaille ;
Sois indulgent, car avec toi
Je ne veux pas rompre la paille.

JOSEPH SERVIÈRES.

BONSOIR LA COMPAGNIE.

J'aurai bientôt quatre-vingts ans.
Je crois qu'à cet âge il est temps
  D'abandonner la vie;
Je la quitterai sans regret.
Gaîment je ferai mon paquet.
  Bonsoir, la compagnie.

Quand de chez nous je sortirai,
Je ne sais pas trop où j'irai,
  Mais en Dieu je me fie ;
Il ne peut que me mener bien,
Aussi je n'appréhende rien,
  Bonsoir, la compagnie.

J'ai goûté de tous les plaisirs,
J'en ai gardé les souvenirs,
  A présent je m'ennuie ;
Mais quand on n'est plus propre à rien,
L'on se retire et l'on fait bien,
  Bonsoir la compagnie.

Dieu fait tout sans nous consulter,
Rien ne saurait lui résister :
  Ma carrière est remplie ;
A force de devenir vieux
Peut-on se flatter d'être heureux ?
  Bonsoir la compagnie.

Nul mortel n'est ressuscité
Pour nous dire la vérité
  Des biens de l'autre vie ;
Une profonde obscurité
Fait le sort de l'humanité,
  Bonsoir, la compagnie.

Rien ne périt entièrement,
Et la mort n'est qu'un changement,
  Dit la philosophie ;
Que ce système est consolant !
Je chante en adoptant ce plan :
  Bonsoir, la compagnie.

Lorsque l'on prétend tout savoir,
Depuis le matin jusqu'au soir
  On lit, on étudie,
Mais, par ma foi, le plus savant
N'est comme moi qu'un ignorant.
  Bonsoir, la compagnie.

LATTAIGNANT (L'ABBÉ DE).

LE MARCHAND DE CHANSONS.

Vous qui voulez des chansonnettes,
Venez, venez en faire emplettes,
   Fill's et garçons,
Fermez la bouche, ouvrez l's oreilles,
Et vous entendrez des merveilles :
   Chansons, chansons !

Un philosophe d'importance
Va changer les mœurs de la France
   Par ses leçons ;
On verra sa morale utile
Réformer la cour et la ville :
   Chansons, chansons !

Des apprentis de la finance
Il corrige l'impertinence
   Et les façons :
Les petits commis de province
Ne prennent plus des airs de prince :
   Chansons, chansons !

On verra les époux fidèles
S'aimer comme des tourterelles
   A l'unisson :
Le monde se fera scrupule
De les tourner en ridicule :
   Chansons, chansons !

Des officiers dans leur absence
Auront toujours même constance
   Pour leurs tendrons :
En revenant près de leurs belles,
Ils les retrouveront fidèles :
   Chansons, chansons !

                FAVART.

Le Marchand de Chansons.

BOUTON DE ROSE.

Bouton de rose,
Tu seras plus heureux que moi ;
Car je te destine à ma Rose,
Et ma Rose est ainsi que toi
  Bouton de rose.

Au sein de Rose,
Heureux bouton, tu vas mourir,
Moi, si j'étais bouton de rose,
Je ne mourrais que de plaisir
  Au sein de Rose.

Au sein de Rose
Tu pourras trouver un rival ;
Ne joûte pas, bouton de rose,
Car en beauté rien n'est égal
  Au sein de Rose.

Bouton de rose,
Adieu, Rose vient, je la voi :
S'il est une métempsycose,
Grands dieux ! par pitié, rendez-moi
  Bouton de rose !

LA PR. CONSTANCE DE SALM.

SON NOM.

Le nom de celle que j'aime,
Je le garde dans mon cœur,
Nul ne le sait que moi-même,
C'est mon secret, mon bonheur.
Mon secret, mon secret, mon bonheur, } *bis.*
Il est là, il est là, dans mon cœur.

Ce nom, délice insaisissable,
Je ne veux pas le confier,
Je ne l'écris pas sur le sable,
Je ne le dis pas au papier ;
Je n'en parle pas à la brise,
La brise peut le murmurer
A l'écho, de peur de surprise,
L'écho pourrait le soupirer,
  Le soupirer.
Le nom de celle que j'aime, etc.

Les chants où tout mon cœur respire,
C'est lui qui me les dit tout bas,
Pourtant dans les vers qu'il m'inspire.
Lui seul il ne se trouve pas.

Ce nom que rien ne peut vous dire,
Si je le voyais en ces lieux,
Malgré moi vous pourriez le lire,
Il serait écrit dans mes yeux,
    Écrit dans mes yeux !

Le nom de celle que j'aime,
C'est mon secret, mon bonheur,
Mais souvent, malgré moi-même,
Mes vœux trahissent mon cœur ;
Et pourtant, et pourtant, par bonheur,
Il est là, toujours là, dans mon cœur !
Ce doux nom, mon secret, mon bonheur,
Il est là, toujours là, dans mon cœur !

Comme une fleur qui nous est chère,
Et qu'on craint de voir se faner,
Je ne veux pas, loin du mystère,
Dans les salons le profaner :
J'aime bien mieux quand je m'éveille,
Etre seul à le prononcer ;
J'aime bien mieux, quand je sommeille,
De ce nom me sentir bercer,
    Me sentir bercer.....

Le nom de celle que j'aime,
Je ne le dis qu'à mon cœur ;
Nul ne le sait que moi-même,
C'est mon secret, mon bonheur,
Oui, ce nom, ce doux nom, mon bonheur,
Il est là, il est là, dans mon cœur !
Mon secret, mon secret, mon bonheur,
Il mourra, il mourra dans mon cœur !

GUSTAVE LEMOINE.

La musique, de Mlle Loïsa Puget, se trouve chez M. Meissonnier, 18, rue Dauphine.

LE DÉPART POUR LA SYRIE.

Partant pour la Syrie,
Le jeune et beau Dunois
Venait prier Marie
De bénir ses exploits :
« Faites, reine immortelle, »
Lui dit-il en partant,
« Que j'aime la plus belle } *bis.*
Et sois le plus vaillant. »

Il trace sur la pierre
Le serment de l'honneur,
Et va suivre à la guerre
Le comte, son seigneur.
Au noble vœu fidèle,
Il dit en combattant :
« Amour à la plus belle,
Honneur au plus vaillant. »

« On lui doit la victoire,
Vraiment! » dit le seigneur.
« Puisque tu fais ma gloire
Je ferai ton bonheur.
De ma fille Isabelle
Sois l'époux à l'instant,
Car elle est la plus belle
Et toi le plus vaillant. »

A l'autel de Marie
Ils contractent tous deux
Cette union chérie
Qui seule rend heureux.
Chacun dans la chapelle
Disait en les voyant :
« Amour à la plus belle,
Honneur au plus vaillant. »

DE LABORDE.

Le Départ pour la Syrie

TE SOUVIENS-TU, MARIE.

Te souviens-tu, Marie,
De notre enfance aux champs,
Des jeux dans la prairie?
J'avais alors quinze ans.
La danse sur l'herbette } bis.
Egayait nos loisirs :
Le temps que je regrette } bis.
C'est celui des plaisirs.

Te souviens-tu de même
De mes transports brûlants
Quand tu me dis : Je t'aime !
J'avais alors vingt ans.
J'étais vif, toi coquette,
C'étaient là de beaux jours :
Le temps que je regrette
C'est le temps des amours.

Te souviens-tu des guerres
Qui suivirent ce temps?
Je courus aux bannières;
J'avais alors trente ans.

Le son de la trompette
Nous faisait tous soldats :
Le temps que je regrette
C'est le temps des combats.

Te souviens-tu, ma chère,
De ces nœuds si charmants
Formés par une mère ?
J'avais passé trente ans.
Le bruit de cette fête
Retentit dans mon cœur :
Le temps que je regrette
C'est le temps du bonheur.

Tandis que je soupire
Tes yeux se sont baissés;
Ils ont craint de me dire :
Les beaux jours sont passés.
Ma bouche en vain répète } bis.
Des regrets superflus.....
Le temps que je regrette } bis.
C'est le temps qui n'est plus!

PHILIPPE DUMANOIR.

La musique, de M. Dolive, se trouve chez Hue, 10, rue de la Chaussée-d'Antin.

ROMANCE DE JOCONDE.

Dans un délire extrême
On veut fuir ce qu'on aime,
On prétend se venger,
On jure de changer;
On devient infidèle,
On court de belle en belle,
Mais on revient toujours
A ses premiers amours.

Ah ! d'une ardeur sincère
Le temps ne peut distraire,
Et nos plus doux plaisirs
Sont dans nos souvenirs.
On pense, on pense encore
A celle qu'on adore,
Et l'on revient toujours
A ses premiers amours.

ÉTIENNE.

L'HEUREUSE FIN.

Folâtrons, rions sans cesse ;
Que le vin et la tendresse
Remplissent tous nos moments !
De myrtes parons nos têtes,
Et ne composons nos fêtes
Que de buveurs et d'amants.

Quand je bois, l'âme ravie,
Je ne porte point envie
Aux trésors du plus grand roi ;

Souvent j'ai vu sous la treille
Que Thémire et ma bouteille
Etaient encor trop pour moi.

S'il faut qu'à la sombre rive,
Tôt ou tard chacun arrive,
Vivons exempts de chagrin ;
Et que la Parque inhumaine
Au tombeau ne nous entraîne
Qu'ivres d'amour et de vin.

LAUJON.

LA DANSE N'EST PAS CE QUE J'AIME.

La danse n'est pas ce que j'aime,
Mais c'est la fille à Nicolas ;
Lorsque je la tiens par le bras,
Alors mon plaisir est extrême,
Je la presse contre moi-même,
Et puis nous nous parlons tout bas :
Que je vous plains ! vous ne la verrez pas.

Elle a quinze ans, moi j'en ai seize.
Ah ! si la mère à Nicolas
N'était pas toujours sur nos pas !...,
Eh bien ! quoique cela déplaise,
Auprès d'elle je suis bien aise ;
Et puis nous nous parlons tout bas :
Que je vous plains ! vous ne la verrez pas.

SEDAINE.

LE POSTILLON DE LONJUMEAU.

Mes amis, écoutez l'histoire
D'un jeune et galant postillon ;
C'est véridique, on peut m'en croire,
Et connu de tout le canton.
Quand il passait dans un village,
Tout le beau sexe était ravi,
Et le cœur de la plus sauvage
Galopait en croupe avec lui.
  Oh ! oh ! oh ! oh !
  Qu'il était beau,
 Le postillon de Lonjumeau.
  Oh ! oh ! oh ! oh !
  Qu'il était beau. (*bis*)
 Le postillon de Loujumeau. (*bis*)
Ah ! qu'il est beau, qu'il est beau,
   qu'il est beau,
 Le postillon de Lonjumeau.

Mainte dame de haut parage,
En l'absence de son mari,
Exprès se mettait en voyage
Pour être conduite par lui.
Aux procédés toujours fidèle

On savait, qu'adroit postillon,
S'il versait parfois une belle,
Ce n'était que sur le gazon.
  Oh ! oh ! oh ! oh !
  Qu'il était beau,
 Le postillon, etc.

Mais pour conduire un équipage,
Voilà qu'un soir il est parti !...
Depuis ce temps, dans le village
On n'entend plus parler de lui.
Mais ne déplorez pas sa perte,
Car de l'hymen suivant la loi,
La reine d'une île déserte,
De ses sujets l'a nommé roi.
  Oh ! oh ! oh ! oh !
  Qu'il était beau,
 Le postillon de Lonjumeau !
  Oh ! oh ! oh ! oh !
  Qu'il était beau, (*bis*)
 Le postillon de Lonjumeau ! (*bis*)
 Ah ! qu'il est beau, etc.,   (*bis*)
 Le postillon de Lonjumeau !

Extrait du *Postillon de Lonjumeau*, opéra-comique en 3 actes, par MM. Leuven et Brunswick. En vente chez M. Marchant, boulevard Saint-Martin, 12. Prix : 30 centimes.

Le Postillon de Lonjumeau.

ROUL' TA BOSSE.

Roul' ta bosse,
Petit luron,
Et ris toujours, à pied comme en carrosse ;
Roul' ta bosse,
Petit luron,
Sois toujours gai, toujours franc, toujours rond.

Petit bossu, retiens bien c'que ton père
Chantait souvent, en t' berçant dans ses bras :
« Veux-tu, mon fils, avoir un sort prospère,
« Veux-tu d' venir bien portant et bien gras?
« Roul' ta bosse, etc. »

Te plaindr' du sort serait une folie,
Ta boss' n'est pas un si triste cadeau ;
Pourquoi t' fâcher ? Dans cette courte vie
Chacun de nous n'a-t-il pas son fardeau ?
Roul' ta bosse, etc.

En fait d'esprit, que n'as-tu c'lui d'Ésope,
Qu'on admirait à la ville, à la cour !
T'en revendrais sous ta difforme env'loppe
A plus d'un nain qui s'rait l' géant du jour.
Roul' ta bosse, etc.

Pour être heureux, jamais dans ta carrière
Ne prêt' l'oreille aux cancans des badauds,
Ne dis point d' mal des autres par derrière,
Tes quolibets te r'tomb'raient sur le dos.
Roul' ta bosse, etc.

De tes amis soulage la détresse,
A les servir en tout temps sois dispos.
Si tu parviens au faîte d' la richesse,
D'vant les petits ne fais pas le gros dos.
Roul' ta bosse, etc.

N' te mari' point, tu ne s'rais pas à la noce,
Pour toi l'hymen serait un lien fatal,

Tu sentirais chaque jour une bosse
Qui s'élèv'rait sur ton front conjugal.
  Roul' ta bosse, etc.

Si tu t' maries, prends pour épous' fidèle
Un' jeun' bossue au minois agaçant,
Vous f'rez ensemble un p'tit polichinelle
Qui, comme toi, chantera-z-en naissant :
  Roul' ta bosse, etc.

Rencontres-tu z'une jeune bergère
A l'œil fripon, au nez toujours au vent;
Pour la toucher, dis : « J'suis bossu derrière,
« Mais, vous l'voyez, je suis droit par devant. »
  Roul' ta bosse, etc.

Quand tu vas voir queuequ'farce de Molière,
Tu t'amus's mieux qu'un banquier bien cossu,
Et j'entends dire aux log's comme au parterre :
« J'ai ri, ce soir, j'ai ri comme un bossu ! »
  Roul' ta bosse, etc.

T'es un luron qui n'boude point à table,
Tu mang's de tout, sans jamais hésiter ;
Lorsqu'on te sert un repas délectable,
Tu t' fais au ventre un' boss' qui peut compter.
  Roul' ta bosse, etc.

S'il s'allumait une nouvelle guerre,
Sois d' ton pays l'appui le plus fervent,
Qu' jamais l'enn'mi n' t'envisage par derrière :
Un bon Français s' montr' toujours par devant.
  Roul' ta bosse,
  Petit luron,
Et ris toujours, à pied comme en carrosse ;
  Roul' ta bosse,
  Petit luron,
Sois toujours gai, toujours franc, toujours rond.

CASIMIR MÉNÉTRIER.

FANCHON.

Amis il faut faire une pause :
J'aperçois l'ombre d'un bouchon ;
Buvons à l'aimable Fanchon,
Pour elle faisons quelque chose.
Ah ! que son entretien est doux,
Qu'elle a de mérite et de gloire !
Elle aime à rire, elle aime à boire, } *bis.*
Elle aime à chanter comme nous. }

Fanchon, quoique bonne chrétienne,
Fut baptisée avec du vin ;
Un Allemand fut son parrain,
Une Bretonne sa marraine.
Ah ! que son entretien, etc.

Elle préfère une grillade
Au repas le plus délicat ;
Son teint prend un nouvel éclat
Quand on lui verse une rasade.
Ah ! que son entretien, etc.

Si quelquefois elle est cruelle,
C'est quand on lui parle d'amour ;
Mais moi, je ne lui fais ma cour,
Que pour m'enivrer avec elle.
Ah ! que son entretien, etc.

Un jour le voisin La Grenade
Lui mit la main dans son corset ;
Elle riposta d'un soufflet
Sur le museau du camarade.
Ah ! que son entretien est doux,
Qu'elle a de mérite et de gloire !
Elle aime à rire, elle aime à boire, } *bis.*
Elle aime à chanter comme nous. }

LE GÉNÉRAL A. C. DE LASALLE.

Fanchon.

COUPLETS DE MARIE.

Une robe légère
D'une entière blancheur,
Un chapeau de bergère,
De nos bois une fleur;
Ah! telle est la parure
Dont je suis enchanté;
Et toujours la nature
Embellit la beauté.

Crois-tu donc que mon Émilie
Puisse devenir plus jolie;
Que ces plumes et ces bijoux,
Cette ceinture en broderie,
Cette belle écharpe d'Asie,
Rendent jamais ses traits plus doux?
Non, non, c'est une chimère.

Une robe légère
D'une entière blancheur,
Un chapeau de bergère,
De nos bois une fleur;
Ah! telle est la parure
Dont je suis enchanté;
Et toujours la nature
Embellit la beauté.

Couplets de *Marie*, paroles de Planard, musique d'Hérold. En vente, à Paris, chez M. Tresse, 2 et 3, galerie de Chartres. Prix : 60 cent.

BARCAROLLE DE MARIE.

« Batelier, dit Lisette,
Je voudrais passer l'eau,
Mais je suis bien pauvrette
Pour payer le bateau. »
Colin dit à la belle :
« Venez, venez toujours » (*bis*),
Et vogue la nacelle
Qui porte mes amours.

—Je m'en vais chez mon père,
Dit Lisette à Colin;
—Eh bien! crois-tu, ma chère,
Qu'il m'accorde ta main?
—Ah! répondit la belle,
Osez, osez toujours (*bis*) :
—Et vogue la nacelle
Qui porte mes amours. »

Après le mariage,
Toujours dans son bateau,
Colin fut le plus sage
Des maris du hameau.
A sa chanson fidèle,
Il répéta toujours (*bis*) :
« Et vogue la nacelle
Qui porte mes amours. »

E. DE PLANARD.

Extrait de *Marie*, opéra-comique, en vente chez Tresse, éditeur, Palais-Royal, Prix : 60 centimes.

RONDEAU DE JOCONDE.

J'ai longtemps parcouru le monde,
Et l'on m'a vu de toutes parts
Courtisant la brune et la blonde,
Aimer soupirer au hasard.

Sémillant avec les Françaises,
Romanesque avec les Anglaises,
En tous lieux j'ai voyagé,
Selon le pays j'ai changé.
Sans me piquer d'être fidèle,
Je courais d'amour en amour;
Je n'aimais jamais qu'une belle,
Oui, mais je ne l'aimais qu'un jour,
J'ai longtemps parcouru le monde, etc.

Ce n'était point de l'inconstance,
Oh! non, c'était de la prudence;
Car des femmes, sans vanité,
Je connais la légèreté,
Et je ne les quittais d'avance
Que pour n'en être pas quitté;
Et cependant, en vérité,
Je l'ai souvent bien mérité;
Car j'ai longtemps parcouru le monde, etc.

Mais de l'amour je porte enfin les chaînes
L'aimable Adèle a reçu mes serments,
Je trouve même un charme dans mes peines.
Et chéris jusqu'à mes tourments.
Mon luth si longtemps infidèle,
Ne résonne plus que pour elle.
Pourtant je dois en convenir,
Je m'en souviens avec plaisir...

J'ai longtemps parcouru le monde,
Et l'on m'a vu de toutes parts
Courtisant la brune et la blonde,
Aimer, soupirer au hasard.

ÉTIENNE.

QUE DE MAL, DE TOURMENTS.

Que de mal, de tourments,
Et qu'il faut de talents,
Quand on est modiste ou couturière!
Aux tendrons de quinze ans,
Et même aux grand'mamans,
A chacune, en un mot, il faut plaire:

L'une veut s'embellir,
L'autre veut rajeunir,
Et chacune a le dessein de plaire
A l'amant... au mari;
Par bonheur, celles-ci
Ne sont pas nombeuses d'ordinaire.

« Changez-moi ce bouquet,
« La couleur m'en déplaît!
« Reprenez ce bonnet;
« Je le veux plus coquet!
« Le tour de ce corset...
« Me paraît indiscret!...

« Que ce nœud séducteur
« Me ramène son cœur!
« Avec ces rubans bleus
« Il me trouvera mieux.
« Le vert lui plaît beaucoup.
« Le rose est de son goût... »

Que de goûts différents,
Que de mal, de tourments,
Quand on veut satisfaire les femmes!
Il faudrait des secrets
Pour pouvoir à jamais
Conserver les attraits de ces dames!
On a tant de mal déjà ⎫ *(quater.)*
A garder ce qu'on a! ⎭

Que de mal, de tourments,
Et qu'il faut de talents
Quand on veut satisfaire les femmes!
Il faudrait pour toujours,
Enchaînant les amours,
Conserver les amants de ces dames!
On a tant de mal déjà ⎫ *(quater.)*
A garder ce qu'on a! ⎭

E. SCRIBE.

Extrait de *la Fiancée*. Prix : 60 cent. En vente chez M. Tresse, galerie de Chartres, 2 et 3.

Que de mal, de tourments.

PARTONS, LA MER EST BELLE.

Partons, la mer est belle,
La brise nous appelle
Et la vague étincelle
  Du feu brillant
  Du jour naissant ;
Voyez là-bas la blanche voile
Qui, gaîment au soleil, reluit comme une étoile !..
  C'est un navire ! un ennemi !...
Allons, enfants ! le destin nous l'amène !
  Son équipage est endormi ;
  Réveillons-le. La bonne aubaine !
  Il nous a vus !... Il nous attend !
  Il veut aussi brûler sa poudre !
  Il faut courir !... A nous le vent !
  Tombons sur lui comme la foudre !

Mais d'abord implorons la faveur souveraine
De celui qui peut, seul, nous sauver du trépas !
Alors tout l'équipage, à genoux, chapeau bas,
Prie et confie à Dieu amour, plaisir ou peine :
  « Là-bas, là-bas, loin sur la terre,
  « Gémit tout seul mon pauvre père !
« Protégez-le, mon Dieu, car mon heure dernière
  « Peut-être va sonner bientôt !
« Mon Dieu, je vous supplie !... Ecoutez la prière,
  « La prière du matelot ! »
  Feu, maintenant ! le beau tapage !
  Et dans les airs quel noir nuage !
  De tout côté vole la mort !
  Et le boulet rase le bord !...

Puis, après le combat on se compte, on s'embrasse
  — Tu n'es pas mort ? — Non, pas cette fois-ci.
  O mon Dieu, je vous rends grâce !
Je reverrai mon doux pays !... merci !
  Corvette, la belle.
  Ah ! vire de bord !

Corvette, la belle,
Ma mère m'appelle !
Le bonheur près d'elle
M'attend dans le port !

E. DE PLANARD et H. DE SAINT-GEORGES.

Musique de M. HALÉVY.

Extrait de l'*Éclair*, opéra-comique en trois actes, en vente chez M. Tresse, éditeur, Palais-Royal, galerie de Chartres, 2 et 3. — Prix : 1 fr.

LES ADIEUX.

Vous me quittez pour aller à la gloire,
Mon triste cœur suivra partout vos pas.
Allez, volez au temple de mémoire,
Suivez l'honneur ; mais ne m'oubliez pas.

A vos devoirs comme à l'amour fidèle,
Cherchez la gloire, évitez le trépas :
Dans les combats où l'honneur vous appelle
Distinguez-vous ; mais ne m'oubliez pas.

Que faire, hélas ! dans mes peines cruelles,
Je crains la paix autant que les combats ;
Vous y verrez tant de beautés nouvelles ;
Vous leur plairez ; mais ne m'oubliez pas.

Oui, vous plairez et vous vaincrez sans cesse.
Mars et l'Amour suivront partout vos pas.
De vos succès gardez la douce ivresse.
Soyez heureux ; mais ne m'oubliez pas.

SÉGUR.

LE SON QUE JE PRÉFÈRE.

Quand j'entends mon verre
Faire,
Dès le matin,
R'lintintin, r'lintintin,
J' dis : v'là l' son que je préfère ;
Et j' bois là d'ssus }
Un coup de plus. } (bis)

L' son d'une voix douce et tendre
Comm' celle d' Suzon qu' j'aimais,
Mon oreille n' peut l'entendre
Sans qu' mon cœur s'afflige ; mais....
Quand j'entends, etc.

L' son d' l'argent, quand j' n'en ai guère,
M' rend plus pauvre que jamais
Et m' fait maudir' ma misère,
Moi, qui n'en f'sais que rire ; mais...
Quand j'entends, etc.

L' son des violons d' mon village,
Auquel aut'fois j' m'animais,
M' dit à c't' heure que j' suis dans l'âge
Où l'on doit les payer ; mais...
Quand j'entends, etc.

L' son du tambour me rappelle
C' temps où malgré moi j' m'armais
Pour aller chercher querelle
A tous les monarques ; mais...
Quand j'entends, etc.

L' son du cor m' rappell' sans cesse
Qu'un jour dans l' bois où j' dormais
Certain chasseur eut l'adresse
De m' prendr' pour la bête ; mais....
Quand j'entends, etc.

L' son importun d' ma sonnette,
Qui ne se r'pose jamais,

Le son que je préfère.

M' fait toujours sou'vnir d' queuqu' dette
Que j'voudrais oublier ; mais...
   Quand j'entends, etc.

L' son d' la cloche d' not' paroisse
M' rappelle à chaque pas que j' fais,
L' carillon du jour d'angoisse
Où je me suis marié ; mais....
   Quand j'entends, etc.

A chaque heure l' son d' l'horloge
Semble m' dire désormais,
Qu' bientôt faudra que j' déloge
De c' monde où je me plais tant; mais...

   Quand j'entends mon verre
     Faire,
    Dès l' matin,
  R'lintintin, r'lintintin,
 J' dis : v'la l' son que je préfère;
   Et j' bois là d'ssus ⎫
   Un coup de plus. ⎬ (bis)

DESAUGIERS.

L'ART D'ÊTRE HEUREUX.

Gaîment je m'accommode
   De tout;
Je suis pour toute mode
   Mon goût;
Je sais en habile homme
   Saisir
Tout ce qu'en France on nomme
   Plaisir.

Je suis près des fillettes,
   Léger ;
On me voit d'amourettes
   Changer ;

Aux soupirs je ne livre
   Qu'un jour ;
L'inconstance fait vivre
   L'amour.

Qu'une belle m'appelle,
   J'y suis;
Qu'un faquin me harcelle,
   Je fuis.

Aux serments faut-il croire ?
   J'y crois;
A table faut-il boire ?
   Je bois.

Armand GOUFFÉ.

ENFANT CHÉRI DES DAMES.

Enfant chéri des dames,
Je suis en tout pays
Fort bien avec les femmes,
Mal avec les maris. (*ter*)

Pour charmer l'ennui de l'absence
A vingt beautés je fais la cour
Laissant aux sots l'ennuyeuse constance,
Je les adore tour à tour.
Pourquoi me piquer de constance
Quand je vois de nouveaux appas ?
Un nouveau goût s'éveille,
J'entends à mon oreille
Le dieu d'amour me répéter tout bas :

Enfant chéri des dames,
Sois dans tous les pays
Fort bien avec les femmes,
Mal avec les maris. (*ter*)

Mais le ciel me seconde,
Et veut faire, je croi,
L'ami de tout le monde
D'un homme tel que moi.
Me voici dans la France ;
Tout ira pour le mieux,
Car on aime l'aisance
Dans ce climat heureux.
Non, il n'est pas de climat plus heureux.

Car les amants des dames
Dans ce charmant pays
Sont bien avec les femmes,
Bien avec les maris. (*ter*)

PICARD,

FRA-DIAVOLO.

Voyez, sur cette roche,
Ce brave à l'air fier et hardi;
Son mousquet est près de lui,
   C'est son fidèle ami.
  Regardez, il s'approche,
Un plumet rouge à son chapeau,
Et couvert de son manteau
   Du velours le plus beau.
Tremblez !... Au sein de la tempête,
   Au loin l'écho répète :
   Diavolo ! Diavolo !
     Diavolo !

  S'il menace la tête
De l'ennemi qui se défend;
  Pour les belles on prétend
   Qu'il est tendre et galant.
  Plus d'une qu'il arrête,
  Témoin la fille de Piétro,
  Pensive rentre au hameau,
   Dans un trouble nouveau.
Tremblez !... car voyant la fillette,
   Tout bas chacun répète :
   Diavolo ! Diavolo !
     Diavolo !

  —Il se peut qu'on s'abuse,
Ma chère enfant; peut-être aussi
  Tout ce qui se prend ici,
   N'est-il pas pris par lui.
  Souvent, quand on l'accuse,
Auprès de vous maint jouvenceau,
  Pour quelque larcin nouveau
   Se glisse incognito !

Fra-Diavolo.

Tremblez !... cet amant qui soupire,
C'est de lui qu'on peut dire :
Diavolo ! Diavolo !
Diavolo !

E. Scribe.

Musique de M. Auber.

Extrait de *Fra-Diavolo*, opéra-comique, en vente chez M. Tresse, éditeur, Palais-Royal, galerie de Chartres, 2 et 3.—Prix : 1 fr.

LES PETITS PIEDS DE LISE.

Qu'un autre chante de Délie
Le corsage ou la blanche main,
Les bras ou la jambe arrondie,
Les beaux yeux, la bouche ou le teint.
 Je veux chanter
 Et répéter
Qu'avec ses pieds Lise a fait ma conquête ;
 Ses pieds jolis
 Sont si petits,
 Qu'il m'est permis,
Je crois, d'en être épris.
Que de tourments l'amour m'apprête !
Depuis l'instant qu'il me blessa.
Lise, avec ces petits pieds-là,
 Me trotte dans la tête.

Rempli du feu qui me dévore,
Souvent je cherche à vous saisir,
Mais vos petits pieds que j'adore
Vous servent hélas ! à me fuir !
 Sans nul égard,
 Quand par hasard,
J'ose exprimer mon ivresse sincère
 Vous refusez,
 Vous m'opposez
 Mille raisons

Et d'ennuyeux sermons.
Ah ! Lise, malgré votre mère,
Le tendre amour qui vous forma
Vous a fait ces petits pieds-là
Pour courir à Cythère.

Quand le réveil de la nature
S'embellit des jours du printemps,
Seule, sur l'humide verdure,
Vous parcourez les bois, les champs :
Dans un taillis
Je me blottis,
Brillant d'espoir, mon œil charmé vous guette.
J'attends tout bas
Quelque faux pas ;
Mais vains projets,
Vous ne tombez jamais !
Et pourtant, cruelle fillette,
Le plaisir qui vous anima,
Vous a fait ces petits pieds-là
Pour glisser sur l'herbette.

Quand je vous trouve trop agile
A fuir les amoureux dangers,
Je puis vous nommer comme Achille,
Divine *Lise aux pieds légers.*
Mais si toujours
Pour les amours
Vous nourrissez cette austère rudesse,
Le temps jaloux,
Dans son courroux
Pour me venger
Saura vous outrager.
Vous brillez d'attraits, de jeunesse,
Mais un jour tout se flétrira ;
Lise, avec ces petits pieds-là
On court à la vieillesse.

J. A. M. Montperrier.

LA NOCE DE MADEMOISELLE GIBOU.

(*Parlé.*) Madame Pochet et mademoiselle Palmyre, sa fille, jeune personne qui fait ses études pour débuter dans la danse, à l'Opéra, ont été invitées au mariage de mademoiselle Gibou, fille d'une fruitière du quartier. Madame Pochet, encore fatiguée des plaisirs de la veille, descend pour chercher ses provisions ; elle fait à la laitière le récit détaillé de tout ce qui s'est passé à la noce, et s'exprime en ces termes :

   J' n'en peux pus, c'te gueus' de mariage
   M'a cassé les jamb's et les bras ;
   Danser toute la nuit-z-à mon âge,
   L' lendemain l'on ne peut plus faire un pas.
   Mais j' m'en suis donné-z-un' fière' bosse ;
   J'ai bu comm' qué qu'un qu'a l' moyen.
   Ah ! qu' c'était bien ! ah ! que c'était bien !

(*Parlé.*) Dieux ! laitière, que c'était bien !

   Quel plaisir d'aller à la noce ⎫ (*bis*)
   Surtout quand il n'en coûte rien. ⎭
Quel plaisir, quel plaisir, surtout quand il n'en coûte rien.

   Faut qu' mam' Gibou soye généreuse
   Pour donner un pareil repas ;
   Sa pauv' fill' mérite d'êt' heureuse,
   Où ben c'est qu' je n' m'y connais pas.
   Jusqu'aux oranges dans son écosse,
   Au dessert, il ne manquait rien.
   Ah ! que c'était bien ! Dieu ! qu' c'était bien !

(*Parlé.*) On peut dire que c'était un repas bien satisfaisant en légumes, salade, et toutes sortes de fricots.

   Quel plaisir etc.

   J'avais n'emprunté d' la portière,
   Un chapeau qu' mamselle Badouillard

La Noce de mademoiselle Gibou.

Ly avait donné la s'main' dernière,
Pour la pein' qu'ell' l'attend si tard.
Avec ça qu' ma fille est précoce,
Ça r'levait fièrement son maintien.
Qu'elle était bien ! qu'elle était bien !

(*Parlé.*) Ah ! laitière, qu'elle était belle Palmyre, fraîche comme la rose ; y m'semblait qu' je m' voyais à son âge.

Quel plaisir, etc.

La mariée était dans un fiacre
Ous que j'était à son côté ;
Ell' brillait comme un morceau d'nacre,
J'étais mis' comme une volupté.
Qu' c'est donc bon d'aller en carrosse ;
On s' sent rouler, ça fait du bien.
Ah ! qu' j'étais bien ! ah ! qu' j'étais bien !

(*Parlé.*) Dieux ! comme j'était à mon aise, j' m'étendais la d'dans quasiment comme un' princesse.

Quel plaisir, etc.

Y a du poulet qu'a mis d' la graisse
A la poch' de mon tablier,
Car j'ai z'évu la maladresse
De n' pas l' serrer dans du papier.
Mais tant pir', ça s' lave ou ça s' brosse ;
J' m'ai régalé, je n' connais rien.
Ah ! qu' c'était bien ! Dieux ! qu' c'était bien !

(*Parlé.*) Il y avait un très-fort civet de sept lapins, et des vrais, j'ai vu les têtes !!!...

Quel plaisir, etc.

La mèr' Gavet, qu'est si godiche,
Avec son bonnet rapiesté,
Avait n'am'né son chien caniche
Qu'incommodait la société.
C'était vraiment une chose atroce ;

Y a des gens qui ne respectent rien !
Mais à ça près, c'était fort bien.

(*Parlé.*) Ah ! que c'te femm' là est bête avec son chien, n'y a pas d'bon sens, elle y a fait manger au moins pour quatre personnes.

Quel plaisir, etc.

L' bal était beau, mais ce que je r'grette,
Et c' qu'on aurait bien pu d'mander,
C'est l' violon z'et la clarinette
Qui n'ont jamais pu s'accorder.
L'un nous f'sait danser ROUL' TA BOSSE,
Et l'aut' l'air ÇA VOUS VA T'Y BIEN.
Mais à ça près, Dieux ! qu' c'était bien !

(*Parlé.*) Voyez-vous, laitière, y faut croire que les musiciens eusse un peu trop bu ; pas moins j'ai dansé tout d' même avec le garçon d' mam' Frémin qu'est pompier... vous savez ?...

Quel plaisir, etc.

Mais faut qu' je r'monte chez ma fille,
Car v'là bientôt l'heure de sa l'çon ;
Qu'elle a bon cœur ! qu'elle est gentille !
Elle dans', c'est comme un p'tit poisson.
Si j'voulais, l'fils à monsieur Josse,
L'épous'rait sans que j'y miss' du mien,
Et p't'êt' qu'un jour ça s' pourra bien.

(*Parlé.*) Vous savez ? le fils de M. Josse le dégraisseur, un bon p'tit enfant, très-rangé et qui mord joliment à la tâche. C'est des gens qui ont du certain pour l'avenir ; ils f'ront la dépense, ça fait que j'pourrai dire le jour du mariage de ma fille comme aujourd'hui :

Quel plaisir d'aller à la noce } (*bis*)
Surtout quand il n'en coûte rien.
Quel plaisir, quel plaisir, surtout quand il n'en coûte rien.

JAIME.

La musique, de M. Charles Plantade, se trouve chez M. Brullé, éditeur, passage des Panoramas, 16.

LES HIRONDELLES.

Voltigez, hirondelles,
Voltigez près de moi,
Et reposez vos ailes
Au faîte des tourelles
    Sans effroi. *(ter)*

Voltigez gracieuses,
Et fredonnant l'amour,
Que vos plumes soyeuses
Touchent mystérieuses
    Mon séjour. *(ter)*

Voltigez, je regarde
Votre petit bec noir
Suspendre à ma mansarde
Votre nid qui me garde
    Chaque soir. *(ter)*

Voltigez, hirondelles,
Voltigez près de moi,
Et reposez vos ailes
Au faîte des tourelles
    Sans effroi. *(ter)*

        Volny L'HOTELIER.

Musique de M. Félicien DAVID.

La musique se trouve chez M. Chaillot, éditeur, rue Saint-Honoré, 351.

A BON CHAT BON RAT.

Malice des hommes,
Quel est ton pouvoir !
Au siècle où nous sommes
Tu fais tout mouvoir.
Sans cesse à la ruse
Tu livres combat,
Et prends pour excuse :
A bon chat bon rat.

Pierre à Gabrielle
Vient d'unir ses jours;
Il jure à la belle
De l'aimer toujours.

Mais bientôt il change,
Et devient ingrat;
Un amant la venge :
A bon chat bon rat.

Roch vient de me faire
Un procès pour rien,
S'il gagne l'affaire,
Je perds tout mon bien.
J'achète la prose
De son avocat
Et j'ai gain de cause
A bon chat bon rat.

A bon chat bon rat,

Paul est au parterre,
Il risque un sifflet ;
Un crâne en colère,
Lui lance un soufflet.
Tous deux, d'un pas leste,
Volent au combat ;
L'agresseur y reste :
A bon chat bon rat.

Patron des poëtes [1]
Qu'on lit et relit,
Toi qui sus aux bêtes
Donner tant d'esprit,
D'Ésope ta lyre
Rajeunit l'éclat,
Et fit souvent dire :
A bon chat bon rat.

Si ma chansonnette,
Amis, ne vaut rien,
Comme une gazette
Critiquez-moi bien.
Criez au scandale,
Faites grand sabbat ;
Je vous rends la balle.
A bon chat bon rat.

Joseph SERVIÈRES.

[1] La Fontaine.

JE SUIS LAZZARONE.

Moi, joyeux lazzarone
Sans sceptre ni couronne,
De père en fils je trône
Sur les pavés du roi !...
Je n'ai rien en ce monde ;
Mais l'air pur qui m'inonde,
Le ciel, la mer profonde
Tous ces biens sont à moi !...

Oui, je suis lazzarone,
Tout comme un autre est roi !
Oui, je suis lazzarone, (*bis*)
Tout comme un autre est roi.

Moi, pauvre lazzarone,
A plus pauvre je donne,
Par une main mignonne
Qui séduirait un roi !...
Front blanc, cheveux d'ébène,
Taille napolitaine,
Et le cœur d'une reine,
Ces trésors sont à moi !
Oui, je suis lazzarone, etc.

Moi, libre lazzarone,
Par ma sainte patronne,
Vrai, je ne crains personne,
Le gibet ni le roi !
Aussi, qu'un proscrit passe,
Chez moi je lui fais place ;
Et Dieu me fera grâce,
Si c'en est fait de moi !...

Oui, je suis lazzarone,
Tout comme un autre est roi !
Oui, je suis lazzarone, (*bis*)
Tout comme un autre est roi.

Émile BARATEAU.

Musique de M. Paul HENRION.

La musique se trouve à Paris, chez M. Colombier, éditeur, rue Vivienne, 6.

ÉLOGE DE L'EAU.

Il pleut, il pleut enfin !
Et la vigne altérée
Va se voir restaurée
Par ce bienfait divin.
De l'eau chantons la gloire,
On la méprise en vain :
C'est l'eau qui nous fait boire
    Du vin. *(ter)*

C'est par l'eau, j'en conviens,
Que Dieu fit le déluge ;
Mais ce souverain juge
Mit les maux près des biens.
Du déluge, l'Histoire
Fait naître le raisin :
C'est l'eau qui nous fait boire
    Du vin. *(ter)*

Par un temps sec et beau
Le meunier du village
Se morfond sans ouvrage,
Et ne boit que de l'eau.
Il rentre dans sa gloire
Quand l'eau vient au moulin :
C'est l'eau qui lui fait boire
    Du vin. *(ter)*

S'il faut un trait nouveau,
Mes amis, je le guette :
Voyez à la guinguette
Entrer mon porteur d'eau ;
Il y perd la mémoire
Des travaux du matin :
C'est l'eau qui lui fait boire
    Du vin. *(ter)*

Mais à vous chanter l'eau,
Je sens que je m'altère ;
Passez-moi vite un verre
Plein de jus du tonneau.
Que tout mon auditoire
Répète mon refrain :
C'est l'eau qui nous fait boire
    Du vin. *(ter)*

Armand GOUFFÉ.

LA JEUNE FILLE AUX YEUX NOIRS.

Jeune fille aux yeux noirs, tu règnes sur mon âme,
Tiens! voilà des croix d'or, des anneaux, des colliers.
Des chevaliers ainsi m'ont exprimé leur flamme,
Eh bien! j'ai méprisé l'offre des chevaliers.
    La fortune,
    Importune,
    Me paraît
    Sans attrait; (bis)
    Sur la terre,
    Il n'est guère
    De beau jour,
    Sans l'amour.

Puis des prélats m'ont dit : « Sur des bords plus tranquilles,
Si tu veux, jeune fille, habiter nos palais,
Nous t'offrons des villas, des prés, des champs fertiles. »
Et moi j'ai répondu : « Tous ces biens, gardez-les! »

    La fortune, etc.

A son tour un proscrit m'a parlé de tendresse,
L'infortuné fuyait nos rivages ingrats.
« Toi seul, me disait-il, peux calmer ma tristesse... »
Et j'ai dit au proscrit : « Moi, je suivrai tes pas. »
    La fortune,
    Importune,
    Me paraît
    Sans attrait;
    Sur la terre,
    Il n'est guère
    De beau jour,
    Sans l'amour.

                A. Bétourné.

La jeune fille aux yeux noirs.

RONDE DU MAÇON.

Bon ouvrier, voici l'aurore
Qui te rappelle à tes travaux ;
Ce matin, travaillons encore,
Le soir sera pour le repos.
Tout seul on s'ennuie à l'ouvrage,
Pour l'abréger on le partage,
A ton aide chacun viendra :
    Du courage,
    Du courage,
Les amis sont toujours là.

Bon ouvrier, voici dimanche.
Ce jour-là tout est oublié ;
Quelle gaîté naïve et franche !
Trinquons ensemble à l'amitié !
M' laisser boir' seul est un outrage ;
Mais pour partager mon ouvrage,
Et la bouteille que voilà...
    Du courage, etc.

Bon ouvrier, quand la tendresse
De l'hymen te fait une loi,
Lorsqu'à ta gentille maîtresse
Tu donnes ton cœur et ta foi,
Prends garde, ne sois point volage ;
Si tu négliges ton ouvrage,
Un autre te remplacera :
    Du courage,
    En ménage,
Les amis sont toujours là.

Scribe et G. Delavigne.
Musique de M. Auber.

Extrait du *Maçon*, opéra-comique en trois actes, en vente chez M. Tresse, Galerie de Chartres, 2 et 3.—Prix : 1 fr.

LA PETITE-MAISON.

Tout tourne aujourd'hui dans le monde.
Dieu fit, je crois, la terre ronde
Afin de nous faire tourner,
Tourner sans cesse et retourner. *(bis)*
Aussi la Fortune traîtresse
Monte, descend, relève, abaisse,
Des palais nous mène aux prisons,
Ou bien aux Petites-Maisons. *(bis)*

Mais pourvu qu'avec ma bergère,
Assis au fond d'une bergère,
Je puisse goûter chaque jour
Le bonheur d'hymen et d'amour, *(bis)*
Que m'importe le sort volage?
Quand l'oiseau plaît, que fait la cage?
Nous sommes heureux, nous disons
Vivent les Petites-Maisons! *(bis)*

Nous aurons, pour notre partage,
Grand bonheur et petit ménage :
L'Amour n'est pas trop affligé
De se voir à l'étroit logé. *(bis)*
Sans fortune, sans équipages,
Vivant contents comme des sages,
Nous dirons, pour bonnes raisons,
Vivent les Petites-Maisons! *(bis)*

L'ennui se plaît sous les portiques
Des palais les plus magnifiques;
Rarement on peut réunir
Et la grandeur et le plaisir.
Mais pour passer gaîment sa vie
Entre l'Amour et la Folie,
Amis, croyez-moi, redisons
Vivent les Petites-Maisons! *(bis)*

SÉGUR.

JE SUIS ROND.

Je suis rond, bien rond, bien rond, tout rond,
J'arrondis en luron
Ma panse respectable ;
Je suis rond, bien rond, bien rond, tout rond,
Et le dieu de la table
Est mon joyeux patron.

Brillant et vermeil
En s'échappant de l'onde,
Lorsque le soleil
Dissipe mon sommeil,
Bacchus me voit prompt
A briser une bonde,
Et gai biberon,
Je dis comme Piron :
Je suis rond, etc.

Quels riches présents,
Comus, tu nous destines !
Ils flattent nos sens,
Nos appétits naissants !
Au bruit du chaudron,
J'entonne pour matines,
Quand je vois de front
Trente mets environ :
Je suis rond, etc.

Plus gai que Scarron
Dont la burlesque veine
Narguait Cicéron
Et Virgile Maron,
L'heureux bûcheron
Qui vit exempt de peine,
Dit, loin du clairon
D'un poudreux escadron :
Je suis rond, etc.

Je suis rond.

Ne le voit-on pas?
Tout est rond dans ce monde.
Les tonneaux, les plats,
Les plus jolis appas ;
Puisque tout est rond
Sur la machine ronde,
Avec son tendron
Que chacun chante en rond :
Je suis rond, etc.

Si le destin rompt
De mes beaux jours la trame,
J'irai, leste et prompt,
Voguer sur l'Achéron ;
Loin d'être poltron,
Je veux, en rendant l'âme,
Dire au vieux Caron,
La main sur l'aviron :

Je suis rond, bien rond, bien rond, tout rond,
J'arrondis en luron
Ma panse respectable ;
Je suis rond, bien rond, bien rond, tout rond,
Et le dieu de la table
Est mon joyeux patron.

Casimir Ménétrier.

TROMPEZ-MOI ! TROMPONS-NOUS !

Vous me trompez, je le vois bien,
De vos discours je ne crois rien.
C'est égal, c'est égal,
C'est bien plus original !
Trompez-moi, trompons-nous,
C'est un plaisir assez doux ;
En tous temps en tous lieux,
Les jeunes comme les vieux,
On ne fait que cela,
Tout le monde en est la ! } bis.
Trompez-moi, trompons-nous,
Ah ! ah ! ah ! ah ! ah !
Ce plaisir est assez doux.
Ah !

Vous me jurez fidélité,
J'en jure autant de mon côté,
    Nous faisons des serments
    Comme en font tous les amants,
Seulement nous savons
Que tous les deux nous mentons ;
    C'est égal, c'est égal,
    C'est bien plus original,
    On ne fait que cela,
    Tout le monde en est là !
    Trompez-moi, etc.

Pour moi, vous voudriez mourir ;
Pour vous, moi, je voudrais périr !
    Et pourtant nous savons
    Qu'à bien vivre nous tenons.
C'est égal, c'est égal,
C'est bien plus original,
    Le fer ou le poison,
    Nous jurons que tout est bon,
Nous ne ririons pas trop,
Si l'on nous prenait au mot.
    Trompez-moi, etc.

Lorsque nous aurons, par malheur,
Quelque rancune sur le cœur,
    Loin d'être moins joyeux,
    Nous nous ferons les doux yeux ;
Vengeons-nous par des traits,
Mais ne nous boudons jamais ;
Bouder est ennuyeux,
Se tromper vaut cent fois mieux,
    On ne fait que cela,
    Tout le monde en est là !
    Trompez-moi, trompons-nous,
    On ne fait que cela,
    Tout le monde en est là !
    Trompez-moi, trompons-nous,
      Ah ! ah ! ah ! ah ! ah !
    Ce plaisir est assez doux,
          Ah !

        Paroles et musique d'Amédée de Beauplan.

La musique se trouve chez M. Heu, éditeur, rue de la Chaussée-d'Antin, 10.

ÉLOGE FUNÈBRE DE MONSIEUR DE LA RAPINIÈRE.

En bons chrétiens pleurons la mort
De monsieur de La Rapinière,
Qui n'a jamais fait aucun tort...
A quiconque il n'en a pu faire.

A tous il offrait son appui,
Par une rare bienveillance :
Et l'on pouvait compter sur lui...
Quand on vivait dans l'abondance.

Des requêtes qu'on lui portait,
Il ne se lassa de la vie ;
Il lisait tout, tout écoutait...
Quand c'était son apologie.

Devant lui, parler de procès,
C'était lui causer une angoisse ;
Monseigneur ne plaida jamais...
Que contre toute la paroisse.

Quoiqu'il se fût bien signalé,
Sa modestie était extrême.
A la guerre il avait brillé...
Car il le proclamait lui-même.

A la cour, lorsqu'il se trouvait,
Sur ses pas volait mainte belle ;
La reine même le suivait...
Quand il cheminait devant elle.

De la grandeur ô triste sort !
Une fièvre éclipse la sienne.
Les médecins, le voyant mort...
Ne pensent pas qu'il en revienne.

Quel dommage ! disent tout haut,
Ses vassaux, que ce coup désole...
Qu'il ne soit mort dix ans plus tôt !
Pourtant faut-il qu'on se console.

Monsieur de la Rapinière.

TEMPÊTE, OU J'AIME LE TAPAGE.

J'aime le tapage, le tapage, le tapage,
 Oui, je suis tapageur,
 J'ai besoin d'orage !
J'aime le tapage, le tapage, le tapage,
 Oui, je suis tapageur !
 C'est là mon humeur,
J'aime le tapage, le tapage, le tapage,
 Moi je suis tapageur ;
J'aime le tapage, le tapage, le tapage,
 Oui, c'est là mon humeur !

Bon enfant, mais fort mauvaise tête,
Sur mon brick quand j'étais écumeur,
L'équipage me nomma Tempête,
A cause de ma charmante humeur.
 Au beau temps triste et sauvage,
  Mais folâtre à l'ouragan,
 Quand ciel et mer faisaient rage,
  Moi je chantais en riant :
J'aime le tapage, le tapage, le tapage,
 Oui, je suis tapageur,
 Bonjour à l'orage !
J'aime le tapage, etc.

Mais signalait-on la voile anglaise,
Je devenais tout à fait charmant,
Et quand les canons bondissaient d'aise,
Moi je dansais de contentement,
 Alors commençait la fête,
 A l'un je cassais les bras,
 A l'autre fendant la tête,
 Je chantais dans le fracas :
J'aime le tapage, le tapage, le tapage,
 J'ai besoin de combat,
 J'ai besoin d'orage.
J'aime le tapage, etc.

A présent que j'ai pris ma retraite,
Je me vois forcé de végéter,
Et bien souvent tout seul je tempête,
De n'avoir jamais à tempêter.
  Un vieux compagnon de l'âme
    Aussi folâtre que moi,
  Me dit de prendre une femme,
    Eh! mais, pas si mal, ma foi !
J'aime le tapage, le tapage, le tapage,
    Femme de belle humeur
    Vaut mer en fureur.
J'aime le tapage, le tapage, le tapage,
    Oui, c'est là mon humeur.

Gustave LEMOINE.

Musique de Mlle Loïsa PUGET.

La musique se trouve chez M. Meissonnier, éditeur, rue Dauphine, 22.

CHACUN A SON GOUT, SA FOLIE.

Pour obtenir celle qu'il aime,
L'un éblouit par la grandeur :
A se voir aimé pour lui-même,
Un autre met tout son bonheur.
Mes chers amis, dans cette vie
Chacun a son goût, sa folie ;
La meilleure est de bien jouir,
Chantons l'amour et le plaisir.

L'un, dans les hasards de la guerre
Trouve le bonheur de ses jours.
L'autre, sous le toit solitaire
Du tendre objet de ses amours.
Mes chers amis, dans cette vie
Chacun a son goût, sa folie ;
La meilleure est de bien jouir,
Chantons l'amour et le plaisir.

SAINT-JUST.

L'ORGIE.

Eh ! vive l'orgie !
Eh ! buvons sans fin,
Chantons la folie,
L'amour et le vin !

Du vin dans la tête,
L'amour dans le cœur,
Vrai Dieu ! quelle fête !
C'est double bonheur !
Eh ! vive l'orgie ! etc.

Auprès d'une belle,
D'un vin généreux,
Mon œil étincelle.
Je me sens heureux !
Eh ! vive l'orgie ! etc.

Au doux choc du verre,
Au bruit des flacons,
Narguons la misère,
Rions et dansons !
Eh ! vive l'orgie ! etc.

Sautons en cadence,
Bravons l'univers,
Le vin fuit, s'élance,
Parfume les airs !
Eh ! vive l'orgie !

Voyez cette écume !
Voyez ce beau feu !
Ma soif se rallume,
Bacchus est un Dieu !

Eh ! vive l'orgie !
Eh ! buvons sans fin,
Chantons la folie,
L'amour et le vin !

L. CREVEL DE CHARLEMAGNE.

La musique, de Rossini, se trouve chez MM. Brandus et Ce, rue Richelieu, 103.

LE CHAMPAGNE.

C'est le champagne,
Vin de cocagne,
Philtre enchanteur créé par Lucifer ;
Videz nos tonnes,
Que nos Bretonnes
Boivent ce vin, chef-d'œuvre de l'enfer.

C'est un poison dont le goût électrise,
C'est un démon qu'on avale gaîment.

L'Orgie.

C'est le nectar qui de la gourmandise
Est aujourd'hui le premier talisman.
  Vin des grisettes,
  Vin des lorettes,
L'amour lui doit ses plus chères faveurs ;
  Quand ce vin mousse
  La vie est douce,
Et le péché peut s'emparer des cœurs.

C'est le secret de beaucoup de faiblesses ;
C'est le fléau des malheureux époux ;
Serments d'amour, baisers, tendres caresses,
Ce n'est pas cher, c'est quatre francs dix sous.
  Prodige étrange,
  Par lui tout change,
A la laideur il donne des appas ;
  De la science
  A l'ignorance,
Et de l'esprit à ceux qui n'en ont pas.

S'il le voulait, par sa toute-puissance,
Ce vin joyeux, évitant plus d'un choc,
Dans un banquet réunirait la France,
Malgré l'enfer, malgré le diable en froc !
  C'est le champagne,
  Vin de cocagne,
Philtre infernal créé par Lucifer ;
  Videz nos tonnes,
  Que nos Bretonnes
Boivent ce vin, chef-d'œuvre de l'enfer !

        DENNERY et CLAIRVILLE.

Extrait des *Sept Châteaux du Diable*, en vente chez M. Tresse, Palais-Royal, galerie de Chartres, 2 et 3.—Prix : 60 centimes.

LA GOUVERNANTE.

  S'il est sur terre,
   Un emploi,
   Selon moi,
  Qui doive plaire :
   C'est de servir
    Et tenir
   La maison
  D'un vieux garçon.

Oui, c'est là le paradis,
Là, nos avis,
A l'instant, sont suivis ;
Par nous bercé,
Dorlôté,
Il nous doit la santé ;
Notre force est sa faiblesse,
Et l'on est dame et maîtresse.   *(bis)*

Ou vieille duègne ou tendron,
Qui voulons régner sans cesse,
Pour cent raisons,
Choisissons
La maison   *(ter)*
D'un vieux garçon,
D'un vieux garçon.   *(bis)*

Sa gouvernante
Est son bien,
Son soutien,
Et le régente ;
Pour elle il est indulgent,
Et galant,
Et complaisant.
Elle aura, chez monseigneur,
Les clefs de tout et même de son cœur ;
Fidèle de son vivant,
Il l'est par testament,
Où brille, c'est la coutume,
Une tendresse posthume.   *(bis)*

Ou vieille duègne ou tendron,
Qui voulons régner sans cesse,
Pour cent raisons,
Choisissons
La maison   *(ter)*
D'un vieux garçon,
D'un vieux garçon.   *(bis)*

E. Scribe.

Musique d'Auber.

Extrait du *Domino noir*, opéra-comique en trois actes, en vente chez M. Tresse, éditeur, Palais-Royal, galerie de Chartres, 2 et 3.—Prix : 1 franc.

LA JEUNE FILLE A LA DANSE.

Vite, Marie, à ma toilette,
Dans une heure je vais danser:
Dépêche-toi, car je regrette
Cette heure qu'il faut y passer.
   Écoutons, écoutons,
Tra, la, la, la, la, la, la, la,

   Écoutons, écoutons,
   C'est la ritournelle,
   Tra, la, la, la, la, la,
Une contredanse nouvelle,
   Tra, la, la, la, la,
   Quel plaisir que celui-là !

Soyons simple dans ma parure,
D'une fleur orne mes cheveux,
De cette élégante ceinture,
Avec grâce pose les nœuds.
   Écoutons, écoutons,
Tra, la, la, la, la, la, la, la,

   Ecoutons, écoutons,
   Déjà l'on commence,
   Tra, la, la, la, la, la,
Tu conçois mon impatience,
   Tra, la, la, la, la,
   Quel plaisir que celui-là!

Marie, enfin, me voici prête,
Suis-je bien, parle sans détour?
Puis-je avoir, au sein de la fête,
L'espoir de briller à mon tour?
   Écoutons, écoutons,
Tra, la, la, la, la, la, la, la,
   Écoutons, écoutons,
   Malgré moi je danse,
   Tra, la, la, la, la, la,
Danser, voltiger en cadence,
   Tra, la, la, la, la.
   Quel plaisir que celui-là!

Paroles et musique d'AMÉDÉE DE BEAUPLAN.
La musique se trouve chez M. Meissonnier, rue Dauphine, 18.

LA FÊTE DES BONNES GENS.

L'amitié vive et pure
Donne ici des plaisirs vrais;
C'est la simple nature
Qui pour nous en fait les frais.
Gaîté franche, amour honnête,
Ramènent le bon vieux temps.
Chez nous c'est encore la fête,
La fête des bonnes gens.

La jeune fille à la danse.

Chez nous le mariage
N'est que l'accord de deux cœurs ;
D'un si doux esclavage
Les nœuds sont tissus de fleurs.
Du bonheur on est au faîte,
Sitôt qu'on a des enfants.
En famille on fait la fête,
La fête des bonnes gens.

La bergère sévère
Prend gaîment le verre en main ;
L'amour au fond du verre
Se glisse et passe en son sein.
Pour l'amant quelle conquête !
Tous deux en sont plus charmants.
L'amour embellit la fête,
La fête des bonnes gens.

Par de grands airs tragiques
A la ville on attendrit ;
Par des concerts rustiques
Au village on réjouit.
Sans vous fatiguer la tête
Par des accords trop savants,
Venez tous rire à la fête,
La fête des bonnes gens.

Lourdet de Santerre.

TA PATRIE ET TES AMOURS.

Parle-moi, je t'en prie,
Oh ! parle-moi toujours
De ta belle Italie,
De tes premiers amours !

Dis-moi les sérénades
Que la nuit tu donnais,
Et les douces ballades,
Qu'alors tu lui chantais...
   Parle-moi, etc.

Dis-moi que, pâle et belle,
La lune aimait à voir

L'amoureuse étincelle
Que jette ton œil noir...
   Parle-moi, etc.

Le soir, à la madone,
Que de vœux, que d'amour,
Que de fleurs, que moissonne
L'aurore à son retour !

Parle-moi, je t'en prie,
Oh ! parle-moi toujours
De ta belle Italie,
De tes premiers amours !

Mme Laure Jourdain.
Musique de F. Masini.

La musique se trouve à Paris, chez M. E. Mayaud, éditeur, boulevart des Italiens, 7.

COMMENÇONS LA SEMAINE.

Commençons la semaine,
Qu'en dis-tu, cher voisin ?
Commençons par le vin,
Nous finirons de même.

Vaut bien mieux moins d'argent,
Chanter, danser, rire et boire,
Vaut bien mieux moins d'argent,
Rire et boire plus souvent.

On me veut faire accroire
Que je mange mon bien,
Mais on se trompe bien,
Je ne fais que le boire.
Vaut bien mieux, etc.

Si ta femme querelle,
Dis-lui, pour l'apaiser,
Que tu veux te griser
Pour la trouver plus belle.
Vaut bien mieux, etc.

Le receveur des tailles
Dit qu'il vendra mon lit ;
Je me moque de lui,
Je couche sur la paille,
Vaut bien mieux, etc.

Au compte de Barême
Je n'aurai rien perdu,
Je suis venu tout nu,
Je m'en irai de même.
Vaut bien mieux, etc.

Providence divine
Qui veilles sur nos jours,
Conserve-nous toujours
La cave et la cuisine.

Vaut bien mieux moins d'argent,
Chanter, danser, rire et boire,
Vaut bien mieux moins d'argent,
Rire et boire plus souvent.

LE GENTILHOMME D'A-PRÉSENT.

Si vous suivez la mode,
Le sport et la fashion,
Messieurs, voici le code
D'un homme du bon ton :
Sur un siége un peu maigre,
Se hisser, se percher,
Avoir un petit nègre
Dont on est le cocher.

Oui, voilà, voilà comme
On devient séduisant,
Voilà le gentilhomme,
Le gentilhomme d'à-présent !

Tailler dans sa paillasse,
Comme nos charlatans,
Un pantalon cocasse,
Puis un habit sans pans ;
Posséder la tournure
D'un matelot à bord,
Des bateaux pour chaussure,
Un chapeau sans rebord.
    Oui, voilà, etc.

Posséder pour la chasse
Un cheval très-vanté,
Une vue assez basse,
C'est encor bien porté ;
Respirer à la gêne,
Et prendre son lorgnon
Pour voir la Madeleine
Ou bien le Panthéon !
    Oui, voilà, etc.

Aller vider sa bourse
Aux eaux, chez Tortoni,
Se montrer à la course
De la Croix de Berny,
Siéger, comme à la Chambre,
Dans ce club si fameux,
Et pour en être membre,
S'en faire briser deux !

Oui, voilà, voilà comme
On devient séduisant,
Voilà le gentilhomme,
Le gentilhomme d'à-présent !

        Francis TOURTE.
    Musique de A. MARQUERIE.

La musique se trouve chez M. Brullé, éditeur, passage des Panoramas, 16.

LE GARÇON CONVERTI.

Décidément, je chang' de rôle,
Dans les maris, moi, je m'enrôle ;
Ah ! quel ennui d'être garçon,
Je n' veux plus vivr' de cett' façon ;
C'est trop stupide un vieux garçon !

Le gentilhomme d'à-présent.

Les maris ont, dans leur ménage,
Un' femm' qui veill' sur leur potage;
Moi, garçon, il faut que chaq' jour,
J'aill' m'empoisonner chez Véfour.

(*Parlé.*) Là, des perdreaux truffés, pâtés de foie gras, matelottes à la normande, et mille autres superfluités succulentes. C'est dégoûtant, quoi...

Décidément, etc.

En travaillant, c'est c' qui m' désole,
Chez moi, j'entends un' mouch' qui vole;
J'aim'rais beaucoup mieux un enfant,
Qui crie et pleur', c'est plus vivant.

(*Parlé.*) Papa!... maman! nanan!... c'est délirant.

Décidément, etc.

Si j' vais tout seul à la prom'nade,
Je cours partout, je m' rends malade;
Un' femme, au moins, ça n' fatigue pas!
Tous les quarts d'heure, on fait dix pas!

(*Parlé.*) Mon bon ami, changeons de bras... redresse-moi donc mon châle... prends l'enfant... ne perds pas mon ombrelle.... Quelle activité! on n'a pas un moment pour s'ennuyer... c'est charmant!...

Décidément, etc.

Entre amis, souvent on discute,
Quelquefois même on se dispute;
Avec sa femm', n'y a pas moyen,
Car en marchant, on n' se dit rien.

(*Parlé.*) Pas toujours cependant... Dernièrement j'ai entendu un mari bavard dire à sa femme, au bout d'une heure de silence et après plusieurs bâillements indécents: Quelle chaleur!... Veux-tu rentrer, bobonne?...

Décidément, etc.

Si j' vas dîner avec ma blonde,
Je n' sais pourquoi, je fuis tout l' monde;

Avec sa femm', pas tant d' façon,
On est très-bien, mêm' dans le salon !...

(*Parlé.*) Garçon !... — VOILA !... — Deux couverts !... — DANS L' SALON ?... Parbleu ! cette plaisanterie... c'est mon épouse !...—AH ! C'EST QU'AUTREFOIS VOUS ALLIEZ DANS LES CABINETS AVEC UNE PETITE BLONDE...—Garçon, voulez-vous bien vous taire !... Bœuf aux choux, vin ordinaire.—COMMENT, MONSIEUR, PLUS DE CHAMPAGNE, PLUS DE TRUFFES ?—Puisque je vous dis que je suis marié !

Décidément, je chang' de rôle,
Dans les maris, moi, je m'enrôle ;
Ah ! quel ennui d'être garçon,
Je n' veux plus vivr' de cett' façon ;
C'est trop stupide un vieux garçon !

J. MEINFRED.

Musique de Mlle E. MEGEVAND.

La musique se trouve chez M. Pacini, éditeur, rue Neuve-St-Augustin, 59.

LA BELLE INÈS.

La belle Inès
Fait florès ;
Elle a des attraits,
Des vertus,
Et bien plus,
Elle a des écus ;
Tous les garçons,
Bruns ou blonds,
Lui font les yeux doux.
Qui de nous
Voulez-vous
Prendre pour époux ?
Est-ce un riche fermier ?
Est-ce un galant muletier ?
Ou bien un alguazil ?

Celui-là vous convient-il ?
—Tra, la, tra, la,
Non mon cœur incivil,
Tra, la, tra, la,
Refuse l'alguazil.
Tra, la, tra, la.
—L'alcade vous plaît-il ?
—Tra, la, tra la,
Fût-ce un corrégidor,
Je le refuse encor.
—Que voulez-vous
Belle aux yeux doux ?
Répondez, nous vous aimons tous ;
Pour époux,
Dites-nous,

Lequel prendrez-vous?
—L'amoureux
Que je veux
C'est celui (bis) (bis)
Qui danse le mieux.
C'est celui qui danse le mieux. (bis)
L'amoureux (bis) (bis)
Que je veux,
C'est celui qui danse le mieux.

Dès ce moment,
Chaque amant
Se met promptement
A danser,
Balancer,
Passer,
Repasser,
Et castagnettes en avant,
Chaque prétendant
S'exerçait,
Et donnait
Le signal
Du bal.
Le muletier Pédro
Possédait le boléro,
Et l'alcade déjà

Brillait dans la cachucha;
Tra, la, tra, la,
—Messieurs, ce n'est pas ça
Tra, la, tra, la,
Et pendant ce temps-là,
Tra, la, tra, la,
Le jeune et beau Joset,
Tra, la, tra, la,
De loin la regardait,
Et de travers dansait,
Car il l'aimait.
Belle aux yeux doux,
Ce beau bal nous réunit tous;
Qui de nous
Voulez-vous
Prendre pour époux?
—Le danseur que je veux,
C'est celui (bis)
Qui m'aimes le mieux,
Oui, Joset, je te veux,
Car c'est toi (bis) qui m'aimes le mieux
Car c'est toi qui m'aimes le mieux. bis
Oui, Joset, je te veux,
Car c'est toi qui m'aimes le mieux,
Oui, Joset, je te veux, (bis)
Car c'est toi qui m'aimes le mieux!

E. SCRIBE.

Musique d'AUBER.

Extrait du *Domino noir*, opéra-comique en trois actes, en vente chez M. Tresse, éditeur, Palais-Royal, galerie de Chartres, 2 et 3.—Prix : 60 cent.

REPASSEZ DEMAIN.

Il était un vieux bonhomme
Aussi vieux que Barrabas,
Avec son habit vert-pomme
Et sa perruque à frimas;

Repassez demain.

Contant sa flamme amoureuse
A Nancy la repasseuse,
Qui fredonnant soir et matin,
Lui répétait pour tout refrain :
　Repassez demain.

—Je veux te plaire, et j'y compte ;
Ce front qui paraît caduc,
Ma chère est celui d'un comte…
—Eh ! fût-il celui d'un duc !
J'admire, mon gentilhomme,
Vous et votre habit vert-pomme ;
Mais, hélas ! mon cœur inhumain
N'est pas sensible ce matin :
　Repassez demain.

SCRIBE et DE SAINT-GEORGE.

Musique de M. AUBER.

Extrait de l'*Ambassadrice*, opéra-comique en trois actes, en vente chez M. Tresse, éditeur, Palais-Royal, galerie de Chartres, 2 et 3.—Prix : 1 franc.

COUPLETS DU SECRET.

Le Mari.
Femmes, voulez-vous éprouver
Si vous êtes encor sensibles ?
Un beau matin venez rêver
A l'ombre des bosquets paisibles.
Si le silence et la fraîcheur,
Si l'onde qui fuit et murmure
Agitent encor votre cœur,
Ah ! rendez grâce à la nature.

Mais, dans le sein de la forêt,
Asile sacré du mystère,
Si votre cœur reste muet,
Femmes, ne cherchez plus à plaire.

Si pour vous le soir d'un beau jour
N'a plus ce charme qui me touche,
Profanes, que le nom d'amour
Ne sorte plus de votre bouche.

La Femme.
Maris qui voulez éprouver
Jusqu'où va notre patience,
Vous pourriez bien aussi trouver
Le prix de votre impertinence.
Plus de pitié que de courroux
Est ce qu'on doit à votre injure,
Vos femmes valent mieux que vous,
Rendez-en grâce à la nature.

HOFFMANN.

J'AVAIS UNE MARRAINE.

Mon coursier hors d'haleine
(Que mon cœur, mon cœur a de peine!),
J'errais de plaine en plaine,
Au gré du destrier.

Au gré du destrier;
Sans varlet, n'écuyer,
Là, près d'une fontaine,
(Que mon cœur, mon cœur a de peine!),
Songeant à ma marraine,
Sentais mes pleurs couler.

Sentais mes pleurs couler.
Prêt à me désoler;
Je gravais sur un frêne
(Que mon cœur, mon cœur a de peine!),
Sa lettre dans la mienne,
Le roi vint à passer.

Le roi vint à passer,
Ses barons, son clergier.
Beau page, dit la reine
(Que mon cœur, mon cœur a de peine!),
Qui vous met à la gêne,
Qui vous fait tant plorer.

Qui vous fait tant plorer;
Nous le faut déclarer,
Madame et souveraine
(Que mon cœur, mon cœur a de peine!),
J'avais une marraine,
Que toujours adorai,

Que toujours adorai,
Je sens que j'en mourrai.
Beau page, dit la reine
(Que mon cœur, mon cœur a de peine!),
N'est-il qu'une marraine?
Je vous en servirai.

Je vous en servirai,
Mon page vous ferai.
Puis à ma jeune Hélène
(Que mon cœur, mon cœur a de peine!),
Fille d'un capitaine,
Un jour vous marierai.

Un jour vous marierai.
Nenni, n'en faut parler;
Je veux, traînant ma chaîne
(Que mon cœur, mon cœur a de peine!),
Mourir de cette peine,
Mais non m'en consoler.

BEAUMARCHAIS.

LES INCONVÉNIENTS DE LA FORTUNE.

Depuis que j'ai touché le faîte
De la richesse et du bonheur,
Je vois fuir ma joyeuse humeur.
    Adieu bonheur! (*bis*)
Je bâille comme un grand seigneur...
    Adieu bonheur!
    Ma fortune est faite.

Le jour, la nuit, je m'inquiète :
La chicane et tous ses suppôts
Chez moi fondent à tout propos.
    Adieu repos!
Et je suis surchargé d'impôts...
    Adieu repos!
    Ma fortune est faite!

Toi, dont la grâce gentillette,
En me ravissant la raison,
Sut charmer ma jeune saison,
    Adieu Suzon!
Je dois te fermer ma maison...
    Adieu Suzon!
    Ma fortune est faite.

Plus d'appétit, plus de goguette;
Dans mon carrosse empaqueté
Je promène ma dignité,
    Adieu gaîté!
Et par bon ton je prends du thé...
    Adieu gaîté!
    Ma fortune est faite.

Pour le plus léger mal de tête,
Au poids de l'or je suis traité;
J'entretiens seul la Faculté.
    Adieu santé!
Hier trois docteurs m'ont visité...
    Adieu santé!
    Ma fortune est faite.

Vous qui veniez dans ma chambrette
Rire et boire avec vos tendrons,
Qui souvent en sortiez si ronds.
    Adieu lurons!
Quand je serai gueux, nous rirons...
    Adieu lurons!
    Ma fortune est faite.

Mais je vois, en grande étiquette,
Chez moi venir ducs et barons :
Lyre, il faut suspendre tes sons.
    Adieu chansons!
Mon suisse annonce; finissons...
    Adieu chansons!
    Ma fortune est faite.

DÉSAUGIERS.

POUR TOI.

Ce que je désire et que j'aime
    C'est toujours toi.
Pour mon âme le bien suprême;
    Ce n'est que toi,
Si j'ai des beaux jours dans ma vie,
    Ah! c'est par toi;
Et mes larmes, qui les essuie?
    C'est encore toi.

Les inconvénients de la fortune.

Si je place ma confiance,
   Ce n'est qu'en toi,
Si je prends leçons de constance,
   Ah! c'est de toi,
Au doux plaisir si je me livre,
   C'est près de toi.
Si je peux encor longtemps vivre,
   C'est bien pour toi.

Quel autre objet pourrait me plaire
   Autant que toi?
L'air à ma vie est nécessaire
   Bien moins que toi.
Je sens trop que mon existence
   Est toute à toi,
Avec toi tout est jouissance,
   Et rien sans toi.

Ségur.

LA NEIGE.

Lorsque l'hiver enchaîne les flots,
Jeunes beautés avec audace,
Accourez à ces plaisirs nouveaux :
L'amour peut guider vos traîneaux,
Nul danger ne vous menace.
  Mais il est au printemps,
  Des dangers bien plus grands :
Près de vous, quand avec grâce
  Un danseur vient soudain
  Vous présenter sa main.
    Ma Suzon,
    Ma Lison,
    Pour danser,
    Pour valser
Ne va pas te presser. (*bis*)
Il est plus dangereux de glisser
Sur le gazon que sur la glace ;
Il est trop dangereux de glisser.
  Fillette, craignez de danser.

Quand, sur la glace, en traîneau brillant
Gaîment on passe et l'on repasse,
Si parfois arrive un accident,
On se relève promptement :
Sans danger l'on se ramasse.

   Mais sur l'herbe en dansant,
    Ah ! c'est bien différent !
  Du faux pas qui la menace,
    Une fillette, hélas !
    Ne se relève pas.
     Ma Suzon, etc.

  Sans te troubler, laisse, vieux mari,
   Ta femme courir sur la glace :
  L'Amour n'est là qu'un enfant transi,
  Ailleurs il est plus dégourdi :
  C'est au bois qu'il vous menace.
    Qu'un tendron imprudent
   Fasse une chute en dansant,
  Pour l'époux quelle disgrâce !
    Car c'est lui tout à coup
    Qui r'çoit le contre-coup.
     Ma Suzon,
     Ma Lison,
     Pour danser,
     Pour valser,
   Ne va pas te presser. (*bis*)
  Il est plus dangereux de glisser
   Sur le gazon que sur la glace,
  Il est trop dangereux de danser :
    Fillettes, craignez de glisser.

      Scribe et Germain Delavigne.

       Musique d'Auber.

Extrait de la *Neige*, opéra-comique en trois actes, en vente chez M. Tresse, éditeur, Palais-Royal, galerie de Chartres, 2 et 3.—Prix : 1 franc.

TON TON, TONTAINE, TON TON.

Lorsque je ne suis pas en veine | Au lieu d'une rime incertaine,
Pour composer une chanson. | Je place après un vieux dicton ;
Ton ton, ton ton, tontaine, ton ton. | Ton ton, tontaine ton ton.

Buveurs, fêtez la tonne pleine
Et faites sauter son bondon :
Ton ton, etc.
Mais fuyez loin de la fontaine,
L'eau ne convient qu'au caneton :
Ton ton, etc.

Quand je dis fuyez la fontaine,
Ce n'est pas l'auteur de ce nom,
Ton ton, etc.
Car sa morale utile et saine
Ne craint pas le qu'en dira-t-on :
Ton ton, etc.

Mangeons le lapin de garenne,
La caille, le brochet, le thon :
Ton ton, etc.
Arrondissons notre bedaine,
Dussions-nous lâcher un bouton :
Ton ton, etc.

A table où l'amitié m'amène,
Je suis convive sans façon,
Ton ton, etc.
J'avale parfois le surène,
Et digère le miroton :
Ton ton, etc.

Comme très-souvent la futaine
Couvre plus d'attraits qu'un linon,
Ton ton, etc.
A la coquette Célimène
Moi je préfère Jeanneton :
Ton ton, etc.

Parfois le vaudeville en scène
Sur ses pipeaux joue un faux ton :
Ton ton, etc.
On dirait que c'est Melpomène
Qui pleure dans un mirliton :
Ton ton, etc.

Chantons tout bas pour Démosthène,
Platon, Caton, Milton, Newton :
Ton ton, etc.
Mais pour Momus, l'Amour, Silène,
Mes amis élevons le ton :
Ton ton, etc.

Quand la fileuse souterraine
Aura fini mon peloton,
Ton ton, ton ton, tontaine, ton ton,
J'irai voir au sombre domaine
Si c'est du fil ou du coton :
Ton ton, tontaine, ton ton.

A. DESPREZ.

LES DATES.

On *date* de tous les pays,
Lettres d'amour, lettres d'affaire ;
Je *date* ces vers de Paris :
C'est là qu'on me les a vu faire.
On veut *dater* par ses talents ;
Moi, si Phébus ne me seconde,
Je crains fort, comme tant de gens,
De ne point *dater* dans le monde.

Bonheur d'amour *date* souvent
Du premier baiser de Julie ;
D'un léger encouragement
On a vu *dater* le génie.
Phryné possède beaucoup d'or,
Qui *date* de ses aventures....
D'où viennent les biens de Mondor ?
Ils *datent* de ses fournitures.

Les dates.

L'historien fait à grands frais
Des *dates* un recueil immense.
La coquette n'instruit jamais
De la *date* de sa naissance.
Combien d'ingrats, sans contredit,
De *dater* ne font point usage !
Combien de maris ont maudit
La *date* de leur mariage !

Les *dates*, par divers effets,
Affligent et charment notre âme ;
L'une fait naître nos regrets,
L'autre de plaisir nous enflamme.
L'amitié qui *date* d'un jour,
Par des transports brûlants éclate...
Heureux l'hymen, lorsque l'amour
Parfois en rafraîchit la *date*.

J. Pain.

LA VIE EST UN VOYAGE.

La vie est un voyage,
Tâchons de l'embellir :
Jetons sur son passage
Les roses du plaisir. (*ter*)
Dans l'âge heureux de la jeunesse,
L'amour nous flatte, il nous caresse,
Il nous présente le bonheur,
Puis il s'envole ; on voit l'erreur,
    Hélas que faire ?
    Tâcher de plaire. (*bis*)
Du bien présent savoir jouir
Sans trop songer à l'avenir. (*ter*)

A la ville, au village,
On n'est content de rien :
Pensons comme le sage
Qui dit que tout est bien. (*ter*)
Le bonheur n'est qu'imaginaire,
Chacun sourit à sa chimère,

Chantons, célébrons tour à tour
Bacchus, le plaisir et l'amour.
    Que sous la treille
    Le plaisir veille. (*bis*)
Tenant le flambeau de l'amour,
Bacchus sera le dieu du jour. (*ter*)

Les dieux à leur image,
    Formèrent la beauté ;
Sur leur plus bel ouvrage
L'amour fut consulté. (*ter*)
Le jour, la nuit fût-elle obscure,
Sous la pourpre, sur la verdure,
Suivons l'amour et la gaîté
Aux autels de la volupté.
    Ah ! quel délire
    Pour qui respire : (*bis*)
L'encens par l'amour présenté
Des dieux c'est la félicité ! (*ter*)

Morel.

ROMANCE DU PRÉ-AUX-CLERCS.

Souvenirs du jeune âge
Sont gravés dans mon cœur,
Et je pense au village
Pour rêver au bonheur.

Ah ! ma voix vous supplie
D'écouter mon désir :
Rendez-moi ma patrie
Ou laissez-moi mourir. } (*bis*)

De nos bois le silence,
Les abords d'un clair ruisseau,
La paix et l'innocence
Des enfants du hameau,

Ah ! voilà mon envie,
Voilà mon seul désir :
Rendez-moi ma patrie
Ou laissez-moi mourir. } (bis)

Paroles de E. de Planard, musique d'Hérold. Extrait du *Pré-aux-Clercs*, opéra-comique, en vente chez Tresse, galerie de Chartres, 2 et 3. Prix, 60 cent.

DORMEZ, CHÈRES AMOURS.

Reposons-nous ici tous deux,
Goûtons le charme de ces lieux,
Qu'un doux sommeil ferme nos yeux,
Que le bruit de l'onde se mêle
Aux doux accents de Philomèle.

Dormez, dormez, chères amours,
Pour vous je veillerai toujours ;
Dormez, dormez, chères amours,
    Dormez, dormez,
Pour vous je veillerai toujours. (bis)

Au sein de ces vastes forêts,
Si l'ombre de ces bois épais
De votre cœur trouble la paix,
Chassez une crainte funeste ;
Auprès de vous votre ami reste :
Dormez, dormez, etc.

Vos yeux se ferment doucement,
Je vais chanter plus lentement ;
Heureuse d'un songe charmant,
Puissiez-vous être ramenée
Aux doux instants de la journée !

Dormez, dormez, chères amours,
Pour vous je veillerai toujours ;
Dormez, dormez, chères amours,
    Dormez, dormez,
Pour vous je veillerai toujours. (bis)

Paroles et musique d'AMÉDÉE DE BEAUPLAN.

Les paroles et la musique, en vente, chez M. Hue, 10, rue de la Chaussée-d'Antin.

LES VENDANGES DE LA FOLIE.

Chantons le dieu de la vendange,
Que sous ses lois l'amant se range,
Puisque le plus souvent Vénus
Doit ses conquêtes à Bacchus.

  On rend sa vie aimable
  En passant tour à tour
  Des plaisirs de la table
  Aux plaisirs de l'amour.

Un peu de vin rend plus jolie,
Le vin donne de la saillie,
Le vin fait dire des bons mots,
Et tenir de galants propos.
  On rend la vie, etc.

Le vin rend l'amant intrépide,
Il rend l'amante moins timide ;
A l'un il fait tout hasarder,
A l'autre il fait tout accorder.
  On rend la vie, etc.

Entre deux ou quatre convives,
Le vin rend les scènes plus vives ;
Un petit souper galantin
Vaut cent fois mieux qu'un grand festin.
  On rend la vie, etc.

Le vin dans le sommeil vous plonge,
Ce sommeil vous fait naître un songe
Qui vous revient pendant le jour,
Et qui fait naître enfin l'amour.

  On rend la vie aimable,
  En passant tour à tour
  Des plaisirs de la table
  Aux plaisirs de l'amour.

COLLÉ.

Les vendanges de la folie.

J'AIME MIEUX BOIRE.

Que le sultan Saladin
Rassemble dans son jardin
Un troupeau de jouvencelles,
Toutes jeunes, toutes belles,
Pour s'amuser le matin ;
  C'est bien, c'est bien,
Cela ne nous blesse en rien ;
Moi, je pense comme Grégoire,
  J'aime mieux boire. (*bis*)

Qu'un seigneur, qu'un haut baron,
Vende jusqu'à son donjon
Pour aller à la croisade ;
Qu'il laisse sa camarade
Dans les mains des gens de bien ;
  C'est bien, etc.

Que le vaillant roi Richard
Aille courir maint hasard,
Pour aller loin d'Angleterre
Conquérir une autre terre
Dans le pays d'un païen ;
  C'est bien, c'est bien,
Cela ne nous blesse en rien ;
Moi, je pense comme Grégoire,
  J'aime mieux boire. (*bis*)

SÉDAINE.

JE PARS DEMAIN.

Je pars demain. Il faut quitter Marie,
Loin de ces lieux m'exile mon destin.
Ah ! dites-moi, mon cœur vous en supplie,
Que vous serez à jamais notre amie.
  Je pars demain.

Je pars demain. Ah ! comme en notre enfance,
Un seul instant donnez-moi votre main ;
Et qu'un adieu de tendre confiance
Vienne adoucir les peines de l'absence !
  Je pars demain.

E. DE PLANARD.
Musique de A. BOIELDIEU.

La *Dame blanche*, opéra-comique en 3 actes ; en vente à Paris, chez M. Tresse, éditeur, Palais-Royal, 2 et 3, galerie de Chartres. Prix : 60 centimes.

CHANTONS, BUVONS.

Chantons, buvons, ce n'est qu'ici
    Que la vie
    Est jolie;
Chantons, buvons, ce n'est qu'ici
    Qu'on nargue le souci.

    Une onde fugitive,
    Voilà notre destin;
    Mais le ciel sur la rive
    Fait croître le raisin.
    Chantons, buvons, etc.

    Peine, ennui, jalousie,
    Assiégent nos foyers;
    Mais ici l'on oublie
    Jusqu'à ses créanciers.
    Chantons, buvons, etc.

    Laissons un dieu volage
    Amuser des enfants;
    On n'aime qu'au jeune âge,
    On boit dans tous les temps.
    Chantons, buvons, etc.

    Combien d'heures chagrines
    Suivent les doux ébats!
    La rose a des épines,
    Le pampre n'en a pas.
    Chantons, buvons, etc.

    Belles qu'amour condamne
    A de tendres langueurs,
    Imitez Ariane:
    Bacchus sécha ses pleurs.
    Chantons, buvons, etc.

    Garde, fils de Latone,
    Tes neuf sœurs, ton ruisseau,
    J'ai pour muse Érigone,
    Pour Parnasse un caveau.

Chantons, buvons, ce n'est qu'ici
    Que la vie
    Est jolie;
Chantons, buvons, ce n'est qu'ici
    Qu'on nargue le souci.

L. PHILIPPON DE LA MADELEINE.

PAUVRE JACQUES.

Pauvre Jacques, quand j'étais près de toi,
    Je ne sentais pas ma misère;
Mais à présent que tu vis loin de moi,
    Je manque de tout sur la terre. (*bis*)

Quand tu venais partager mes travaux,
    Je trouvais ma tâche légère;
T'en souvient-il? Tous les jours étaient beaux.
    Qui me rendra ce temps prospère? (*bis*)

Quand le soleil brille sur nos guérets,
    Je ne puis souffrir la lumière:
Et quand je suis à l'ombre des forêts,
    J'accuse la nature entière. (*bis*)

Pauvre Jacques, quand j'étais près de toi,
Je ne sentais pas ma misère ;
Mais à présent que tu vis loin de moi,
Je manque de tout sur la terre. (bis)

LA MARQUISE DE TRAVENET.

LE BEAU NICOLAS.

J'suis Nicolas, l'coq du village,
Le plus beau fermier d'alentour ;
Aussi, la fille la plus sage
Me cligne d'l'œil et m'fait la cour :
C'est que j'ai trente acres de terre
Et que je suis à marier.
Si j'pouvais épouser l'fermier,
S'dit, alors, tout bas la plus fière,
    Je s'rais fermière !
J' n'entends donc, à chaque pas :
Qu'il est bien, c'monsieur Nicolas !
Qu'il est bien (ter), c'monsieur Nicolas !
J' n'entends donc, à chaque pas :
Qu'il est bien, c'monsieur Nicolas ! (bis)
Qu'il est bien (ter), c'monsieur Nicolas !

Le dimanch' quand j'vais à la messe,
Avec mon pantalon d'nankin,
De m'saluer chacun s'empresse ;
Dam, c'est qu' j'ai l'air drôl'ment faquin.
En passant devant chaqu' chaumière,
Je lanc' mon coup d'œil meurtrier.
    Si j' pouvais, etc.

Dans les grands prés, quand je m'dandine,
Et que j' prends mes airs séducteurs,
    En jouant avec ma badine,
    C'est là que j'enlève les cœurs.
De tous côtés, devant, derrière,
Je les vois tous s'extasier.
    Si j' pouvais, etc.

Le beau Nicolas.

C'est bien autre chose, à la danse,
C'est là vraiment que j'fais fureur ;
Avec tant d' grâce j' me balance,
Que chacun' me veut pour danseur.
Aussi, je crains que monsieur le maire
Me voyant tout incendier,
Un jour ne me vienne prier,
Devant la commune tout entière,
    D'choisir un' fermière.
Pour qu'on n'entend' plus, à chaqu'pas :
Qu'il est bien, c'monsieur Nicolas !
Qu'il est bien (*ter*) c'monsieur Nicolas !
Pour qu'on n'entend' plus à chaqu' pas :
Qu'il est bien, c'monsieur Nicolas ! (*bis*)
Qu'il est bien (*ter*), c' monsieur Nicolas!

A. GROUT.

La musique, de L. Darcier, se trouve chez M. A. Quentin, éditeur, boulevard Montmartre, 18.

INVOCATION A L'AMOUR.

Viens, aurore,
Je t'implore,
Je suis gai quand je te vois :
La bergère
Qui m'est chère
Est vermeille comme toi.

D'ambroisie
Bien choisie,
Hébé la nourrit à part,
Et sa bouche,
Quand j'y touche,
Me parfume de nectar.

Elle est blonde,
Sans seconde,
Elle a la taille à la main.

Sa prunelle
Étincelle
Comme l'ombre du matin.

Pour entendre
Sa voix tendre,
On déserte le hameau ;
Et Tytire,
Qui soupire,
Fait taire son chalumeau.

Les trois Grâces,
Sur ses traces,
Font naître un essaim d'amours ;
La sagesse,
La justesse,
Accompagnent ses discours.

ATTRIBUÉE A HENRI IV.

LE SOLITAIRE.

Qui traverse à la nage
Nos rapides torrents?
Qui, sur un roc sauvage,
Va défier les vents?
A l'ours dans sa tanière
Qui donne le trépas?
De la biche légère,
Qui devance les pas? Chut!
C'est le solitaire, il sait tout,
Il voit tout, il fait tout,
   Est partout. (*bis*)

Qui jette un sortilége
Sur nos pauvres troupeaux?
Qui glace sous la neige
Nos moissons, nos coteaux?
Qui féconde la terre?
Qui fait fleurir nos bois?
Qui rend le ciel prospère
A tous les villageois? Chut!
C'est le solitaire, etc.

Qui sèche sur la branche
Nos fruits prêts à mûrir?
Et sous une avalanche
Qui vient nous engloutir?
Qui console une mère
En retirant des flots
Cet enfant téméraire
Disparu sous les eaux? Chut!
C'est le solitaire, il sait tout,
Il voit tout, fait tout,
   Est partout. (*bis*)

PANARD.

LE MARIÉ.

J'sis marié d'puis çu matin,
J'ai l'cœur cotent, m'n'âme est à s'n'aise
J'sis marié d'puis çu matin,
Ou n' peut pu m' dire t'es t'un gamin,
Toi, t'es t'un galopin !

    M'n'oncl' m'avait dit :
    Si t'es ben sage,
    A ton mariage
    J' t'f'rai plaisi ;
    Etv'là qui m' donne,
    Un' mont' qui sonne.
    Pauvre oncl' chéri
    T'as pas menti...

(*Parlé*). Quand j'irai à la ville et pi que l' mond' verra man cordon su' la grand'route, i m' diront comm cha : Dit' donc, monsieu, quell' heur' qu'il est, si vous plaît ?

    J' sis marié, etc.

Jean-Nicolas, çu grand bétas
Qu'a les deux jamb's en manch's de veste,
N' voulait-i pas m'enl'ver Céleste !
Tu n' l'auras pas, Jean-Nicolas.

(*Parlé*). En v'là un drôle de Nicodème ! j'me souviens toujours qu' dans l' temps d' ma première communion, le soir que j'allais à l'examen, je l' rencontris qu'il en v'nait li : Es-tu r'çu, Jean-Nicolas ? que j' li dis comme cha. Non, qui m' dit, mais toi qui fais l' malin, sais-tu combien qu'ia d' dieux seul'ment ? I an a un, que j' li dis. Eh ben, qui m' dit dit-i, j' viens d' répondre à monsieu l' curé qui i an avait trois, i n'est pas encor cotent...

    J' sis marié, etc.

Le Marié.

LE MARIÉ.

J'sis marié d'puis çu matin,
J'ai l'cœur cotent, m'n'âme est à s'n'aise
J'sis marié d'puis çu matin,
On n'peut pu m'dire t'es t'un gamin,
Toi, t'es t'un galopin !

M'n'oncl' m'avait dit :
Si t'es ben sage,
A ton mariage
J' t'f'rai plaisi ;
Et v'là qui m'donne,
Un' mont' qui sonne.
Pauvre oncl' chéri
T'as pas menti...

(*Parlé*). Quand j'irai à la ville et pi que l' mond' verra man cordon su' la grand'route, i m'diront comm cha : Dit' donc, monsieu, quell' heur' qu'il est, si vous plaît ?

J' sis marié, etc.

Jean-Nicolas, çu grand bétas
Qu'a les deux jamb's en manch's de veste,
N'voulait-i pas m'enl'ver Céleste !
Tu n'l'auras pas, Jean-Nicolas.

(*Parlé*). En v'là un drôle de Nicodème ! j'me souviens toujours qu' dans l' temps d' ma première communion, le soir que j'allais à l'examen, je l' rencontris qu'il en v'nait li : Es-tu r'çu, Jean-Nicolas ? que j' li dis comme cha. Non, qui m' dit, mais toi qui fais l' malin, sais-tu combien qu'ia d' dieux seul'ment ? I an a un, que j' li dis. Eh ben, qui m' dit dit-i, j' viens d' répondre à monsieu l' curé qui i an avait trois, i n'est pas encor cotent...

J' sis marié, etc.

Le Marié.

Quand on d'visait,
L' soir, chez man père,
D' paix ou ben d' guerre,
On m' renvoyait.
On m' faisait taire
D'vant monsieu l' maire,
Chacun m' traitait
En marmouzet.

(*Parlé*). C'ti là m' disait quand on tire la queue aux vaques, les dents vous tumbent ; un roitelet ch'est un éfant du bon Dieu, si t'en tue un, tu d'viendras bossu. Jusqu'à ma vieill' tante Nicoll' qui m' sout'nait, y a pas ben longtemps, que j'tais v'nu sous un gros chou d' not' jardin. Mais, mais, mais, pis que j'. vos dis, allez-vous fini ! vous m'égratignez...

J' sis marié, etc.

Tout l' monde sous l' porche, quand on sortait,
Disait qu' jamais dans not' village,
On n'avait vu d' si biau mariage,
L' porch' en craquait, tant qu'on était.

(*Parlé*.) C'était cha un' bell' cérémonie : tout l' mond' habillé en dimanche, et pi des cierges qui montaient jusqu'en haut d' la neffle, et pi du bon encens tout neuf qu'on brûlait, sans compter qu' man cousin Joset, qu'est chantre à la ville, était v'nu pour nous chanter en musique. En v'là un rossignol : i an avait là un autr' grand sec qu'est v'nu s' mettr' à côté d' li au pupitr'. Dis donc, m' n' hum', que m' dit comm' cha Céleste, qu'est qu' ch'est que c'ti-là ? qué qui tient dans ses mains ? mais qui qu' ch'est qu' chà que j'm' dis itou, moi, qué qui tient là ? il avait un' grosse bête noire qui catouillait pas d'ssous l' ventre, et pi êt beuglait, ça f'sait bou ou, et pi prout, prout, prout, c'était l' serpent d' mon cousin Joset...

J' sis marié d'puis çu matin,
J'ai l' cœur cotent m' n'âme est à s' n'aise,
J' sis marié d'puis çu matin,
On n' peut pu m' dire t'es t'un gamin,
Toi, t'es t'un galopin !

Paroles et musique de M. Frédéric Bérat. La musique se trouve chez M. Schonenberger, éditeur, 18, boulevard Poissonnière, à Paris.

LE CHOIX DES SCIENCES.

Ne poursuivons plus la gloire ;
Elle vend cher ses faveurs ;
Tâchons d'oublier l'histoire :
C'est un tissu de malheurs.
Mais appliquons-nous à boire
Ce vin qu'aimaient nos aïeux.
Qu'il est bon quand il est vieux ! (*bis*)

J'ai quitté l'astronomie,
Je m'égarais dans les cieux ;
Je renonce à la chimie,
Ce goût devient trop coûteux.
Mais pour la gastronomie
Je veux suivre mon penchant.
Qu'il est doux d'être gourmand ! (*bis*)

Jeune, je lisais sans cesse ;
Mes cheveux en sont tout gris :
Les sept sages de la Grèce
Ne m'ont pourtant rien appris.
Je travaille la paresse :
C'est un aimable péché.
Ah ! comme on est bien couché ! (*bis*)

J'étais fort en médecine,
Je m'en tirais à plaisir ;
Mais tout ce qu'elle imagine
Ne fait qu'aider à mourir.
Je préfère la cuisine :
C'est un art réparateur. (*bis*)
Quel grand homme qu'un traiteur !

Ces travaux sont un peu rudes,
Mais sur le déclin du jour,
Pour égayer mes études,
Je laisse approcher l'amour ;
Malgré les caquets des prudes,
L'amour est un joli jeu :
Jouons-le toujours un peu. (*bis*)

BRILLAT SAVARIN.

REFRAIN DU BIVOUAC.

Dans le service de l'Autriche,
Le militaire n'est pas riche,
Chacun sait ça !
Mais si sa paye est trop légère,
Qu'on se console, c'est la guerre
Qui le payera !
Aussi, morbleu ! que de tout l'on s'empare,
Jeunes beautés, vieux flacons et cigare...

Vive le vin, l'amour et le tabac,
Voilà, voilà, voilà, voilà, le refrain du bivouac !
Vive le vin, l'amour et le tabac,
Voilà, voilà, le refrain du bivouac !
Le vin, l'amour, l'amour et le tabac,
Voilà, voilà, le refrain du bivouac,
Le vin, l'amour et le tabac,
Voilà le refrain du bivouac.
Le vin, l'amour et le tabac,
C'est là le refrain du bivouac !

REFRAIN EN CHOEUR.

Vive le vin, l'amour et le tabac ;   ⎫
Voilà, voilà, voilà, le refrain du bivouac ! ⎬ (bis)
                                            ⎭

Dans les beaux yeux d'une inhumaine,
De sa défaite on lit sans peine,
Le pronostic !
Nulles rigueurs ne nous retiennent,
De droit les belles appartiennent,
Au kaiserlic !
Se divertir fut toujours mon principe ;
Tout est fumée, et la gloire et la pipe !

Vive le vin, l'amour et le tabac,
Voilà, voilà, voilà, voilà, le refrain du bivouac !
Vive le vin, l'amour et le tabac,
Voilà, voilà, le refrain du bivouac !
Le vin, l'amour, l'amour et le tabac,
Voilà, voilà, le refrain du bivouac !

Refrain du bivouac.

Le vin, l'amour et le tabac,
Voilà le refrain du bivouac,
Le vin, l'amour et le tabac,
C'est là le refrain du bivouac !

REFRAIN EN CHOEUR,

Vive le vin, l'amour et le tabac,
Voilà, voilà, voilà, le refrain du bivouac ! } (bis)

SCRIBE ET MÉLESVILLE.

Extrait du *Châlet*, opéra-comique. Prix, 60 cent. Chez M. Tresse, galerie de Chartres, 2 et 3.

LA CHASSE.

Chacun de nous a sa folie ;
Moi, la chasse est ma passion.
    Tonton, tonton,
    Tontaine, tonton ;
C'est un plaisir que je varie
Suivant le lieu, l'occasion,
    Tonton,
    Tontaine, tonton.

Tantôt les perdrix dans la plaine,
Tombent sous mes coups à foison,
    Tonton, tonton,
    Tontaine, tonton,
Tantôt la trompe au bois m'entraîne;
Tout gibier me plaît s'il est bon,
    Tonton,
    Tontaine, tonton.

Dans les vignes du vieux Silène,
La chasse est de toute saison,
    Tonton, tonton,
    Tontaine, tonton ;
Et le plaisir passe la peine,
Car on y laisse sa raison,
    Tonton,
    Tontaine, tonton.

Quelquefois je vais au Parnasse ;
Mais, hélas ! depuis qu'Apollon,
    Tonton, tonton,
    Tontaine, tonton.
N'a plus le Goût pour garde-chasse,
Son domaine est à l'abandon,
    Tonton,
    Tontaine, tonton.

Sur les terres de la Fortune,
Le chasser n'est plus aussi bon,
    Tonton, tonton,
    Tontaine, tonton,
La chasse au vol est trop commune,
Depuis dix ans dans le canton,
    Tonton,
    Tontaine, tonton.

J'aime à braconner à Cythère ;
Mais du cor j'adoucis le son,
    Tonton, tonton,
    Tontaine, tonton ;
Les grâces ne se prennent guère
Dans les filets du fanfaron,
    Tonton,
    Tontaine, tonton.

P. DE LA MADELEINE.

MIRE DANS MES YEUX TES YEUX.

Mire dans le puits tes yeux,
  Ma belle Jeannette,
Mire dans le puits tes yeux,
  Tes jolis yeux bleus,
Tes yeux, ma belle brunette,
Tes yeux, tes jolis yeux bleus.

La nuit se mire sans voiles
Dans son flot limpide et pur ;
Mais tout l'azur des étoiles } *(bis)*
De tes yeux vaut-il l'azur ?
Mire dans le puits, etc.

Elle s'y mire coquette,
Comme à sa glace, ma foi ;
Elle rit, fait sa toilette, } *(bis)*
Et ne songe plus à moi.

Mire dans mes yeux tes yeux,
  Ma belle Jeannette,
Mire dans mes yeux tes yeux,
  Tu les verras mieux,
Tes yeux, ma belle brunette,
Tes yeux, tes jolis yeux bleus.

Moi, jaloux qu'elle m'oublie,
De dépit je laisse choir
La fleur que j'avais cueillie ; } (bis)
Pour elle adieu le miroir !

Pour miroir tes jolis yeux,
Ma belle Jeannette,
Le plus beau miroir des cieux
Ne vaut pas mes yeux,
Mes yeux, ma belle brunette,
Mes yeux, mes yeux amoureux.

GUSTAVE LEMOINE.

La musique, de Mlle Puget, se trouve à Paris, chez M. Meissonnier, 18, rue Dauphine.

JACQUOT LE RAMONEUR.

Du haut en bas
C'est moi qui ramone,
Si peu qu'on me donne,
Voilà mes deux bras,
C'est moi qui ramone
Du haut en bas.

Ainsi tout couvert de suie,
Le pauvre Jacquot chantait,
Et bravant le froid, la pluie,
Dans ses doigts gaîment soufflait ;
C'est qu'il pensait à sa mère,
Qui tout là-bas l'attendait ;
En songeant à sa misère,
Jacquot plus fort répétait :
 Du haut en bas, etc.

Oh ! donnez-moi de l'ouvrage,
Car j'ai besoin, voyez-vous,
Pour retourner au village,
De ramasser des gros sous.
Elle est si vieille, ma mère !
Tenez, pour vous amuser,
Jacquot, si ça peut vous plaire,
Va sauter, chanter, danser.
 Du haut en bas, etc.

Allons, Jacquot, du courage,
Ton joli p'tit sac de cuir
Chaqu' jour s'emplit davantage :
Ma mère j'vas t'enrichir.
Vienn' vit' la saison nouvelle,
Pour lui porter mon trésor ;
Rien pour moi, tout est pour elle.
Allons, Jacquot, crie encore :
 Du haut en bas, etc.

Au printemps, vers sa chaumière,
Jacquot dirigea ses pas,
Il ne trouva qu'une pierre,
Sa mère était morte, hélas !
Et maintenant dans la rue,
En voyant le pauvre enfant,
Chacun se sent l'âme émue,
Car sa voix pleure en chantant :

Du haut en bas
C'est moi qui ramone,
Si peu qu'on me donne,
Voilà mes deux bras,
C'est moi qui ramone
Du haut en bas.

COGNIARD FRÈRES.

La musique, de J. J. Masset, se trouve chez M. Paté, 14, passage du Grand-Cerf.

Jacquot le ramoneur.

LA NOCE A MON FRÈRE ANDRÉ.

Queu bonheur ! queu plaisi !
J' dois avoir un' drôl' de tête ;
J'ai ti bu, j'ai ti ri,
Vraiment y aurait d' quoi mouri,
J'ai ti bu, j'ai ti ri,
J'ai ti ri, j'ai ti bu, j'ai ti ri, j'ai ti bu, j'ai ti ri.

C'était la noce à mon frère,
La noce à mon frère André,
Qu'était rev'nu de la guerre,
Qu'était rev'nu décoré.
J'y écrivais là-bas :
Frèr', quand tu r'viendras,
Tu retrouv'ras ta p'tit' mère.
Li, quand y pouvait,
Aussi m'écrivait,
C' pauv' frère, ça l'satisfaisait.
C'était donc la noce à mon frère,
La noce à mon bon frère André,
Qu'était donc rev'nu de la guerre,
Qu'était donc rev'nu décoré.
Queu bonheur, etc.

Pendant qui faisait la guerre,
Moi, d'après sé z'instructions,
J'li faisais, près d' sa p'tit' mère,
J'li faisais sé commissions.
Quand c' pauv' chérubin
Avait du chagrin,
J'y essuyais sa p'tit' paupière.
Quand ma bouche parlait,
Comme ait m'écoutait,
Comm' tout son p'tit' cœur battait.
Pendant donc qui faisait la guerre,
Moi, qui r'cevais sé z'instructions,
J'li faisais donc près d' sa p'tit' mère,
J'li faisais donc sé commissions.

(*Parlé.*) Un jour, v'là qu' je r'çois un' lettre d' man frère, où c' qui m' disait comm' cha : Tu d'mand'ras à Rose un brin d'sé ch'veux pour avoir sur man cœur. Rose m'a laissé i an couper un' mêche ; j'y ai pas dit, mais je n' n'ai envoyé qu' la moitié à man frère...... d' l'aut' moitié, j'm'en sis fais un' petit' bague en crin pour lé dimanches...

Queu bonheur, etc.

En partant d'faire l' mariage,
Deux à deux, s't'nant par d'sous l' bras
On s'est rendu sous l'ombrage,
Où c' qu'était servi le r'pas.
Queu biau temps qui f'sait !
Un p'tit vent soufflait,
Qui vous caressait l'visage ;
Pendant qu'on marchait,
Tout l' mond' vous r'gardait.
On marchait au flageolet,
En sortant donc d' faire l' mariage.
Deux à deux, et s' tenant par d'sous l' bras,
On s'est donc rendu sous l'ombrage,
Où c' qu'était donc servi le r'pas.

(*Parlé.*) Aussitôt qu'on a été à table, moi, j'ai commencé par faire une surprise à la mariée. La mère qu'était dans mon secret, dit comm' cha à sa bru :— Rose, coupez-moi donc en deux çu gros radis noir qu'est d'vant vous, si vo plait.—Rose, prend l' gros radis noir dans sa p'tit' main blanche, l' coupe en deux, et pi y trouve un p'ti papier où c' qui y avait dé vers écrits. Voulez-vous que j' vo l' lise, Rose, çu p'tit papier ? que j' li dis comm' cha.—Avec bien du plasi, man frère,—qu'ait m' répond avec sa p'tit' voix tout doucette ; là-d'sus j' me mets tout debout sur mé deux jambes, et pi j' li chante, sur l'air, un p'tit' couplet qu' j'avais fait pour elle. Le v'là man petit couplet :

Air de *Ma Normandie*,

C' matin, j' flânais dans not' herbage,
En m' disant v'là qu' j'ai un' bell'-sœur.
J'ajoutais qu' vo z'étiez un gage,
Pour mon frère, un gag' de bonheur ;
Comme avant d'entrer en ménage,
Ayant un frèr', vo z'étiez sœur,
Ça m' faisait dir' qu'avant l' mariage,
Ros', vo z'étiez déjà un' bell' sœur.

(*Parlé*). C'est man frère André qu'était content et orgueilleux ! i nous a tout d' suite versé à boire, et pi i s'est mis à crier à tout l' monde : A la santé du poétique d' la famille ! ! !

Queu bonheur, etc.

Il fallait nous voir à table,
A l'ombre, l' long du p'tit bois,
C'était à qui s'rait aimable ;
En tout nous faisions vingt-trois.

I avait du dindon,
I avait du jambon,
Et du chapon véritable !
I avait du lapin,
I avait du boudin,
Jusqu'à du vin qu'était fin !
Il fallait donc nous voir à table,
A table, à l'ombre du p'tit bois,
C'était donc à qui s'rait aimable.
En tout, nous faisions donc vingt-trois.

(*Parlé*). Un' fois l' dessert arrivé, en ma qualité d' bezot d' la famille, i m'a fallu aller chercher la jarretière d' la mariée. Pendant qu' i z'étaient tous là à jaser, j' fais donc semblant d' ramasser comme qui dirait man mouchoir, et pi je m' laisse glisser tout doucement sous la table, avec m' n'assiette à la main. J'avais un bon bout d' chemin à faire pour arriver jusqu'à Rose ; en allant j'aperçois l' gros Jean qui pillait su' l' pied à Toinette, et pi Mathurin, li qui fait l' dévôt, qui jouait à la main chaude avec Marie-Jeanne...... J' vas toujou, et me v'là d'vant Rose. J' m'approche... Je r'garde sé p'tits pénauds... i z'étaient tous les deux dans dé p'tits souliers noirs tout fin, avec dé p'tits cordons idem qui croisaient en montant..... J' m'approche encore un brin..... Mais v'là man pauvr' cœur qui s' met à m' battre, que j'ose point comme on dit, remplir ma mission. J'ai bien eu un moment l'envie de m' rabattre su ma vieille tante Marcelle, mais san gros kien dogue qu'était à côté d'elle m'en a dégoûté ; j'étais donc là, sous c'te table, à réfléchi comme un' bête su mé quat' pattes, quand i m' vient un' idée. Tiens, tiens que je me dis, mais j' m'en vas m' défaire la mienne de jarretière. C' qui fut dit fut fait... Si bien que j' m'en sis r'venu bien vite à ma place, et pi qu'au milieu dé bravos et pi dé z'applaudissemens, tout l' monde s'est passé m' n'assiette avec ma jarretière dessus.... Un' jarretière toute neuve en lisière de bretelle !!!

Queu bonheur ! queu plaisi !
J' dois avoir un' drôl' de tête ;
J'ai ti bu, j'ai ti ri,
Vraiment y aurait d' quoi mouri,
J'ai ti bu, j'ai ti ri,
J'ai ti ri, j'ai ti bu, j'ai ti ri, j'ai ti bu, j'ai ti ri.

FRÉDÉRIC BÉRAT.

La musique, de l'auteur des paroles, se trouve chez M. Schonenberger, éditeur, 10, boulevard Poissonnière.

LE DROIT DU SEIGNEUR.

Ah ! vous avez des droits superbes
Comme seigneur de ce canton ;

Le droit du seigneur.

Vous avez les premières gerbes
Quand vient le jour de la moisson.
Arrivez-vous, on vous présente
Avec pompe le vin d'honneur,
Puis le bailli vous complimente :
C'est un bien beau droit du seigneur.

Attendez ! j'oubliais encore :
Tout rend hommage à votre rang,
Même à l'église on vous honore,
Et vous avez le premier banc,
Pour signe de votre puissance,
Vous êtes marguillier d'honneur ;
Quelquefois même on vous encense.
C'est un bien beau droit du seigneur.

— Oui, c'est un brillant avantage ;
On me rend là ce qu'on me doit ;
Mais les seigneurs de ce village
N'ont-ils pas encor quelque droit ?
— Je ne sais !... — Cherchez bien, ma chère ;
Je tiens aux droits de ma grandeur.
— Je ne connais sur cette terre
Aucun autre droit du seigneur.
— Je ferai valoir, je l'espère,
Un plus joli droit du seigneur.

SERVIÈRES.

LES DEUX MULES DU BASQUE.

Quand on est Basque et bon chrétien
Et qu'on a deux mules pour bien,
Vraiment, on n'a besoin de rien ! (bis)
    Ah ! vraiment ! (bis)
  On n'a besoin de rien ! (bis)
Eh ! hop, eh ! hop, mes mules jolies,
Eh ! hop, eh ! hop, mules mes amours
Eh ! hop, eh ! hop, mes mules chéries,
Eh ! hop, eh ! hop, galopez toujours !

J'ai deux mules, c'est tout mon bien,
De Burgos à Saint-Sébastien
Je les mène et ramène ;
Je trotte par toute saison ;
Payer l'abri d'une maison
N'est vraiment pas la peine ! (*bis*)
Quand on est Basque, etc.

Souvent pour rien j'ai transporté
Un pauvre qui m'a souhaité
Qu'un jour Dieu me le rende ;
Mais comme il faut vivre pourtant,
Quelquefois je fais en passant
Un peu de contrebande, (*bis*)
Quand on est Basque, etc.

Seul j'aime au doux bruit du grelot
Troubler la cité, qu'au galop
Lestement je traverse ;
Ai-je une compagne, soudain
Mes friponnes prennent d'instinct
Le chemin de traverse. (*bis*)
Quand on est Basque, etc.

Un jour, quand je rencontrerai
Quelque belle fille à mon gré :
Allons, dirai-je, ensemble,
A l'église incliner le front,
Deux mules pour nous deux seront
Bien assez, ce me semble. (*bis*)
Quand on est Basque et bon chrétien
Et qu'on a deux mules pour bien,
Vraiment, on n'a besoin de rien ! (*bis*)
Ah ! vraiment ! (*bis*)
On n'a besoin de rien ! (*bis*)
Eh ! hop, eh ! hop, mes mules jolies,
Eh ! hop, eh ! hop, mules mes amours,
Eh ! hop, eh ! hop, mes mules chéries,
Eh ! hop, eh ! hop, galopez toujours !

L. FORTOUL.

La musique, de P. Henrion, se trouve chez M. Colombier, 6, rue Vivienne.

LE FUMEUR.

A cet emploi tranquille
M'occupant chaque jour.
Je vois que dans la ville,
De même qu'à la cour,
La gloire si fort estimée,
  Put, put, put,
  N'est que fumée.

Vous dont le vain système
Est d'avoir un grand nom,
De votre erreur extrême
Je ris avec raison ;
Car toute votre renommée
  Put, put, put,
  N'est que fumée.

L'amant d'une infidèle
Loin d'elle est furieux ;
Mais sitôt que la belle
Vient s'offrir à ses yeux,
Sa fureur si bien allumée,
  Put, put, put,
  N'est que fumée.

En partant pour la guerre
Un rodomont fait peur ;
Il jette tout par terre :
Mais, hélas ! sa valeur
Sitôt qu'il aperçoit l'armée
  Put, put, put,
  N'est que fumée.

Pour fixer le mercure
Vous qui dans un creuset
Mettez à l'aventure
Votre argent le plus net,
Qu'avez-vous au bout de l'année ?
  Put, put, put,
  De la fumée.

PANARD.

Le fumeur.

SI J'ÉTAIS-T-INVISIBLE.

   Si c'était possible
   D'avoir un secret
   Pour être invisible,
  Ah! comm' ça m'irait bien!
  Comme j' m'en donn'rais!
  Car, vrai, c'est un fait,
   Si j'étais-t-invisible,
   Personn' ne m' verrait.

Si ça s' pouvait pourtant qu' ça s' pusse
Qu'iait des sorciers comm' autrefois,
Qui vous chang'raient en mouche, en puce,
J'en us'rais plus d'une fois par mois.
Oh! là, j'en f'rais-t-y des malices,
J' f'rais-t-y des tours, des artifices,
A tous ceux qu' je n'peux pas souffrir ;
  Ils n'auraient qu'à ben se tenir,
Oh! là, mon Dieu, qu' j'aurais donc d' plaisir.
   Que j' m'amus'rais!
   Comm' j' rirais!
Qué malins tours que j'invent'rais!
  Si c'était possible, etc.

D'abord et d'un, y'a l' maîtr' d'école,
J' s'rais ben flatté de l' contrarier ;
J' l'y remplirais sa chaise d'colle,
J' l'y tremp'rais l' nez dans l'encrier !
Rag'rait-y de n' pas me reconnaître!
Et d'loin, quand j' verrais l' gard'-champêtre,
Pendant que j' chip' des abricots,
Sur son nez, j' l'y j't'rais les noyaux,
En lui criant ; J' mang' les plus gros!
  Pardi, ma foi,
  Je me m' moque de toi,
Car tu n' peux pas dir' que c'est moi!
  Y n' s'rait pas possible
D' voir d'où qu' ça viendrait ;
Ah! qu' ça s'rait risible,
Ah! qu' ça s'rait bien fait!

Ah ! comm' y bisqu'rait,
Car, vrai, c'est un fait,
Si j'étais-t-invisible,
Personn' ne m' verrait !

Un homm' savant, qu'est v'nu dimanche,
Et qui possède un tas d' secrets,
M'a dit : Frott'-toi de c'te poudre blanche,
Tu s'ras-t-invisibl', j'te l' promets !
V'là qu' je m' frott' ben vit' de sa drogue !
Puis j' vas m' promener ; mais un gros dogue.
Qui prenait, comm' moi, l'air du soir,
M'a mordu, sans qu' j'aie pu savoir
S'il m'a mordu sans m'apercevoir !
    Oui, m'a-t-il vu ?
    Je n' l'ai point su ;
    Mais j'ai sentu
    Qu'il m'a mordu !
    Au fait c'est possible
    Que c' fameux secret,
    Pour êtr' invisible,
    Ne soit pas complet !
    Et ça m' taquinait,
    Oui, ça m' tourmentait,
    Ça m'était très-sensible,
    Surtout au mollet.

Pour en avoir un' preuv' plus nette,
Je m' frott' encor le lendemain ;
J' voulais surprendre, à sa toilette,
La p'tit Thérès' ; ell' m' plaît tout plein !
Sur son mur, voilà que j' m'affourche
Quand je m' sens piqué par un' fourche
Quéqu' part, et j' dis : Qu'est-c' qu'arriv' là ?
Ah ! Thérès', si j'ai souffert ça,
C'est qu' ça prov'nait d' Mossieur vot' papa,
    Qui m' dit comm' ça :
    Si t'es ben là,
    Appuie-toi d'ssus,
    Ça t' soutiendra !
    Ah ! c'est impossible
    D'avoir des secrets
    Pour être invisible,
    Trop tard, j' le r'connais !

Ah! comm' ça m' cuisait,
Comm' ça m'élançait!
Pour être invisible,
Non, n'y a pas d' secret !

CHARLES DELANGE.

La musique, de M. Edmond Lhuillier, se trouve chez M. Meissonnier, 18, rue Dauphine.

LES HIRONDELLES.

Que j'aime à voir les hirondelles
A ma fenêtre, tous les ans,
Venir m'apporter des nouvelles
De l'approche du doux printemps !
Le même nid, me disent-elles,
Va revoir les mêmes amours :
Ce n'est qu'à des amants fidèles
A vous annoncer les beaux jours.

Lorsque les premières gelées
Font tomber les feuilles des bois,
Les hirondelles rassemblées
S'appellent toutes sur les toits :
Partons, partons, se disent-elles,
Fuyons la neige et les autans ;
Point d'hiver pour les cœurs fidèles ;
Ils sont toujours dans le printemps.

Si par malheur, dans le voyage,
Victime d'un cruel enfant,
Une hirondelle mise en cage
Ne peut rejoindre son amant,
Vous voyez mourir l'hirondelle
D'ennui, de douleur et d'amour,
Tandis que son amant fidèle
Près de là meurt le même jour.

FLORIAN.

Les hirondelles.

LE COUVRE-FEU.

Entendez-vous sonner l'heure du soir?
L'ombre en nos murs éteint le crépuscule ;
Voyez trotter ce bourgeois sur sa mule,
Bêtes et gens regagnent le dortoir.

    Bourgeois de Paris,
    Rentrez au logis,
    Au bon Dieu
    Faites vos prières ;
    Éteignez vos feux
    Et vos lumières,
    Voilà qu'on sonne le couvre-feu.

Dans le Palais, sur le pont Saint-Michel,
Voici déjà qu'on ferme les boutiques,
Le cabaret fait solder les pratiques,
Car pour veiller faut attendre Noël...
    Bourgeois de Paris, etc.

Notre bon roi Charles Neuf, en sa cour,
A, pour ce soir, grand galas, jeux, quadrilles;
L'or ou la soie au feu des lustres brille,
On va danser au Louvre jusqu'au jour...
    Bourgeois de Paris, etc.

Lors par la ville, en chemin gardez-vous
Des raffinés, des routes inconnues ;
A la nuit close, on ne voit dans les rues
Que des voleurs, des amants et des loups...
    Bourgeois de Paris, etc.

C'est le moment où, malgré l'éteignoir,
S'en vont errer et les cottes de mailles,
Et les manteaux à couleur de murailles,
Et les minois couverts d'un masque noir...
    Bourgeois de Paris, etc.

Pour que maris, et tuteurs et mamans
Ferment plus tôt l'oreille et la prunelle,
Sous la fenêtre, en faisant sentinelle,
Les amoureux répètent aux passants....
    Bourgeois de Paris, etc.

Loin de prévoir, dans le calme endormi,
Que le réveil viendrait avant l'aurore
Au coup de cloche, on se disait encore,
La veille au soir de saint Barthélemy....

  Bourgeois de Paris,
  Rentrez au logis,
  Au bon Dieu
  Faites vos prières ;
  Eteignez vos feux
  Et vos lumières,
 Voilà qu'on sonne le couvre-feu.

F. DE COURCY.

La musique de Mme Pauline Duchambge, se trouve chez M. Dumouchel, éditeur, rue Neuve-Vivienne, 35.

L'AVARICIEUSE.

Philis, plus avare que tendre,
Ne gagnant rien à refuser,
Un jour exigeait de Sylvandre
Trente moutons pour un baiser.

Le lendemain, nouvelle affaire :
Pour le berger le troc fut bon,
Car il obtint de la bergère
Trente baisers pour un mouton.

Le lendemain, Philis, plus tendre
Craignant de déplaire au berger,
Fut trop heureuse de lui rendre
Trente moutons pour un baiser.

Le lendemain, Philis peu sage,
Aurait donné moutons et chien
Pour un baiser que le volage
A Lisette donnait pour rien.

DUFRESNY.

LE PÈRE TRINQUEFORT.

Débouche encore cette bouteille,
Versons, buvons cette liqueur vermeille :
Ah ! qu'on est bien sous cette treille,
Il n'est plus de chagrin ici.
    Ma femme, Dieu merci !
Tu n'es pas là, même en peinture :
    Avec un brave ami
Je puis célébrer la nature ;
Aussi, je veux tout oublier,
Je n'ai plus un seul créancier,
Je n'ai plus de terme à payer,
Je n'entends plus d'enfants crier,
    Qu'il fallait nourrir, habiller,
Mangeant tout ce qu'on peut gagner.
Au Créateur de bon cœur je rends grâce.
Oh ! mon ami, viens donc que je t'embrasse
Jamais sur terre un mortel n'a goûté
Bonheur égal à ma félicité.
Et bonjour, bonjour, bonsoir, bonsoir,
        Bouteille
        Vermeille ;
    Pressons, pressons-la bien,
    Qu'au fond il ne reste rien.

Ma moitié m'aime au moins pour douze,
De Trinquefort elle est un peu jalouse ;
    Mais si je trahis mon épouse,
    C'est toujours pour le même objet.
        Veux-tu de son portrait
        La narration véridique ?
        La voici trait pour trait :
C'est une brune magnifique ;
Je tiens sa taille dans ma main ;
On dit qu'elle est bouchée, eh bien !
Avec ce seul geste, soudain,
Je fais sortir tout son esprit,
Je goûte tout ce qu'elle dit,
Parfois même elle m'étourdit.
Fi d'un amant jaloux de sa maîtresse !
Tiens... de la mienne éprouve la tendresse ;

Le père Trinquefort.

Dans mon bonheur je te mets de moitié.
Ça fait trois cœurs unis par l'amitié.
Eh ! bonjour, bonjour, bonsoir, bonsoir,
    Bouteille
    Vermeille,
Pressons, pressons bien son petit bec
    Et buvons sec.

Cette liqueur délicieuse
Sur l'homme exerce une influence heureuse ;
  Elle rend l'âme généreuse,
  J'en suis un exemple étonnant.
    Supposons un moment
  Que je rencontre une bonne âme,
    Et qu'indéfiniment
  Elle se charge de ma femme.
  Sans hésiter un seul instant,
  Vois si je suis reconnaissant,
  Pour prix d'un service aussi grand,
  Je lui donnerais, sans façon,
  Tous mes enfants, fille et garçon,
  Et j'en ai neuf à la maison.
Si ce marché jamais se réalise,
O mon ami, ce jour-là je me grise !
Oui, je dois bien cet hommage flatteur
Au dieu Bacchus, le grand consolateur.
  Fais ton petit glou glou glou glou,
    Bouteille
    Vermeille ;
Coulez, coulez toujours, toujours,
  Mes seules amours.

Le jour baisse, on n'y voit plus goutte,
Tout est payé ; veux-tu nous mettre en route ?
Nos épouses veillent sans doute...
  Tant pis ! j'arriverai demain.
    Mets-moi dans mon chemin,
  Dès que je tiendrai la muraille,
    Je te dirai le tien...
  Quel est ce blanc-bec qui nous raille ?
  Pourquoi me prenez-vous le bras ?
Me ranger ? Fi donc ! je n' veux pas...
Plus droit que vous je marche au pas...
  Je suis honnête, j'ai des mœurs,
  Le pavé l' dimanche, d'ailleurs,
Appartient de droit aux buveurs !

De mon quartier je tiens enfin la trace...
Tiens ! ma maison qui n'est plus à sa place !
L'autorité, vous souffrez donc cela ?
C'est une horreur, je m'en vais coucher là.
Bonjour, bonjour, bonsoir, bonsoir,
Bouteille
Vermeille ;
Coulez, coulez toujours, toujours,
Mes seules amours.

AMÉDÉE DE BEAUPLAN.

La musique, qui est de l'auteur des paroles, se trouve chez M. Heu, 10, rue de la Chaussée-d'Antin.

MON ROCHER DE SAINT-MALO.

A tout je préfère,
Le toît de ma mère,
Mon rocher de Saint-Malo *(bis)*
Que l'on voit sur l'eau,
De loin, sur l'eau.

Monsieur Duguay m'a dit : Pierre
Veux-tu venir avec moi ?
Tu seras homme de guerre,
Montant la flotte du roi ;
Va, laisse ton hameau
Pour mon grand vaisseau si beau !
Non, non, je préfère, etc.

Après combats et naufrage,
De simple mousse du roi,
Tu deviens à l'abordage
Grand amiral comme moi.

Et tu verras les climats
Où vogue mon beau trois-mâts.
Non, non, je préfère, etc.

Au lieu de vieillir sans gloire
Comme un obscur paysan,
On meurt un jour de victoire,
Pour tombe on a l'océan,
Et du brave le requin
Prend le corps pour son butin.

Non, non, je préfère
Qu'ici l'on m'enterre,
Au rocher de Saint-Malo *(bis)*
Que l'on voit sur l'eau,
De loin, sur l'eau.

GUSTAVE LEMOINE.

La musique, de Mlle Loïsa Puget, se trouve chez M. Meissonnier fils, éditeur, rue Dauphine, 18.

LE JOUR DE L'AN.

Janvier recommence,
Une foule immense
Dans Paris s'élance
Et court par torrents ;
Tour à tour on presse,
On flatte, on caresse
Épouse et maîtresse,
Amis et parents.

Chez sa voisine,
A la sourdine,
On s'achemine,
On entre et l'on sort ;
Plus d'un ménage
Est au pillage,
A chaque étage
On voit rouler l'or.

Grands dieux ! quel supplice !
Sortant de l'office,
Le bedeau, le suisse
Grimpent l'escalier,
Et d'humeur accorte,
Sonnant à ma porte,
Le facteur m'apporte
Le calendrier.

Ma ménagère,
La boulangère
Et ma portière
Accourent soudain ;
Maint parasite
Me rend visite,
Mais de mon gîte
Je m'esquive enfin.

Dans toute la ville
Les fiacres par mille
Courent à la file
Et dans tous les sens ;
Tandis qu'on se pousse
Et qu'on s'éclabousse
Le fripon détrousse
Les pauvres passants.

Comme sans peine
Ce jour amène
Et met en scène
De nouveaux Normands !
Que d'accolades,
Que d'embrassades,
De discours fades
Et de faux serments !

L'intrigant voyage,
Et, fier comme un page,
Vole en équipage
Chez l'homme de bien ;
Le docteur qui sue,
Trotte et s'évertue,
A tous ceux qu'il tue
Dit : « Portez-vous bien. »

Chez Dorimène
Et chez Climène
Mondor promène
Ses pas et ses vœux ;
Et d'un air tendre,
Sans plus attendre,
Lise à Clytandre
Dit : « Soyez heureux ! »

Le jour de l'an.

O jour favorable !
Ce fils si coupable,
D'un père implacable
Émeut la pitié ;
Des torts qu'il retrace
Il demande grâce :
On pleure, on s'embrasse,
Tout est oublié.

Jaloux de plaire
A sa Glycère,
D'un ministère
Le commis galant,
Quoiqu'on séquestre
Tout son semestre,
Mange un trimestre
Dans le jour de l'an.

Pour sa sœur cadette
Suzon fait emplette
D'une maisonnette
Qui coûte six francs.
Paul, la main armée,
Et l'âme charmée
Fait de son armée
Défiler les rangs.

Le jeune Émile,
D'un pied agile,
Fait danser Gille
Avec Arlequin :
Charles et Pancrace
Font avec grâce
Sauter Paillasse
Sur un palanquin.

La foule m'entraîne
Et tout hors d'haleine
J'arrive avec peine
Au Palais-Royal,
Où plus d'une Armide,
D'un coup d'œil perfide,
Agace et déride
Le provincial.

Comblant l'attente
De ma grand'tante
Qu'un bonbon tente
Chez Berthellemot ;
Je me rembarque
Et je remarque
Au Grand-Monarque
Le roi d'Yvetot.

De ce pauvre sire
Que l'hymen inspire
Tout le monde admire
Les soins empressés ;
Évitant le blâme,
Pour prouver sa flamme,
Il offre à sa femme
Des marrons glacés.

La vieille Ursule,
Bien ridicule,
Prend sans scrupule
Un amour badin,
Et la fillette
Vive et follette ;
Gaîment se jette
Sur un diablotin.

Les chalands pullulent,
Les marchands calculent,
Les bonbons circulent,
Et le fat titré
Vante les devises,
Les tendres sottises,
Les rimes exquises
D'un auteur sucré.

Mais le temps coule,
On rentre en foule,
La nuit déroule
Son noir étendard ;
Chez le bon drille
La gaîté brille,
L'aï pétille
Et la chanson part.

La mousse légère
Couronne le verre,
On trinque, on resserre
Les plus anciens nœuds ;

Et la compagnie
Quitte la partie
La pause remplie
Et le gousset creux.

CASIMIR MÉNETRIER ET LÉOPOLD.

QUE LA VAGUE ÉCUMANTE.

Que la vague écumante
Me lance vers les cieux,
Que l'onde mugissante
S'entr'ouvre sous mes yeux.
Nargue du vent et de l'orage
Quand d'aussi bon vin mon verre est plein.
Buvons, car peut-être un naufrage,
Finira demain notre destin.
  Buvons, (*cinq fois*)

Nargue du vent et de l'orage
Quand d'aussi bon vin mon verre est plein.
Buvons, car peut-être un naufrage
Finira demain notre destin.

Que loin de moi ma belle
Fasse un nouveau serment,
Que son cœur infidèle
Tourne comme le vent.
Nargue d'un cœur faux et volage
Quand d'aussi bon vin mon verre est plein..
Buvons car peut-être un naufrage
Finira demain notre destin.
  Buvons, (*cinq fois*)

Nargue d'un cœur faux et volage,
Quand d'aussi bon vin mon verre est plein.
Buvons, car peut-être un naufrage
Finira demain notre destin.

M. MÉLESVILLE.

Extrait de *Zampa, ou la Fiancée de marbre*, opéra-comique en trois actes, en vente chez M. Tresse, éditeur, 2 et 3, galerie de Chartres, prix 60 c. Musique de M. F. Hérold.

LA VENDANGE.

Aux feux de l'aurore
La grappe se dore,
Mûrit, se colore,
Invite au larcin.
Amis, qu'on se range,
Courons en vendange
Chanter la louange
Du dieu du raisin.

Que sur sa tonne,
Grégoire entonne :
« Vivent l'automne
« Et son jus charmant ! »
Dans nos charrettes
Que les fillettes
Et les feuillettes
Voyagent gaîment !

L'amante s'éveille
Et court sous la treille
Remplir sa corbeille
Près d'un gai luron ;
Dieux ! qu'elle est jolie !
Bacchus, la Folie
Barbouillent de lie
Son pudique front.

Cupidon guette
La bergerette ;
D'une serpette
Il se forge un dard ;
Puis il l'attrape,
La fait sous cape
Mordre à la grappe
Qu'il tient à l'écart.

Versant sur la terre
Des flots de lumière,
Le soleil altère
Nos gros jouvenceaux ;
On boit, on travaille,
Et mainte futaille
Sent gonfler sa taille
Sous ses vieux cerceaux.

Femme gentille
Dont l'œil pétille
Près d'un bon drille
Accourt travailler ;
L'époux sévère
Qu'on ne craint guère
Ne vient derrière
Que pour grappiller.

Dans la tonne vide.
La hotte se vide,
Le buveur avide
Saisit le fouloir ;
Brillant d'allégresse,
Il écrase, il presse
Ce fruit, que caresse
Son œil plein d'espoir,

Selon l'usage,
Après l'ouvrage,
Tout le village
Court sous le berceau ;
L'appétit pousse,
Puis l'aï mousse
Et sous le pouce
On mange un morceau.

La Vendange.

Une chansonnette.
Franche et guillerette
En chœur se répète
Et vous met en train ;
Le chœur est en danse,
On saute en cadence,
Et l'on se balance
Au son du crincrin.

Mais le jour baisse,
Le travail cesse,
Avec ivresse
On rentre au hameau ;
Les vendangeuses,
Vives, joyeuses,
Plus amoureuses
Sautent sous l'ormeau.

La cuve bouillonne,
Bacchus sur sa tonne
De pampre couronne
Le gai vendangeur ;
Des buveurs en groupe
Armés d'une coupe,
Versent à la troupe
La rouge liqueur.

Tandis qu'on joue
Et qu'on s'enroue,
J'entends la roue
Du pressoir crier ;

Des fruits qu'on foule
Devant la foule
Le vin découle
Pour nous égayer.

Quel vin agréable !
Quel jus délectable !
Mes amis, à table
Courons nous asseoir ;
Sans craindre la goutte,
Allons, qu'on le goûte,
Et qu'aucune goutte
Ne reste au pressoir.

Dieu, quel délire,
Le vin m'inspire !
Quel joyeux rire !
Quels éclats de voix !
D'humeur plus vive,
Chaque convive
Séduit, captive
Un joli minois.

Quelle aimable orgie !
La mère arrondie,
La fille étourdie
Tombent verre en main ;
L'époux perd sa belle,
On roule, on se mêle,
Tout dort pêle-mêle,
Jusqu'au lendemain.

Casimir Ménétrier.

LES PLUS BEAUX YEUX DE CASTILLE.

Si tard, belle Castillanne,
Où vas-tu quand la nuit plane ?
Ne crains-tu pas pour ton cœur,
A ta poursuite un voleur ?...

C'est que vois-tu, ma gentille,
Il est sous ton voile noir
Les plus beaux yeux de Castille,
Les plus beaux yeux qu'on puisse voir.   (bis)

J'ai vu passer l'Andalouse,
Que par l'Espagne on jalouse ;
J'ai bien vu son front bruni,
Mon cœur n'a pas tressailli.
   C'est que, etc.

A te voir danser ma belle,
Souple comme une gazelle,
Je voudrais, au boléro,
Être ton cavaliero...
   C'est que, etc.

Je suis noble et fils d'Espagne ;
Si tu deviens ma compagne,
Je mettrai sur mon blason,
En lettres d'azur, ton nom.

C'est que vois-tu, ma gentille,
Il est sous ton voile noir
Les plus beaux yeux de Castille,
Les plus beaux yeux qu'on puisse voir. *(bis)*

            SAINT-LAURENT.

La musique, de M. Louis Abadie, se trouve chez M. Meissonnier fils, éditeur, rue Dauphine, 18.

LE CALME REVIENDRA.

Notre barque légère
  S'égare sur les eaux,
Le vent nous est contraire
  Et soulève les flots.

Laissons passer l'orage,
  Le ciel s'apaisera...
Ne perdons pas courage,
  Le calme reviendra.

La nuit répand sur l'onde
  L'image du trépas,
Au loin la foudre gronde
  Et tombe avec fracas.
Laissons passer, etc.

L'aquilon redoutable
  Ravage les vallons,
Et fait voler le sable
  En épais tourbillons.
Laissons passer, etc.

Le dieu de la tempête
  Vient d'agiter les mers,
Et son courroux s'apprête
  A troubler l'univers !

Laissons passer l'orage,
  Le ciel s'apaisera...
Ne perdons pas courage,
  Le calme reviendra.

            L. CREVEL DE CHARLEMAGNE.

La musique, d'Andrade, se trouve chez M. Brandus, éditeur, rue Richelieu, 103.

LA FEMME CONTRARIANTE.

Je n'aimais pas le tabac beaucoup;
J'en prenais peu, et souvent pas du tout;
Mais mon mari me défend cela. (bis)
Depuis ce moment-là
Je le trouve piquant
Quand
J'en peux prendre à l'écart;
Car
Un plaisir vaut son prix (bis)
Pris
En dépit des maris !

VADÉ.

LE POSTILLON DE MAM'ABLOU.

Dialogue trouvé au bas de la côte de Ponthierry par Jean Lepailleux, garçon d'écurie, et mis en musique par Brunet Ducornet, conducteur, dit la Terreur des pistons.

LE POSTILLON.

Quiens, v'là la diligence qu'arrive !... donn' moi vite mes bottes, toi, l'Écureuil !.. oh ! oh ! la ! la ! (*Parlant au conducteur*). Bonjour, Monsieur Latour, vous êtes un peu en retard à c' matin, j'rattrapon ça.... vous donnerez un bon pour-boire ?

L'ANGLAIS.

Possilon, comment appelez-vous cé hameau ?

LE POSTILLON.

Ça, c'est la ferme d' Mam'Ablou.

L'ANGLAIS.

Oh ! mam' Badablou... je ne vois pas sur le carte Badablou.

LE POSTILLON AU CONDUCTEUR.

Dit's donc, conducteur, vous savez ben la p'tite Lolotte, à laquelle que vous faisiez la cour, all' s'a marié hier.... y a qu' celles-là pour trouver.... donn'-moi mes guides, toi, l'Écureuil.... j'y avons coupé un' queue d' chevaux dans ses draps, j'avons pu ri, pu ri... et goblotté donc !... accroche donc l' palonnier de la grise... jusqu'à trois heures... un' noce d'enfer !.. donne-moi mon fouet... bon... en route.

L'ANGLAIS.

Possillon, jé voudrais bien descendre pour un tout petit chose.

LE POSTILLON.

Vous irez ben jusqu'au r'lais... allons, toi, hue l'Obélisque.

La femme contrariante.

REFRAIN.

Dliou, dliou, dliou, dliou, dliou, dliou, dliou, dliou,
L' postillon d' Mam'Ablou jamais ne sommeille,
Il est ardent, il est prudent, c'est vrai qu'il goblotte à merveille,
    Mais en courant la nuit et l' jour   (bis)
    S'il sait boire il sait fair' l'amour,
    Le postillon de Mam'Ablou
    Est un rusé loup-garou.

    Mam'Ablou, mon petit chou, t'es ma bourgeoise.
    De mes yeux amoureux, p'tite sournoise,
    Tu t' régales et m' dis pus d'une fois :
    Postillon, postillon, que n'es-tu le bourgeois ! (bis)

L'ANGLAIS.
    Tandis qu'il chante, ce roustique,
    Cet air stioupide, et bête et sot,
    Il ne tourne pas son mécanique,
    Il descend le côte au galop !

LE POSTILLON.
Holà ! holà, dia, dia, dia, dia.

L'ANGLAIS.
Possillon, possillon, arrêtez possillon !

LE POSTILLON.
Est-ce que ça s' peut dans un' descente ous que... dliou, dliou, dliou.

L'ANGLAIS.
Madame il était assez bête pour avoir un' grand' frayeur.

LE POSTILLON.
Y a pas d' danger... y a qu' là-bas, au trou aux Escargots, ous que la Caillarde
a versé avant-z'hier... hors ça, n'ayez pas d' crainte.

L'ANGLAIS.
Mais jé voudrais bien descendre pour un tout petit chose.

LE POSTILLON.
Ah ! ben, au r'lais, là-bas, j'ons pas l' temps... allons, toi, hue, Général !...

    Dliou, dliou, dliou, etc.

    C'est certain, je l' vois ben, j' plais à l'Anglaise,
    Et ses yeux amoureux, rouges comme braise,
    Semblent me dire en bon français :
    Postillon, postillon, qu' n'es-tu mon Anglais ! (bis)

L'ANGLAIS.
    Je crois qu'il court encor plus vite,
    Ce possillon il est un coquin,
    Madame il se trouve mal tout d' suite.
    Arrête, ou je te tue, faquin !

LE POSTILLON.
Holà ! holà ! dia, dia, dia, dia.

L'ANGLAIS.

Arrêteras-tu, possillon !

LE POSTILLON.

J' peux pas; vous voyez bien qu' la voiture pousse les chevaux.

L'ANGLAIS.

Jé té dis que Madame il veut absolument se trouver mal tout d' suite.

LE POSTILLON.

Qu'elle attende un' minute... dans une heure ou deux et demie, j' s'rons au *Pousse-Cailloux*, ous qu'elle trouvera un vétérinaire.

L'ANGLAIS.

Mais Madame il est morte ! gueux.

LE POSTILLON.

Qu' voulez-vous qu' j'y fasse, moi ?

L'ANGLAIS.

Je vais faire un procès-verbal à ton administration.

LE POSTILLON.

Ah ! ben, oui, ça ni f'ra ni chaud ni froid, allez ; l'administration réponds des paquets, mais a'l' répond pas des voyageurs.

L'ANGLAIS.

Et moi, je pourrai donc jamais descendre pour un tout petit chose ?

LE POSTILLON.

Un moment donc... Ces satanés d'Anglais... ça a toujours des... allons, hue, toi, Grand Vainqueur !... vous n'êtes donc pas des hommes ?.. allonge, allonge.

Dliou, dliou, dliou, etc.

Et les jours qu' sur l' velours mes boutons r'luisent,
D' tous côtés des beautés viennent et me disent,
A la barbe d' ceux qui sont là :
Postillon, postillon, qu' t'es donc beau comme ça ! (*bis*)

L'ANGLAIS.

Jé lé tuerai, l' diable m'emporte,
Si j'avais là ma pistolet ;
Bien sûr qué Madame il est morte,
Car son visage il été violet.

LE POSTILLON.

Holà ! holà ! dia, dia, dia, dia.
Holà ! holà ! donc, oh !

UNE DAME.

Arrêtez, conducteur ! nous versons.

L'ANGLAIS.

Goddem ! jé vois le trou, nous allons dedans.

LE POSTILLON.

Holà, donc, la ! dia ! uhau ! ah ! la la !.... Bon ! patatras.... en v'là de l'ouvrage ! en v'là d' la propre ! ah ! ben, ah ! ben, ah ! ben, ah ! ben, ah ! ben, Quiens ! les jambes de l'Anglais qui sortent par la portière..... ça fait qu' ses cheveux et sa figure s'ront d' la même couleur.

L'ANGLAIS.

Ah aye aye !... oh aye aye... Où sommes-nous, possillon ? où sommes-nous ?

LE POSTILLON.

Parbleu ! nous sommes versés !

L'ANGLAIS.

Ah ! scélérate de coquin.

LE POSTILLON.

Est-ce que vous avez beaucoup de mal ?

L'ANGLAIS.

Non, je n'ai qu'un sac de nuit.

LE POSTILLON.

Ah ? c'est pas ça que...

L'ANGLAIS.

Mais j'ai aussi un' côte enfoncée.

LE POSTILLON.

C'est rien, allez... Un coup de main, là, vous autres feignans.... est-ce qu'on laisse les amis dans l'embarras?.. allons... une... deux... trois... là !... la v'là relevée.

L'ANGLAIS.

Oh ! alors, ouvrez-moi le portière !... que je descende pour un tout petit chose.

LE POSTILLON.

J'ons pas c' temps-là... si tous les voyageurs en faisaient autant, on n'arriverait jamais, et les paquets sont pressés.... Allons, sauvons-nous !..... allume allume, Vigoureux.

REFRAIN.

Dliou, dliou, dliou, dliou, dliou, dliou, dliou, dliou,
L' postillon d' Mam'Ablou jamais ne sommeille,
Il est ardent, il est prudent, c'est vrai qu'il goblotte à merveille
  Mais en courant la nuit et l' jour
  S'il sait boire il sait fair' l'amour, (bis)
  Le postillon de Mam'Ablou
  Est un rusé loup-garou.

LEFORT.

La musique, de M. Clapisson, se trouve, à Paris, chez M. Meissonnier, 18, rue Dauphine.

LES SOUHAITS.

Ma mie,
Ma douce amie,
Répond à mes amours.
Fidèle
A cette belle
Je l'aimerai toujours.

Si j'avais cent cœurs
Ils ne seraient remplis que d'elle ;
Si j'avais cent cœurs,
Aucun d'eux n'aimerait ailleurs.
Ma mie, etc.

Les souhaits.

Si j'avais cent yeux,
Ils seraient tous fixés sur elle ;
Si j'avais cent yeux
Ils ne verraient qu'elle en tous lieux.
Ma mie, etc.

Si j'avais cent voix,
Elles ne parleraient que d'elle ;
Si j'avais cent voix,
Toutes rediraient à la fois :
Ma mie, etc.

Si j'étais un dieu,
Je voudrais la rendre immortelle ;
Si j'étais un dieu,
On l'adorerait en tout lieu.
Ma mie, etc.

Fussiez-vous cinq cents,
Vous seriez tous rivaux près d'elle ;
Fussiez-vous cinq cents,
Vous voudriez en être amants.
Ma mie, etc.

Eussiez-vous cent ans,
Nestor rajeunirait pour elle ;
Eussiez-vous cent ans,
Vous retrouveriez le printemps.

Ma mie,
Ma douce amie,
Répond à mes amours,
Fidèle
A cette belle,
Je l'aimerai toujours,

DE LATTEIGNANT.

NON, MONSEIGNEUR.

Oh ! dis-moi, jeune fille,
Jeune fille aux amours,
Si tu veux, ma gentille,
Je t'aimerai toujours.

Laisse là ta misère,
Ah ! viens dans mon palais,
Où tu n'auras, bergère,
Ni crainte, ni regrets !
Viens !

— Non, non, non, Monseigneur !
Qui me dites gentille,
Car je suis pauvre fille
Et... j'ai promis mon cœur.

— Je te ferai baronne,
Noble dame à la cour ;

Je t'offre ma couronne,
Pour ton cœur en retour.
Viens !
— Non, non, etc.

— Je t'offre ma richesse
Et de beaux colliers d'or,
Le titre de duchesse,
S'il te séduit encor.
Viens !

— Non, non, non, Monseigneur,
Qui me dites gentille,
Car je suis pauvre fille
Et... j'ai promis mon cœur.

ARISTIDE DELATOUR.

La musique, du même auteur, se trouve chez M. Colombier, 6, rue Vivienne,

FANCHETTE.

CHANSON NORMANDE.

Fanchett' m'aime et j'aime Fanchette.
Nous somm's tous les deux de not' goût.
J' suis grassouillet, ell' grassouillette ;
Mais l' cœur, chez nous, passe avant tout.
C' qui m' séduit surtout avec elle,
C'est s'n'amour pour la vérité,
    Sa gaîté ;
   C'est sa bonté,
   S'n'ingénuité.
Ajoutez à ça d' la cervelle,
Et, c' qui ne gâte rien, d' l'honnêt'té.

Comm' c'est actif et que d' courage !
Il faut la voir à la moisson.
Comme ell', j'ai du cœur à l'ouvrage ;
J'aim' la besogne et j' fuis la boisson.
Son p'tit cœur, v'là tout c' qu'ell' m'apporte ;
En plus, moi j'y apporte, avec l' mien,
   Un pauvr' chien,
   M'n' ami qu'est l' sien,
   Et qu'elle aim' bien.
A tout bien calculer, d' la sorte,
A nous trois, nous somm's tout not' bien.

Elle est si gentill' ma Fanchette,
Qu' c'est partout à qui l'imit'ra.
Un' fois s'n'époux, j'aurai sa r'cette,
Et su' l' sien mon cœur s' réglera.
Ell' n'a plus de manman, et, quand j'pense,
A lui quand l' bon Dieu rappell'ra
   Son papa,
   Comm', ce jour-là,
   Ell' souffrira ;
A moi tout seul j' voudrais, d'avance,
Avoir tout l' chagrin qu'elle aura.

L' mair' nous marie en sa présence.
C'est l'curé qui nous bénira.
L' pèr' Mathurin, l' violou d' la danse,
Doit nous jouer des airs d'opéra.

Fanchette aura, l'jour d'not' mariage,
La croix qu'feu sa manman mettait.
    On lui fait
    Un p'tit bonnet
    Qu'est tout coquet.
Moi, je m'fais fair', comm' c'est d'usage,
Un habit pour mettr' mon bouquet.

On dit qu' c'est un fleuv' que la vie
Où chaqu' mortel, au courant d'l'eau,
Avec du beau temps ou d'la pluie,
Conduit, comme y peut, son bateau.
On navigue à deux dans l'mariage;
Mon Dieu, j'vous l'demande à deux g'noux !
    Fait's, pour nous,
    Que l'vent soit doux;
    Accordez-nous
Des p'tits mat'lots pendant l'voyage;
Qui ram'ront pour l'amour de vous !

                    FRÉDÉRIC BÉRAT.

La musique, de l'auteur des paroles, se trouve, à Paris, chez M. Vieillot, 32, rue Notre-Dame-de-Nazareth.

L'ERMITE ET LE PALADIN.

Holà ! qui frappe ? — Un noble paladin
Qui, sur la route, assailli par l'orage,
S'en va mourir de fatigue et de faim,
  Si vous n'ouvrez votre ermitage.
  Sous votre toit hospitalier
  Lui refuserez-vous un gîte ?
    — Vous serez mal chez un ermite,
  Excusez-moi, preux chevalier.   (bis)

A ce foyer, allumé par bonheur,
  De votre corps ranimez la faiblesse;
Vous avez faim, mais, hélas ! Monseigneur,
  Que puis-je offrir à Votre Altesse ?
  Un pauvre hère à son foyer
  N'eut jamais ni pot ni marmite;
  On soupe mal chez un ermite,
  Excusez-moi, preux chevalier.   (bis)

L'ermite et le paladin.

Un pain grossier est mon seul aliment,
Mais d'un grand saint c'était hier la fête :
Pour la chômer, j'ai fait pieusement
  Cuire la moitié de ma quête.
  Ah ! c'est bien peu pour un guerrier
  De ce rang, de ce grand mérite ;
  Mais vous êtes chez un ermite, }
  Excusez-moi, preux chevalier. } *(bis.)*

Au même instant, sur le noyer poli
L'homme de Dieu pose un coq de bruyère,
Un pâté froid à moitié démoli,
  Une truite encore entière.
  —Peste ! dit le noble guerrier,
  Quel festin pour un cénobite !
  —Vous vous moquez d'un pauvre ermite, }
  Excusez-moi, preux chevalier. } *(bis.)*

— Non, par ma foi, tous ces mets sont exquis ;
Je m'y connais ; mais dites-moi, mon père,
Quand vous fêtez les saints du paradis,
  Ne buvez-vous que de l'eau claire ?
  —De posséder certain cellier,
  Qu'en ce jour je me félicite !
  Mais, hélas ! c'est du vin d'ermite, }
  Excusez-moi, preux chevalier. } *(bis.)*

L'ermite appelle ; et, tenant un flacon,
Soudain paraît la gentille Gertrude.
—Eh ! quoi, mon père, un pareil compagnon
  Embellit votre solitude ?
  —Ah ! je sens bien qu'un bachelier
  Lui trouverait peu de mérite ;
  Mais c'est assez pour un ermite, }
  Excusez-moi, preux chevalier. } *(bis.)*

JOSEPH SERVIÈRES.

FLEUR DES CHAMPS.

Fleur des champs, brune moissonneuse,
Aimait le fils d'un laboureur ;
Par malheur, la pauvre faneuse
N'avait à donner que son cœur.

Elle pleurait ; un jour, le père
Lui dit : Fauche ce pré pour moi,
Si dans trois jours, il est par terre,
Dans trois jours, mon fils est à toi.

Le doux récit que je vous chante
Est un simple récit du cœur ;
C'est une histoire bien touchante
Que m'a contée un moissonneur !

En l'écoutant, la pauvre fille
Crut mourir de joie et d'amour.
A l'instant prenant sa faucille,
Elle travaille nuit et jour.
Près de défaillir à l'ouvrage,
Elle puisait avec ferveur,
Dans sa prière, du courage
Et sa prière dans son cœur.
  Le doux récit, etc.

Sur sa route, une marguerite
Arrête ses yeux attendris :
Il faut tomber, pauvre petite,
Car mon bonheur est à ce prix.
Mais en tombant, la fleur naissante
Avait des regards si touchants,
Qu'elle fit pleurer l'innocente,
Comme elle, simple fleur des champs.
  Le doux récit, etc.

Le troisième jour, dans la plaine
Revient le riche laboureur ;
L'enfant est pâle et hors d'haleine,
Mais ses yeux brillent de bonheur.
J'ai plaisanté, dit-il, ma fille,
Mais pour toi voilà dix écus.
Et le soir près de sa faucille
Expirait une fleur de plus.

Telle est l'histoire bien touchante
Que m'apprirent des moissonneurs,
Et chaque fille qui la chante
A la chanson mêle ses pleurs !

GUSTAVE LEMOINE.

La musique, de Mlle Loïsa Puget, se trouve chez M. Meissonnier fils, éditeur, rue Dauphine, 18.

BRIGITTE ET JULIEN.

Travaillons, mesdemoiselles,
Grâce à vos heureux talents,
Les dames sont bien plus belles,
Et les messieurs plus galants.
C'est en chantant que l'ouvrage s'avance :
Henriette, dis-nous la romance
De Brigitte et de Julien.
—Madame n'est plus là ? Silence ! écoutons bien.

« Si je suis infidèle,
« Même après ton trépas,
« Pour me punir, dit-elle,
« Julien, tu reviendras!... »
Il partit, et Brigitte
Un grand mois le pleura,
Et puis le mois d'ensuite
Elle se consola.
Dans ce temps-là,
C'était déjà comm' ça.

Mais alors en Autriche
Etait un beau seigneur,
Jeune, amoureux et riche,
Toujours rempli d'ardeur.
Brigitte, toujours constante,
D'abord le repoussa...
Puis la semain' suivante
Brigitte l'épousa.
Dans ce temps-là
C'était déjà comm' ça.

On fait le mariage,
Mais voilà que le soir
Un spectre au noir visage
Près du lit vint s'asseoir.
Et ce spectre effroyable,
C'est Julien !.. le voilà!
Et d'effroi la coupable
A sa vue expira!
Dans ce temps-là
C'était toujours comm' ça.

E. SCRIBE.

Extrait de la *Fiancée*, opéra-comique en trois actes, en vente chez M. Tresse, galerie de Chartres, 2 et 3, Palais-Royal. Prix : 60 cent.

Brigitte et Julien.

LE PROFESSEUR DE MAINTIEN.

  Je suis superbe à la lumière.
  J'ai l' mollet gros, l' jarret flambard,
  Enfin, l' Pollon du réverbère
  Auprès de moi n'a rien d' chicard,
  Et j'enfonce Monsieur Chicard,
  Avec mon art chicoquandard.
    Pour le physique
    Je suis cité,
    Et pour le chique
    Je suis vanté;
Aussi partout, partout, partout, en vérité,

  A ma tournure, mon encolure,
  Le monde me trouve si bien,
  Qu'il dit : Voilà, la chose est sûre,
  Le vrai professeur de maintien !

(*Parlé.*) Oui, messieurs, le vrai professeur de maintien, l'homme moulé, ficelé, dessiné, cambré, fournissant des grâces, des gestes, des poses et des manières, depuis trois francs jusqu'à 15 sous, et enfin portant le charme et le délire dans les salons de la plus haute aristocratie.

    Femme et fillette,
    Chacun répète,
  En se troublant à mon aspect :
  Le joli, joli, joli, joli, joli bec,
Fût-ce du Pecq, de Caudebec ou de Québec,
    Tous les gros becs,
    Tous les rebecs,
    A ton aspect,
O mon doux bec, aimable bec, amour de bec !
    Taisent leur bec.

  Tout comm' Gusman, j' suis sans obstacle,
  Je mets tous les cœurs en émoi ;
  Si je parais dans un spectacle,
  Vingt lorgnons sont braqués sur moi,
  Et dans tous lieux je suis le roi.
    Oui, sur ma foi,
    Je pose en roi
    Si je m'évince,
    Chacun presto
Dit : C'est un prince incognito. } (*bis*).

A ma tournure, mon encolure,
Le monde me trouve si bien,
Qu'il dit : Voilà, la chose est sûre,
Le vrai professeur de maintien!

(Parlé.) Le maintien est la colonne vertébrale de la société, de l'échelle sociale où nous pateaugons dans des situations plus ou moins élevées. Le maintien sert de père, de mère, de tuteur, à ceux qui n'en ont jamais eu. Par exemple, hier, j'étais dans mon salon, situé carré Saint-Martin ; un individu se présente : Que voulez-vous, jeune insulaire? Il était de Villers-Cotterets? —Une leçon. — Bien, jeune homme, ce désir vous honore, nous allons procéder. Manière de se présenter dans un salon [1], l'Amour méditant un larcin [2]. Manière de regarder le sexe avec timidité [3]. Manière de saluer sans mettre la main au chapeau [4]. C'est cinq francs, jeune homme. Demain la leçon sera moins longue, et ça vous en coûtera dix; en attendant, lancez-vous et dites comme votre instituteur :

Femme et fillette, etc.

Je sais chanter à l'italienne,
Je sais chanter en allemand,
Je sais valser à la prussienne,
Et je professe maintenant,
Un pas modeste, un pas décent,
Toléré par le règlement;
    Mais quand d' Giselle,
        J'entends l'accord,
    Comme un' crécelle,
        Dans mon transport,
Je tourne, tourne, tourne, tourne, tourne à mort.

(Parlé.) Madame implore un tour de valse? Je me rends à vos vœux; à nous donc, la péri ! La tarentelle. Effleurons la terre, enlaçons, madame, enlaçons, et dessinons les fumerons, tra, la, la, la...—le lierre et l'ormeau,—le léger bateau, tra, la, la...—Monsieur, vous allez trop vite.—Ah! bah! l'araignée dans sa toile, tra, la, la....—la girafe en calèche, tra, la, la..,.—Je me trouve mal, à la garde.—Du cassis à madame, j'étais sûr qu'elle ne résisterait pas

A ma tournure, mon encolure,
Le monde me trouve si bien,
Qu'il dit : Voilà, la chose est sûre,
Le vrai professeur de maintien!

Femme et fillette,
Chacun répète,
En se troublant à mon aspect :
Le joli, joli, joli, joli beec,

---

[1] Croiser la jambe droite sur la gauche et se tenir sur la pointe du pied droit. —[2] Poser le revers de la main gauche sur la hanche et placer l'index de la main droite à la hauteur de la joue gauche, en inclinant la tête sur l'épaule droite. —[3] Faire le geste de lorgner avec les doigts. —[4] Enlever le chapeau avec le dedans du coude.

Fût-ce du Pecq, de Caudebec ou de Québec,
　　　Tous les gros becs,
　　　Tous les rebecs,
　　　A ton aspect,
O mon doux bec, aimable bec, amour de bec!
　　　Taisent leur bec.

EDOUARD DONVÉ.

La musique se trouve chez L. Vieillot, éditeur, rue Notre-Dame-de-Nazareth, 32, à Paris.

LES LAVEUSES DU COUVENT.

Holà! fillette brune et blanche,
La belle au panier sur la hanche,
Où vas-tu les bras nus au vent?
—« Beau cavalier, je vais sous l'arche,
Dans le courant de l'eau qui marche,
Laver les nappes du couvent. » (bis.)
Jeanne (bis) n'écoute pas douces paroles!
Jeanne, crains les discours frivoles
　　　D'un cavalier
　　D'un cavalier trompeur,
　　　Trompeur et léger!

« Bon Jésus! la fillette blanche,
Tu dois être belle un dimanche
Avec un corset de velours!... »
—« Beau cavalier, sur la grand'place,
Plus d'un écolier, quand je passe,
Me trouve belle tous les jours. » (bis.)
　　Jeanne, etc.

« Si tu veux être châtelaine,
J'ai trois villages dans la plaine,
Et mon château ceint d'un fossé... »
—« Beau cavalier, je suis plus fière :
Je veux avoir la terre entière,
Et j'ai pris Dieu pour fiancé. » (bis.)
　　Jeanne, etc.

On l'entendit prendre la fuite,
Dirent les laveuses ensuite,
Sur le cheval du cavalier.

Les laveuses du couvent.

Le soir, on la revoit sous l'arche,
Mais c'est comme une ombre qui marche,
Chantant dans l'écho du pilier : (bis.)
Jeanne (bis), n'écoute plus douces paroles!
Jeanne, crains les propos frivoles
　　Du cavalier,
　Du cavalier trompeur,
　　Trompeur et léger!

ÉDOUARD THIERRY.

La musique est de M. Albert Grisar; elle se trouve chez M. Mayaud, boulevard des Italiens, 7.

L'ANGLAIS ET LE MARCHAND DE CHIENS.

(*Parlé.*) MYLORD ROCKPITT, gentleman recommandable, est venu à Paris pour mettre en pension, dans cette capitale du monde civilisé, son fils Tom, jeune adolescent orné d'une chevelure garance et des plus heureuses dispositions. L'on a indiqué à ce père de famille une institution située dans l'avenue des Champs-Élysées, et qui se trouve porte à porte avec un autre établissement d'instruction publique à l'usage des chiens. Trompé, à la nuit tombante, par des renseignements incomplets et par la ressemblance des deux écriteaux, lord Rockpitt s'arrête devant l'académie des jeunes quadrupèdes, et frappe à coups redoublés, suivant la mode de son pays.

Holà! quelqu'un, ouvrez le porte?
Car c'était moi, je vous préviens.
—Voilà! que l' diable vous emporte!
Dit en ouvrant l'homme des chiens;
Vous ne laissez ni r'pos ni trêve,
Que venez vous faire chez nous?
—Master, c'est un nouveau élève
Que je voulais porter à vous.

(*Parlé.*) LE MAÎTRE DES CHIENS.—Comment donc, Mylord! donnez-vous la peine d'entrer!...—LORD R. Yes! yes! on avait dit à moi que votre bâtiment il était extremely fort renommé.... et je voulais amener à vous Tom my good my dear Tom... mon petit Tom!—LE MAÎTRE. Tom? tiens! nous en avons déjà deux qui répondent à ce nom-là.—LORD R. Eh! bien... ça fera Tom troisième.

Pour Tom, je paierai à vous, Master,—Cher!
Oh! moi, je épargnais pour son bien,—Rien!
Et je trouvais votre pension,—Bon!
Plus que l'université d'Oxford,—Fort!

—J'suis l' plus ancien de la partie,
Vous n' pouvez mieux vous adresser,

En fait d'élèv's, sans modestie,
J' m'entends t'un peu z'à les dresser.
J'en ai de toutes les espèces,
Des grands, des moyens, des petits ;
Mes prospectus et mes adresses
M'en font venir de tout pays.

(*Parlé.*) Des Danois, des Anglais.—Lord R. Oh ! très-bon, vous avez aussi des Anglais ?—Le Maître. J'en attends même de Terre-Neuve !—Lord R. Oh ! bien ! Terre-Neuve, colonie anglaise. Tom, il sera avec des compatriotes.—Le Maître. J' vous dis qu'il ne peut pas t'être mieux que chez nous.

On n' vous f'ra pas payer mon cher,—Cher !
On n'épargn'ra pour qu'il grossiss' bien,—Rien !
J' suis tout d' même en fait d'éducation,—Bon !
Et j' crois pas l'établissement d'Oxford,—Fort !

—Expliquez-moi le nourriture,
C'est beaucoup fort essentiel.
—Pour ce qui tient à leux pâture,
C'est varié et substantiel.
Tous les matins, comme à la troupe,
C'est la soupe qu'on leux fait manger ;
Par exemple, à midi, d' la soupe,
Et d' la soup' le soir pour changer.

(*Parlé.*) Lord R. Oh ! yes !... le soupe, il était très-confortable ! le soupe de mouton bouilli... avec le clou de girofle... Et vous ne donnez pas à eux... je voulais parler de la viande aussi... le viande, il est également beaucoup confortable. —Le Maître. Pour vous, Mylord, je ne dis pas... mais voyez-vous, mes élèves, ça leux y cause des inconvénients qu'il est superflu de vous détailler ; seulement de temps en temps, un os à ronger pour les amuser.., une savate à déchiquer, ça leux aiguise les dents, et puis la pâtée une fois par semaine.—Lord R. Oh ! yes !... le salade et le pâté, ça était extremely encore mieux.

Je voulais payer à vous, Master,—Cher !
Vous épargnez pour les nourrir bien,—Rien !
Moi, je trouvais cette éducation,—Bon !
On y mangeait plus que dans Oxford,—Fort !

J' veux l'éduquer d' la bonne manière,
Faut qu'il apprenne à s' tenir droit.
—Oh ! yes ! comm' dans le Angleterre,
Mon Tom, il doit savoir son droit.
—Moi, mes élèv's y faut qu'ils aillent,
Faut qu'ils aval'nt tous les talents.
Mill' nom d'un chien ! faut qu'ils travaillent,
Avec moi, faut qu'ils soi'nt savants.

(*Parlé.*) J' leux y apprends à faire l'exercice, à être de garde... J' les dresse pareillement pour la chasse, et pour leux y donner de la grâce et de l'agilité, je vous les fais sauter par-dessus des ficelles et des manches à balai.—Lord R. Yes !... yes !... le gymnastique ! Ça formait le esprit et le cœur... Oh ! diable ! je avais oublié de dire à vous que Tom il était très-disposé pour rapporter.—Le Maître. Eh! bien!... tant mieux.—Lord R. Oh! ce était fort juste!... les maîtres, ils aimaient beaucoup fort les élèves qui rapportaient, mais je tenais beaucoup pour que il ne se battait pas avec les autres... C'est que, voyez-vous... un jour, Tom, il a mordu son frère avec les dents pour jouer... ce était comme une petite chien folle, le petite coquine il était très-souvent d'une humeur de dogue.... mais pour le reste, il ne demandait qu'à se attacher.—Le Maître. Soyez tranquille, Mylord, on les attache quand ils se battent... Je n'aime pas les batteries... le fouet... le fouet! je ne connais que ça.—Lord R. Oh! yes! le fouet! Perfectly well! dans mon jeunesse, ils me ont donné beaucoup de

  Cette souvenir, il m'est, Master,—Cher!
  Oh! l'on ne épargnait pour mon bien,—Rien!
  Et si j'avais une éducation,—Bon!
  C'est que l'on fouettait nous dans Oxford,—Fort!

  Master, il restait à connaître
  De vot' Collège le prix total...
  —Vous trouv'rez qu' c'est ben cher peut être!
  Mais ça vaut un Collèg' Royal.
  C'est trois livr's quinz' sous par semaine,
  Autrement dit quinze francs par mois;
  Sauf un' douceur, quand on m'amène
  Plusieurs élèves à la fois.

(Parlé.) Oh! very well! douze schellings! c'était magnifique et pas cher! Et pour le appartement?—Le Maître. Chacun sa niche!—Lord R. Oh! diable! certainement oui! chacun son petit chambre cellulaire! A propos, et le propreté.—Le Maître. Ne vous embarrassez pas, ils sont très-propres, tous les matins brossés, peignés, et l'été une fois la semaine à la rivière.—Lord R. Oh! yes! les bains de mer!—Le Maître. Et tondus tous les printemps!—Lord R. Oh! yes! le coupe de cheveux!—Le Maître. En un mot, honoré des encouragements de M. le ministre de l'Instruction publique. *(Ici l'on entend un vacarme d'aboiements de toute nature et sur tous les tons.)*—Lord R. Oh! diable! vous avez beaucoup de chiens à ce qu'il me paraissait?—Le Maître. Cent cinquante, Mylord! Tenez, voici l'heure de la récréation; si vous voulez descendre dans la cour... *(Mylord Rockpitt est assailli par une foule de chiens.)*—Lord R. Oh! oh! diable! qu'est-ce que c'était que toute cette foule? Des bassets, des barbets, des caniches, des griffons, des épagneuls, des dogues, des boules-dogues!—Le Maître. Eh! parbleu! Mylord, c'est mes élèves.—Lord R. Comment vos élèves! mais je étais donc dans une académie pour les chiens?—Le Maître. Yes! Mylord.—Lord R. Et vous voulez que je mettais Tom avec des chiens! Tom, mon fils, mon fils Tom! vous étiez un malhonnête, et je voulais boxer vous!—Le Maître. Et moi, je lâche sur vous tous mes pensionnaires.—Lord R. Oh! oh! diable!... ils mangeaient mon poche avec mon pastry et mon plumb pudding... Oh! maintenant, ils mangeaient mes mollets! Policemen! policemen! *(Il se dispose à boxer le marchand de chiens.)*

  Oh! vous le paierez à moi, Master,—Cher!
  Voilà pour votre pension de chiens...— Tiens!
  Pour votre chienne d'éducation,—Bon!
  Sur le box on était dans Oxford,—Fort!

Cette scène finit par une mêlée générale entre Mylord Rockpitt, les élèves et le maître de pension.

           Th. Muret et F. de Courcy.

La musique par M. Charles Plantade, se trouve chez M. Heu, éditeur, rue de la Chaussée-d'Antin, 10.

LE RENARD ET LE CORBEAU.

Un jour, maître Corbeau, sur un arbre perché,
Tenait entre son bec un fromage glacé,
Lorsque maître Renard, attiré par l'odeur,
L'accoste poliment par ce propos flatteur
    Sur l'air du tra la la la,   (*bis*.)
    Sur l'air du tra deri déra,
      Tra la la !

Bonjour, maître Corbeau, comment nous portons-nous?
—Merci, maître Renard, ça va pas mal, et vous?
Et mes enfants aussi, hors mon p'tit nouveau-né,
Qui par ces derniers froids s'est très-fort enrhumé.
    A l'air du tra la la, etc.

—Peste ! mon cher Corbeau, vous êt's joliment mis!
Vous vous faites pour sûr habiller à Paris ?
—Oui, répond le Corbeau à ce propos railleur,
Puis il offre aussitôt l'adress' de son tailleur
    Sur l'air du tra la la, etc.

—Vraiment si vot' ramage' ressemble à vot' pal'tot ?
Vous enfoncez Duprez, Lablache et Mario.
Chantez-moi donc quequ'chose, une ariette, un rien,
Car dans votre famille on est fort musicien
    Sur l'air du tra la la la, etc.

Alors maître Corbeau, sans se faire prier,
Entonne sans façon le grand air du *Barbier*.
Mais comme il faut ouvrir la bouche pour chanter,
Il laiss' tomber par terr' son fromage glacé,
    Sur l'air du tra la la, etc.

Soudain maître Renard, qui comptait là-dessus,
Saute sur le fromage et rit comme un bossu.
Puis il dit au Corbeau : —Je vous ai fait poser !
Vous n'êtes pas bien mis, vous n'savez pas chanter,
    Pas même le tra, la la, etc.

En entendant ces mots, le Corbeau, confondu
S'écrie : —Eh! quel malheur ! le duel est défendu.

Je suis volé, dupé ! Maudit soit le destin !
Etr' doyen des Corbeaux et passer pour un s'rin
    Sur l'air du tra la la, etc.

MORALITÉ.

Or donc, de ces couplets la moral' la voici :
Corbeaux petits et grands, retenez bien ceci :
C'est qu'il est maladroit, a dit un vieux gourmand,
Quand on aim' le fromag' de parler en mangeant
    Sur l'air du tra la la la   (bis.)
    Sur l'air du tra deri déra,
        Tra la la !

ANONYME.

La musique se trouve chez M. Brullé, éditeur, passage des Panoramas, 16, à Paris.

LA FILLE A JEAN PIQUET.

Tout près de la ferme à Gros-Pierre
Demeure la fille à Jean Piquet.
Pour elle j'ai l' cœur pris d'un'manière,
Qu' j'en suis des fois tout suffoqué.
  Quand elle approcho, je m' trouble,
    Quand j' la vois, j' la vois double,
    Et pis je m' sens alors
    Des frissons par tout l' corps.
J'aime c'te jeunesse à ne pas l' croire ;
Mais pour moi, l' pire de l'histoire,
C'est qu' la p'tit' s' moqu' de mes aveux
Quand j' vas pour lui peindre mes feux
    Amour, Amour, toi qu'es si tendre,
    Et qui sais tout charmer,
    Qui qui faut l'y fair' prendre,
    Afin d' m'en fair' aimer.

Je m' suis servi, pour lui complaire,
De tous les moyens qu' les garçons
Recherchent quand ils veulent plaire
Aux jeun's filles des environs.
  J' l'ai l' dimanch' à la danse
    Fait sauter à outrance,
    J'y ai payé des bonbons,
    Du vin, des mirlitons;
J' lai comblé d' verr's d'anisette ;
Enfin, je l'ai mise en goguette

Avec c' qui s' trouv' d' plus fort en goût,
Et ben, ça ne ly fait rien du tout.
    Amour, Amour, etc.

Chaqu' matin, pour preuv' de tendresse,
Je m' déniche avec le soleil,
Je cueill' gros d' cha d' fleurs d' tout's espèce,
Et j' les lui porte à son réveil ;
Quand viennent les noisettes,
    Pour ell', j'en fais d' s'emplettes,
    J' tends des piéges aux oiseaux
    Pour lui faire des cadeaux.
Y n'est rien qu' j'invente et que j'donne
Pour m' fair' bien voir de sa personne,
Ell' reçoit tout ; mais d' mon amour,
Si j' veux causer, c'est bien l' bonjour,
    Amour, Amour, etc.

N'allez pas croir' qu' celle que j'adore
Paraiss' gentille à tous les yeux,
Mon Dieu non ; j' dirai plus encore,
On dit qu'elle a l'visage affreux,
On dit qu' la pauvr' petit' louche
    Quand ell' regard' sa bouche,
    Qu' son nez est ampoulé,
    Et son visag' grêlé.
On dit tout ça ; mais moi je l'aime,
D' son côté, s'il n'en est pas d' même,
C'est que c' qu'on dit de son portrait,
Moi, je lui ressembl' trait pour trait.
    Amour, Amour, toi qu'est si tendre,
        Tâch' donc de la charmer ;
        Car je n'ai plus qu'à m' pendre
        Si j' peux pas m' faire aimer.

C. LE TELLIER.

La musique, par M. J. Nageot, se trouve à Paris, chez M. Cotelle, éditeur, rue Saint-Honoré, 137.

ROMANCE DE CENDRILLON.

Je suis modeste et soumise,
Le monde me voit fort peu,
Car je suis toujours assise
Dans le petit coin du feu.

Cette place n'est pas belle ;
Mais pour moi tout paraît bon :
Voilà pourquoi l'on m'appelle
La petite Cendrillon.

Mes sœurs des soins du ménage
Ne s'occupent pas du tout;
C'est moi qui fais tout l'ouvrage,
Et pourtant j'en viens à bout.
Attentive, obéissante,
Je sers toute la maison;
Et je suis votre servante,
La petite Cendrillon.

Quoique toujours je m'empresse,
Mon zèle est très-mal payé;
Et jamais on ne m'adresse
Un petit mot d'amitié.
Mais n'importe, on a beau faire
Je me tais, et j'ai raison.
Dieu protégera, j'espère,
La petite Cendrillon.

ÉTIENNE.

CHANSON DE MANON.

Chantons l'honneur et la gloire
D'une fille d'un grand cœur,
Et gravons dans la mémoire
Son courage et sa valeur.
Dans les quatre coins du monde
L'on parlera de Manon;
Dessus la terre et sur l'onde
L'on récitera son nom.

Dans la ville de Nivelle,
Manon avait un amant,
Jeune, mais plus riche qu'elle,
Et qu'elle aimait tendrement.
Par un certain doux négoce
Soutenu par Cupidon,
La belle se trouva grosse.
Elle accoucha d'un garçon.

Après de tendres promesses,
Son amant, par intérêt,
La méprise et la délaisse;
Il bat aux champs sans délai.
Au régiment de Provence
Il fut soudain s'enrôler,
Ressentant mille souffrances,
Songeant à sa bien-aimée.

Manon se fondait en larmes
Depuis son engagement,
Pleurant et versant des larmes,
En serrant son cher enfant.

Ah! mon pauvre fils, ton père
A pour nous peu d'amitié;
Mais en peu de temps ta mère
Punira sa cruauté.

Le sachant dans le service,
Sans être trop étourdie,
La belle mit en nourrice
Son poupon, son tendre fils.
Sans en donner connaissance
En garçon ell' s'habilla,
Puis s'en fut joindre Provence,
Où la belle s'engagea.

La voilà donc militaire,
Parements rouges, habit blanc.
Elle voit ce téméraire,
Son traître et perfide amant;
Elle faisait son service,
Belle cocarde au chapeau;
Elle portait sur sa cuisse
Son épée en vrai faraud.

Un jour, dans le corps de garde,
Notre héroïne Manon,
Sortant de faire sa garde,
Parlant avec son mignon:
« J'ai, dit-il, une maîtresse
Qui demeure en ce quartier;
J'espère par sa tendresse
Que je pourrai l'épouser. »

Manon.

Ce discours pénétra l'âme
De Manon de toutes parts ;
Mais, sentant qu'elle se pâme,
S'en fut dessus les remparts ;
Pour se venger sans appelle
De sa noire trahison,
S'en fut le soir chez sa belle
Pour voir venir son luron.

—Ma très-chère demoiselle,
Lui dit-elle avec esprit,
Votre amant est infidèle.
C'est un traître, un mal-appris ;
Dans la ville de Nivelle
Il a un petit garçon,
Avec la plus tendre belle
Qui soit dedans ce canton.

—Si le barbare est si traître,
Dites-moi la vérité.
—Pour pouvoir mieux le connaître,
Vous pouvez l'interroger.
Puis, ayant quitté la belle,
Le lendemain l'imposteur
Prit un congé de sa belle
Et se déclare trompeur.

Manon vit entrer le traître
Qui revenait du quartier.
Sitôt elle sentit naître
Le désir de se venger.
Pour engendrer la querelle
A son amant sans quartier,
Elle monte chez sa belle,
A dessein de le narguer.

Le luron tout, en colère,
Lui dit :—Qui t'amène ici ?
Faut décider cette affaire
A cinq ou six pas d'ici.

Manon répond par bravade
A ce traître, à ce fripon :
—Depuis longtemps, camarade,
J'en cherche l'occasion.

Elle lui dit en colère :
—Allons vite, l'habit bas,
Et point de botte première,
Battons-nous jusqu'au trépas.
Quand elle fut en chemise,
Il fixa son sein mignon ;
Ah ! jugez de sa surprise
Lorsqu'il reconnut Manon.

Son épée tomba par terre,
Il se jette à deux genoux,
En versant des pleurs amères.
Pour apaiser son courroux,
Avec transport il l'embrasse
En la serrant tendrement,
La prie de lui faire grâce,
Au nom de son cher enfant.

Le major vint en personne
Pour savoir exactement
Si Manon était un homme,
Ce qu'il apprit sur-le-champ ;
Et connaissant leur négoce,
Leur fit publier des bans,
Puis leur fit faire des noces
Le plus magnifiquement.

L'époux écrit à son père
L'aventure de Manon,
Lequel, apprenant l'affaire,
S'en vient à la garnison ;
Charmé de cette nouvelle,
Et leurs congés bien signés,
Il les emmène à Nivelle
Pour vivre en tranquillité.

ANONYME.

PAN PAN BACHIQUE.

Lorsque le champagne
Fait en s'échappant
  Pan, pan,
Ce doux bruit me gagne
L'âme et le tympan.

Le mâcon m'invite,
Le beaune m'agite,
Le bordeaux m'excite,
Le pomard me séduit;
J'aime le tonnerre,
J'aime le madère,
Mais par caractère
Moi qui suis pour le bruit...
Lorsque le champagne,

Quand, aidé du pouce,
Le liége qui pousse
L'écumante mousse
Saute et chasse l'ennui,
Vite, je présente
Ma coupe brûlante,
Et gaîment je chante
En sautant avec lui :
Lorsque le champagne, etc.

Qu'Horace en goguette,
Courant la guinguette,
Verse à sa grisette
Le falerne si doux;
S'il eût, le cher homme,
Connu Paris comme
Il connaissait Rome,
Il eût dit avec nous:
Lorsque le champagne, etc.

Maîtresse jolie
Perd de sa folie,
Se fane et s'oublie.
Victime des hivers,
Mais la Champenoise,

Grise comme ardoise,
En est plus grivoise,
Et me dicte ces vers :
Lorsque le champagne, etc.

De ce véhicule
Où roule et circule
Maint et maint globule,
Si le feu me séduit,
C'est que de ma tête,
Qu'aucun frein n'arrête,
L'image parfaite
Toujours s'y reproduit.
Lorsque le champagne, etc.

Quand de la folie
La vive saillie
S'arrête, affaiblie,
Vers la fin du banquet,
Qui vient du délire
Remonter la lyre ?
Du jus qui m'inspire
C'est le divin bouquet.
Lorsque le champagne, etc.

Pour calmer la peine,
Adoucir la gêne,
Éteindre la haine
Et disputer l'effroi,
Que faut-il donc faire ?
Sabler à plein verre
Ce jus tutélaire,
Et chanter avec moi:

Lorsque le champagne
Fait en s'échappant
  Pan, pan,
Ce doux bruit me gagne
L'âme et le tympan.

DÉSAUGIERS.

LE PARRAIN.

Queu bonheur !...
Pour man cœur !..,
Hiar, j'ai servi de parrain :
J'ai nommé
L'nouveau-né
D'Pélagie, dont j'sis l'cousin ;
J'sis parrain, j'sis parrain j'sis parrain, j'sis parrain !..
Y faut vous dir' que Pélagie
Est la fill' de ma tant' Chuquiet,
C' qui fait que par *génalogie*
Je m'trouve être san cousin tout drait.
Comme alle était gentille !
Autr' fois, dans la famille,
J'avais voulu m'glisser,
Mais j'm'étais vu r'fuser,
N'ayant point de c'qui sonne,
Ma tant' m'dit, en parsonne,
Qu'j'avais pas assez d'quoi
Pour mettre un' femm' cheux moi.

(*Parlé.*) J' n'avais rien à offrir qu' mon amour... ma tante n'a pas trouvé que c'était assez ; et, d' peur d'accident, trois mois après, sa fille s'appelait mame Ledoux... Quand j'ai vu cha... j'ai changé man fusil d'épaule... aujourd'hui, j'sis l'ami d'la maison... M'sieu Ledoux, mame Ledoux et pis moi, c'est la trinité, je n'fesons qu'un... Aussi quand l' marmot est venu au monde, j'ai été choisi d'emblée pour le parrain... J'avais bien envie de r'fuser... à cause qu' c'est coûteux... mais, j'ai accepté par amour-propre, et pis parce que j'ai invité d'être marraine... la meunière... eune petite veuve qui m' convient, et à qui qu' je n' déplais pas !... ma parole !...

Queu bonheur ! pour man, etc.

Je m'étais fait friser la tête
Par le frater qui coiff' si bien,
J'avais mis mes grands habits d'fête,
Sans mentir y n'me manquait rien :
D'son côté ma commère
N'était pas la moins fière,
Elle avait mis des gants,
Un bouquet, des rubans,
Un bonnet plein d'dentelle,
Un' rob' de soi' nouvelle,
Enfin j'étions tous deux
Des objets marveilleux.

(*Parlé.*) J'étiommes comme deux souleils !... la société en avait des éblouisse-

Le parrain.

ments...Quand tout a été prêt pour l' départ, j'ai été prendre avec la sage-femme le p'tit à l'accouchée... En v'là un gros joufflu!.. Il a ben envie d'vivre, allez, ce p'tit là, car il a toujours le bec ouvert!... En buvant du lait d' sa mère, il f'sait la grimace, c'pauv' chérubin!.. en buvant du cidr', un peu moins!... Eh! v'là-t-y pas que j'y ai donné du vin!... Oh! mais alors, fallait voir queu figure qu'y faisait!... Il vous avait des p'tites joues comme des p'tites pommes d'api. J'y ai dit: Pis qu'ça t'fait plaisi, bois toujou, mon bonhomme! Alors j'sommes partis!... la marraine m'crochait, la sage-femme suivait, et pis après y avait la femme à Mulot!... la commère Marie, les deux filles aux Toussaint, et pis le p'tit Précheux qu'a l'esprit tout d'travers et les jambes idem... En arrivant sous l'porche, les cloches ont sonné... le gros François a tiré des coups d'fusil; et pis tous les gamins qu'avaient suivi ont crié: La marraine, des bonbons!!! J'avais fait les choses dans l'grand .. j'leux y ai jeté en l'air une livre d' dragées, avec des liards et des p'tites fèves blanches que j'avais mis d'dans pour faire pu d'étente... ça a fait un effet!.. Ah! y s'bousculaient tous pour en n'avoir... après ça, j'sommes entrés... l'curé est venu, il a fait s'n'affaire... et pis, en r'sortant, j'ai rejeté encore un coffin de bonbons, d'sorte que tout l'monde, qu'était content d'mai, s'est mis à crier: Vive le parrain!...Vive la marraine!...

Queu bonheur, pour man, etc.

Après cette cérémonie
J'sommes rentrés chez l' père de l'enfant.
La table était déjà sarvie,
Nous nous asseim's en arrivant!...
A m'drait', j'mis la marraine,
A m'gauche la p'tit' Bastienne.
C'était L'doux qui sarvait
Tout c'que l'on apportait;
Mais c'qui n'est pas croyable,
C'est c'qu'a paru sus table!..,
J'avons, depuis midi,
Mangé jusqu'à minuit!:..

(Parlé). Douze heures d'horloge, quoi!... tout l'tour du cadra En! n v'là d'la boustifaille!.... mais j'ai mangé de tout!... j'ai bu d'tout! j'men sis tant fourré que l'ventr' m'en craquait!.... Et ma commère donc!... j'y avais soigné son verre... elle était gaie comme un pinson!... a riait toujours!... all' me flanquait des tapes et des coups de poing... oh! j'sis ben sûr qu'alle m'aime, celle-là!.... mais c'qui nous a le pus amusé, c'est l'petit Précheux... J'y ai fait eune farce indigne!... On avait sarvi d' s'artichauts et d' s'asparges... y n' n'avait jamais goûté... j'lai fait sarvir l'premier... a-t-y pas mangé l' s'artichauts par le vert de la feuille!... y tirait là-d'ssus comme un âne!... Pouah!... qu'il a fait, c'est pas bon!... J'y ai dit: Mais, béton!... c'est par l'blanc!... Alors j'y ai fait passer d' s'asparges... v'là l'plus drôle!... comme il avait mangé l' s'artichauts par l'vert y s'est mis à manger l' s'asparges par l'blanc... j'avons pu ri... Mais c' qu'il est vrai de dire, c'est qu'mon oncle Chuquiet avait bien fait les choses; il avait fait v'nir des musiciens qu'ont joué pendant tout le r'pas. Y avait un m'sieu qu'avait des pincettes en cuivre qu'il avalait et désavalait... et pis un aut' grand sec..... y m'semble encore l' voir, je n'sais pas c'qui f'sait, mais il avait une grande armoire qui sciait par l'mitan.... Ah!... sapristi! c'batême-là m'a coûté gros... mais, j'm'en sis ben donné pour m'nargent!...

Queu bonheur! pour man, etc.

CH. LE TELLIER.

La musique, par M. A. Marquerie, se trouve chez L. Vieillot, éditeur, 32, rue Notre-Dame-de-Nazareth.

LES COMPAGNONS DE VOYAGE.

L'hymen est un lien charmant,
Lorsque l'on s'aime avec ivresse,
Et ce n'est que dans la jeunesse
Qu'on peut s'aimer bien tendrement. (*bis.*)
C'est un gentil pèlerinage
Que l'on entreprend de moitié;
Peines, plaisirs, tout se partage. (*bis.*)
L'amour, l'estime et l'amitié
Sont les compagnons du voyage. } (*bis.*)

Si par malheur chez les époux
On voit naître l'indifférence,
Si la triste et froide inconstance
Succède à leurs transports si doux, (*bis.*)
Plus n'est gentil pèlerinage
Qu'on faisait gaîment de moitié,
Mais si l'amour devient volage, (*bis.*)
Qu'au moins l'estime et l'amitié
Restent compagnons du voyage. } (*bis.*)

Quand j'ai vu naître mes enfants,
M'immoler devint nécessaire.
Je connais les devoirs d'un père,
Il doit tenir tous ses serments! (*bis.*)
Dans mon triste pèlerinage,
Qui fut entrepris de moitié,
Je bénis encore mon partage, (*bis.*)
Si leur bonheur, leur amitié
Sont mes compagnons de voyage. } (*bis*)

MARSOLLIER.

CHANSON DU PRÉ-AUX-CLERCS.

A la fleur du bel âge,
Georgette, chaque jour,
Disait dans le village :
Jamais n'aurai d'amour.
Un soir, par imprudence,
Au son du tambourin,
Elle suivit la danse
Dans le bosquet voisin...
Ah ! pauvre Georgette,
Le bal est un plaisir,
Éveillant le désir,
Et l'amour en cachette
   Y guette
  Une fillette
   Toujours. } (bis)

Robert, du voisinage,
Était le beau danseur.
Il la voit, il l'engage :
Pour elle quel honneur !
De son bras il la serre
Sur son cœur doucement,
Et la jeune bergère
Trouva ce jeu charmant.
Ah ! pauvre Georgette, etc.

Tout en faisant la chaîne,
Robert prit un baiser ;
Et puis sous le grand chêne
On s'alla reposer.
La nuit vient... comment faire ?
Robert offre son bras ;
Et depuis la bergère
Soupire et dit tout bas :
Ah ! pauvre Georgette,
Le bal est un plaisir,
Éveillant le désir,
Et l'amour en cachette
   Y guette
  Une fillette
   Toujours. } (bis)

DE PLANARD.

Extrait du *Pré-aux-Clercs*, opéra-comique en trois actes, en vente chez M. Tresse, Palais-Royal, galerie de Chartres, 253. Prix : 60 centimes.

LE MARCHAND D'IMAGES.

Ecoutez, noble assistance,
Prêtez l'oreille au récit,
C'est de l'histoire de France,
Ainsi que d'l'ancienne aussi.
  D'abord Adam et Eve
  Chassés du Paradis ;
  Voici la plac' de Grève
  Et le conseil des Dix...
  Taisez-vous, avant tout,
    Ecoutez-moi bien,
      Et surtout
  Ne dites rien...

Chanson du Pré-aux-Clercs.

(*Parlé.*) D'abord, ce qu'on voit est le *convoi de* MALBOROUG. (*Ton de la chanson.*) *Il est porté z'en terre par quatre z'officiers...* L'un portait sa cuirasse et l'aut' ne portait rien... et l'aut' ne.. portez pas vos regards ailleurs... c'est ici qu'il faut admirer l'entrée triomphale de l'EMPEREUR DE LA CHINE (*salut chinois*), saluant tous les magots de *Canton en Canton.*.. Sa Majesté très-chinoise est complétement rasée, ce qui ne l'empêche pas d'être entourée de ses favoris... Cette belle image qui suit représente *la clémence du grand* SHAH *de Perse*... un malheureux *père sans enfants* se précipite à ses sacrés genoux pour lui demander sa grâce... en faveur de la fête des SHAH, qui se célèbre à la *mi-août*, le grand *Shah* sourit, et ne la lui accorde pas... Trrrremblez, petits enfants, voilà le terrrrrible ATTILA, roi des *z'Huns et des autres*; il vient, avec sa grande barbe, assiéger la ville de Nanterré... GENEVIÈVE de Paris nourrit, faute de pain, les habitants de Nanterre avec des *petits gâteaux*... feuilletez l'histoire, et vous verrez cette même héroïne chassant du pays des Francs l'armée du *barbare* ATTILA, à la tête de *vingt mille Francs*, fruit de ses économies...

Venez, venez, venez, venez, petits enfants bien sages,
    Ecouter le marchand d'images ;
Venez, venez, venez, venez, venez, petits et grands,
    Et vous serez tous contents !

Les douz' signes du zodiacre,
Le chevalier d'Assas ;
Des Innocents le massacre,
Dans la baleine Jonas.
Voyez le beau Narcisse,
Le chevalier Brayard,
Monsieur de La Palisse,
Joseph et Putiphar ;
Actéon, Robinson,
Dit le Crusoé,
Pharaon,
Et l'arch' de Noé.

(*Parlé.*) Voici la fameuse guerre actuelle de la Chine pour l'*Opion*. Admirez le commodore NAPIER, grand amiral, à la tête de l'escadre anglaise ; voyez comme les *militaires* traitent les bourgois de *Pékin*. Quelques-uns des Chinois qui défendent la tour de porcelaine tombent en *défaillance*... Distinguez les autres Tartares se précipitant avec leurs habits de *Nankin* dans le *fleuve jaune*... Les Anglais les poursuivent à la nage, et le commodore *n'a pied* nulle part; c'est pourquoi il aborde une galiote chinoise, pour écrire à la reine anglaise, VICTOIRE-Y-A ! Remarquez comme il a fait jeter l'*ancre de Chine* pour se préparer à un grand *thé Deum*. Cette fois, c'est le portrait exact, mais cependant ressemblant du célèbre VAUCANSON, auteur de l'automate, dit le Joueur de flûte. Cet illustre mécanicien, né à *Carantan*, en Normandie, est l'inventeur du *canard aux tomates*. Plaignez l'infortuné prince ÉDOUARD, regardez le malheureux roi... Il est dans l'*Ecosse*, la patrie *des poids... et mesure* toute l'étendue de ses malheurs. Nous voici en palé... en *Palestine*, la ville de Jérusalem prise d'assaut par les chevaliers dits *les Preux*... les *Croisés* y pénètrent par *les fenêtres*; la jalousie pousse RENAUD à présenter la belle Armide à GODEFROY DE BOUILLON, ainsi nommé parce qu'il était le capitaine le plus *consommé* !...

Venez, venez, petits enfants, etc.

Vulcain près de son enclume,
Geneviève de Brabant ;
Puis, la Sébile d'écume,
Et le fameux Juif Errant.
Les Mages, les Bramines,
C'est des prêtres indiens ;
L'enlèv'ment des Sardines
Par les anciens Romains ;
Childéric, Chilpéric,
Premier roi chrétien ;
Améric,
Qui n' découvrit rien.

(*Parlé.*) Vous pourrez apercevoir sur une autre image l'élégant PHAÉTON, fils d'APOLLON, sur le char de son papa le Soleil, qui le lui prête pour éclairer *le globe*, mais il perd *la boule* en se voyant rouler sur *les cieux*, et se brise la tête en tombant sur *les Pôles*. Pour changer, voyez JASON jasant avec MÉDÉE sur son navire, en allant à la conquête de la fameuse peau de mouton, dite *oison d'or*... Ah ! MÉDÉE, viens MÉDÉE, dit JASON, au moment où, pour s'emparer de la toison, il est près de l'*atteindre* en *cochenille*, dans la Grèce. Vénons à VÉNISE, superbe ville d'Italie. Que de merveilles ! Vous y distinguez les habitants qui se promènent sur la place SAINT-MARC *de café en café*. C'est l'instant de la cérémonie du Doge qui va épouser, en deuxièmes noces, *la mer* ADRIATIQUE. Ils vécurent fort longtemps et eurent beaucoup d'enfants. Ce qui suit est l'enlèvement d'HÉLÈNE par PARIS... MAIS... NÉLAS. qu'est son mari, veut en vain la retenir... Le beau PARIS se présente et lui dit en secret : *File* HÉLÈNE, ou *crains* ma colère !... aussi pour la dérober à tous les regards, voyez comme il la fait fuir, *en douillette* de TROIE. Passons au passage des THERMOPILES, ainsi désigné dans l'histoire parce qu'il mit un *terme aux piles* que recevaient les Grecs des Romains.

Venez, venez, venez, venez, petits enfants bien sages,
Ecouter le marchand d'images ;
Venez, venez, venez, venez, venez, petits et grands,
Et vous serez tous contents !

ERNEST BOURGET.

La musique de M. Victor Parizot, se trouve chez M. Colombier, 6, rue Vivienne.

C'EST MON AMI : RENDEZ-LE MOI.

Ah ! s'il est, dans votre village,
Un berger sensible et charmant,
Qu'on chérisse au premier moment,
Qu'on aime ensuite davantage ;
C'est mon ami, rendez-le-moi,
J'ai son amour, il a ma foi.

Si, par sa voix douce et plaintive,
Il charme l'écho de vos bois;
Si les accents de son hautbois
Rendent la bergère pensive;
C'est encore lui, rendez-le-moi;
J'ai son amour, il a ma foi.

Si, même en n'osant rien vous dire,
Son regard sait vous attendrir;
Si, sans jamais faire rougir,
Sa gaîté fait toujours sourire;
C'est encore lui, rendez-le-moi;
J'ai son amour, il a ma foi.

Si, passant près de sa chaumière,
Le pauvre en voyant son troupeau
Ose demander un agneau,
Et qu'il obtienne encore la mère;
Oh ! c'est bien lui, rendez-le-moi;
J'ai son amour, il a ma foi.

FLORIAN.

AH! QUEL PLAISIR D'ÊTRE SOLDAT!

Ah! quel plaisir d'être soldat! *(bis.)*
On sert par sa vaillance
Et son prince, et son prince, et l'État;
Et gaîment, gaîment on s'élance } *bis.*
De l'amour, de l'amour au combat. }
  Ah! } *(bis.)*
Ah! quel plaisir *(ter)* d'être soldat! }
Ah! quel plaisir d'être soldat!   *(ter.)*

Sitôt que la trompette sonne,
Sitôt qu'on entend les tambours,
Il court dans les champs de Bellone,
En riant exposer ses jours.
  Écoutez là-bas, là-bas.   *(bis.)*
Écoutez ces chants de victoire; *(bis.)*
De la gaîté c'est le signal :   *(bis.)*
Amis, buvons, buvons à notre gloire...
Buvons, buvons à notre général,
A notre général, à notre général, *(bis.)*
  Ah! ah!

Ah! quel plaisir d'être soldat!

Ah ! quel plaisir d'être soldat !   (bis.)
On sert par sa vaillance
Et son prince, et son prince, et l'État ;
Et gaîment, gaîment, on s'élance   }
De l'amour, de l'amour au combat,   } (bis.)
            Ah !   }
Ah ! quel plaisir (ter) d'être soldat ! } (bis.)

Quand la paix, la paix, la paix, prix de son courage,
Le ramène dans son village,
Pour lui quel spectacle nouveau !
C'est un père, un ami, qui le presse et l'embrasse ;
Chacun se dit (bis) : C'est lui ! c'est l'honneur du hameau.
On l'entoure on l'embrasse :
Le voilà ! c'est l'honneur du hameau.
Le vieillard même, quand il passe,
Porte la main à son chapeau.   (bis.)
Ah ! le bel état (bis), le bel état
Que celui d'un soldat !
Quand la paix, la paix, la paix, prix de son courage,
Le ramène dans son village,
Pour lui quel spectacle nouveau :
C'est un père, un ami, qui le presse et l'embrasse ;
Chacun se dit (bis) : C'est lui, c'est l'honneur du hameau
Et sa mère est-elle heureuse !   (bis.)
Te voilà ! te voilà ! te voilà !   (bis.)
C'est mon fils ! c'est mon fils !
—Mais j'avais une amoureuse ?   }
Où donc est-elle ?   } bis.
J'entends, je comprends,
Oh ! j'entends, je comprends.
Ah ! quel plaisir d'être soldat !
Ah ! quel plaisir (ter) d'être soldat,
Ah ! quel plaisir d'être soldat !   (ter.)

(Paroles de M. EUGÈNE SCRIBE, musique de M. A. BOÏELDIEU.)
La *Dame blanche*, opéra-comique en 3 actes ; en vente à Paris, chez M. Tresse, éditeur, Palais-Royal, 2 et 3, galerie de Chartres. Prix : 60 centimes.

LE MAITRE D'ÉCOLE.

Allons, vite, qu'on se place,
Venez, mes petits amis,
C'est aujourd'hui dans ma classe
Distribution des prix.
Allons, vite, qu'on se place,
C'est aujourd'hui dans ma classe
Distribution des prix,   (bis.)

(*Parlé.*) Je ne sais pas pourquoi on s'est ingéré de donner tous les ans des livres plus ou moins reliés à un tas de petits drôles qui seront toute leur vie des ânes et pas autre chose ; mais les parents m'envoient des pains de sucre ou des liqueurs à ma fête et aux étrennes, il s'agit de distribuer les prix en conséquence... aux plus gros pains de sucre... Allons, Messieurs, avancez donc. — Monsieur, c'est que Benoît me pousse. — Non, Monsieur, c'est Fanfan, qui me fait des cornes. — Ah ! c'est pas vrai, Monsieur, c'est Coco qui me tire la langue. — Monsieur, ne l'écoutez pas, c'est un rapporteur, un capon... (*le maître.*) Sont-ils gentils... des amours... de vrais chérubins...

Ah ! c'est charmant, sur ma parole,
Et, grâce à mes soins, ces enfants
Feront honneur à mon école
Et feront de fameux savants.   (*bis.*)

Près de nous, venez sans crainte,
Avancez, mon cher ami,
Je veux, petit Hyacinthe,
Vous interroger ici.
Près de nous, venez sans crainte,
Je veux, petit Hyacinthe,
Vous interroger ici.   (*bis.*)

(*Parlé.*) Il est rempli de moyens, ce petit Hyacinthe. Voyons un peu, mon cher ami, on dit que vous êtes très-fort pour la mémoire, que vous retenez par cœur tout ce que vous voulez. (*L'enfant.*) Oh ! oui, Monsieur, je sais par cœur : Au clair de la lune, mon ami Pierrot. — Ce n'est pas cela que je vous demande ; récitez-nous une fable de La Fontaine. — Laquelle, Monsieur. — Celle que vous voudrez. — Je n'en sais qu'une, Monsieur. — Choisissez celle-là. — La cigale ayant chanté tout l'été tenait dans son bec un fromage... Quand la biche fut venue... Un fromage... un fromage. — Très-bien... et la morale de cette fable quelle est-elle ? — C'est un fromage, Monsieur. — Parfait. — Un prix de mémoire à Monsieur Hyacinthe...

Ah ! c'est charmant, etc.

Passons à l'histoire ancienne,
Et point de distractions,
Que le petit Beuglan vienne
Répondre à mes questions :
Passons à l'histoire ancienne,
Que le petit Beuglan vienne
Répondre à mes questions.   (*bis.*)

(*Parlé.*) Allons, monsieur Mimi Beuglan, approchez... ne pleurez pas... Il est très-timide, cet enfant... Levez les yeux... ne mettez pas vos doigts dans votre nez... n'ayez donc pas peur... Qu'est-ce qui a fait le ciel et la terre ?... (*L'enfant pleurant.*) Ce n'est pas moi, Monsieur, ce n'est pas moi... hi hi hi... — Qu'est-ce qui a fait le monde ? — Je ne le ferai plus, Monsieur, je ne le ferai plus... — Très-bien, très-bien, très-bien... un prix d'histoire à Monsieur Mimi Beuglan.

Ah ! c'est charmant, etc.

Passons à l'arithmétique,
Il faudra se signaler,

Car à présent on s'applique
A savoir bien calculer ;
Passons à l'arithmétique,
Car à présent on s'applique
A savoir bien calculer,
Il faut très-bien calculer.

(*Parlé.*) Monsieur Fanfan Troussard, venez un peu ici... Bel enfant!... quelle physionomie!... il a quelque chose de Voltaire dans les narines... Il ne faut pas vous gratter comme cela, mon ami.— Monsieur, c'est que j'ai été voir ma tante... et j'attrappe toujours des puces, chez ma tante... parce qu'elle a trois chiens... Ah! cré coquin, ça me chatouille. — Allons petit Troussard, attention, une addition de mémoire... 2 et 2 font... (*l'enfant.*) 2 et font 4 et 4 font 8 et 8 font quarante-douze et 12 font 93, dans 93 je pose 3... — Et vous retenez?... — Et je retiens tout, Monsieur... — Pas mal... pas mal.... il a de grandes dispositions pour le commerce... Premier prix de calcul à M. Fanfan Troussard.

Ah! c'est charmant, etc.

C'est sur la géographie,
Que je vais interroger.
Attention, je vous prie,
Du savoir je vais juger,
Attention, je vous prie,
C'est sur la géographie
Que je vais interroger.   (*bis*).

(*Parlé.*) Voyons, Monsieur Coco Moutonnet, approchez... Oh! pour celui-ci, c'est une des plus fortes têtes de ma classe. (*L'enfant.*) Oh! oui, Monsieur, j'ai une bien grosse tête, car je mets le chapeau de papa en poil de lapin. — Monsieur Coco, répondez *ex abrupto*. Qu'est-ce que c'est que l'Italie ? — C'est un pays qui a la forme d'une botte. — Bravo, voyez-vous comme il est ferré à propos de bottes... Ensuite. — C'est un pays chaud où il pousse des oranges, des melons, du macaroni et des poires d'Angleterre. — Où est situé Rome ! — Sur le Pô, Monsieur. — Naples? — Sur le Pô. — Le Mont Vésuve ? — Sur le Pô, sur le Pô. — Bravo... voilà un enfant qui ne demande qu'à aller... Premier prix de géographie à M. Moutonnet.

Ah! c'est charmant, sur ma parole,
Et grâce à mes soins, ces enfants
Feront honneur à mon école
Et seront de fameux savants.   } (*bis.*)

CH. PAUL DE KOCK.

La musique se trouve chez M. Cotelle, éditeur, 137, rue Saint-Honoré.

J' SIS AMOUREUX.

M'am'zell', que j'sis heureux !
De vous j' sis amoureux!
Ah! oui, vraiment, j' sis ben heureux,
Pisque d' vous, j'sis amoureux ;

J' sis amoureux.

Ah ! vraiment, j'sis ben heureux,
Pisque d' vous, j' sis amoureux !   (*bis.*)

Quand j' vous ai vu' z'à la prom'nade,
Ma tête tourna comme un moulin ;
Pendant huit jours, j'en fus malade,
Et mon pauvr' cœur fut dans l' pétrin !
    Vous étiez si drôlette
    Dans vos biaux affiquets,
    Qu' j'en pleurais comm' un' bête
    Sitôt que j' vous voyais.
    Mam'zell' que j'sis, etc.

Mam'zell', je voudrais, pour vous plaire,
Etr' voltigeur ou guernadier.
Et si jamais j'pars pour la guerre,
J' saurai bien m' couvrir de laurier ;
    A la premièr' boulette
    De la poudre en courroux,
    J' prendrais cell' d'escampette
    Pour étr' plutôt près d' vous.
    Mam'zell', que j' sis, etc.

Vos lèvr's sont roug's comm' des groseilles,
Et vos joues comm' des pomm's d'api ;
J'adore aussi vos bell's oreilles,
Vos p'tits yeux m' font perdr' l'appétit.
    Ma figur' peut n' pas plaire ;
    Mais du moins l' cœur est bon ;
    A l'écorce on n' jug' guère
    De la valeur du m'lon.
    Mam'zell' que j' sis, etc.

Pour dot aujourd'hui, moi, j' vous offre
Mon ân', mon cœur et cent louis d'or ;
J'ai mis tout ça dans un p'tit coffre,
Et trois pourciaux qu' j'y joins encor.
    Mais je vous vois sourire,
    Vous m'tendez vot' p'tit'main,
    Oh ! j' vous promets d' vous dire
    Longtemps après l'hymen :

Mam'zell', que j' sis heureux !
De vous j' sis amoureux !

Ah! oui, vraiment, j' sis ben heureux,
Pisque d' vous j' sis amoureux!
Ah! vraiment, j' sis ben heureux,
Pisque d' vous, j' sis amoureux!   (bis.)

MARC CONSTANTIN.

La musique, de M. A. Marquerie, se trouve chez MM. Heugel et Cie, 2 bis, rue Vivienne.

LE CLOCHER DE MON VILLAGE.

Chez nous, il est un monastère,
Qui s'élève au milieu des bois ;
Souvent, sa cloche, avec mystère,
Nous jette de mourantes voix !
Il me souvient qu'en mon jeune âge,
Je l'écoutais dans le lointain...   (bis.)
Mais du clocher de mon village   } (bis.)
J'aimais mieux le timbre argentin.

Un jour, pour la terre étrangère,
Il me fallut quitter ces lieux,
Ces lieux où je laissais ma mère,
Et qu'en pleurant suivaient mes yeux...
Mais, quand je perdis leur image,
Longtemps encor, dans le lointain...
Du beau clocher de mon village,
J'entendis le timbre argentin.

Mais je reviens, et plus j'avance,
Le buisson, la fleur, le ruisseau,
M'apporte un doux parfum d'enfance,
Un doux parfum de mon hameau.
Et comme aux jours de mon jeune âge,
J'entends déjà dans le lointain...   (bis.)
Du beau clocher de mon village   } (bis.)
Résonner le timbre argentin.

GUSTAVE LEMOINE.

La musique, de Mlle L. Puget, se trouve chez M. Meissonnier, éditeur, 18, rue Dauphine.

LA PUPILLE.

On me dit gentille,
Et sous la mantille,
Mon œil noir qui brille,
Fait battre le cœur;
Mais, Vierge Marie,
Ah!
Combien je m'ennuie
De passer ma vie
Près d'un vieux tuteur.

Dès le matin, dans son humeur jalouse,
Vers ma chambrette il arrive à grands pas,
Il veut savoir si la jeune Andalouse
Est seule encore et ne le trompe pas,
Et ne le trompe pas.
On me dit gentille, etc.

Pendant le jour il faut parfois subire
Les beaux discours d'un savant bachelier,
Les doux propos d'une duègne en délire,
Et les sermons d'un vilain cordelier.
D'un vilain cordelier.
On me dit gentille, etc.

Le soir enfin, placés sous ma fenêtre,
Mes deux argus, dans leur zèle jaloux,
Roulent des yeux à qui vient de paraître
Et font sauver même jusqu'aux hiboux,
Même jusqu'aux hiboux!

L'on me dit gentille,
Et sous la mantille,
Mon œil noir qui brille,
Fait battre le cœur;
Mais, Vierge Marie,
Ah!
Combien je m'ennuie
De passer ma vie
Près d'un vieux tuteur.

L. CREVEL DE CHARLEMAGNE.

La musique, est de Th. Labarre, elle se trouve chez MM. Dufour, Brandus et Ce, 103, rue Richelieu.

La pupille.

RIQUET A LA HOUPPE.

Il était un' reine et un roi
Logeant sur l' mêm' carré que moi;
Ils eur'nt un fils si laid, si laid,
Qu' c'était un affreux marmouzet,
On l'app'lait Riquet à la Houppe,
A cause d'un p'tit bouquet d'étoupe
   Qui lui servait d' toupet;
Il en avait plus qu'on n' croyait.

Y s' trouvait là quand il naquit
Mam'sell' Lenormand, qui lui dit:
—Je vois qu' ce môm' est très-vilain.
Mais qu'il aura d' l'esprit tout plein;
A cell' qui d'viendra son épouse,
Ce garçon-là comm' un' ventouse,
   S'il veut lui soufflera
Autant d'esprit qu'il en aura.

Or, par hasard, dans la même nuit
Où cet affreux Riquet naquit,
Un magnifiqu' tambour major,
Qui demeurait dans l' *collidor*,
Devint papa d'un' demoiselle,
Qu' était belle, oh! mais qu' était belle!
   Rien que pour l'envisager,
On s' s'rait passé d' boire et d' manger.

Y s' trouvait là, quand ell' naquit,
Mam'sell' Lenormand qui leur dit:
—Votr' fille est bell', ça s' voit beaucoup
Mais ell' sera bêt' comme un chou;
Mais, à son époux, chose heureuse,
Un jour, sans être *blanchisseuse*,
   Je vois qu'ell' *repass'ra*.
Autant d' beauté qu'elle en aura.

Ces galopins grandir'nt tous deux,
Au moyen de nourric's sur lieux;
Riquet enlaidissait toujours,
Mais il faisait des calembours.

La p'tite embellissait sans cesse,
Mais raisonnait comme un' gross' caisse;
　　Puis, ell' faisait des cuirs
Dans tous ses moments de loisirs.

Allant, un jour, chercher du lait,
Ell' tomba juste sur Riquet,
Qui lui dit, avec à-propos :
—Mam'sell', mettez-moi dans vot' pot,
Ça vous évit'ra de descendre
Car je suis *laid*... à vous en r'vendre,
　　D'ailleurs, il m' s'rait bien doux,
Mad'moisell', d'être bu par vous.

Ell' lui répond :—J'entends pas le grec,
Je ne sais rien et j' suis bête avec.
—J'peux vous donner, qu'Riquet lui dit,
Plusieurs boisseaux de mon esprit :
Jurez-moi d'êtr' ma légitime,
Et prenez mon esprit comm' prime,
　　J' vous donne avant d' choisir,
Quarant'-cinq ans pour réfléchir.

Pensez qu' dans ces quarant'-cinq ans
Y s' présenta beaucoup de galants;
Son pèr' lui dit : prends-en donc un;
Elle penchait pour un beau brun,
Quand Riquet, qu'avait d' la mémoire,
Arrive et lui dit : j'aime à croire,
　　Qu' vous avez fait vot' choix !
Ell' lui dit : c'est pas toi chinois !

—Convenez-en, pour mon époux,
Puis-je prendre un magot comm' vous ?
Ça s'rait prêter; mon petit Riquet,
Votre esprit à gros intérêt !
—Ah ! si n' faut qu'êtr' beau pour vous plaire,
Lui dit Riquet, votre notaire
　　M'a dit qu' vous aviez l' don
De me changer en Cupidon.

Comme il y avait donné d' l'esprit,
Aussi beau qu'ell' elle le rendit !
Le roi-z-et le tambour major
Fir'nt le r'pas d' noc' dans l' *collidor*;

On y dansa la boulangère
Si bien que le propriétaire
　Leur dit : je n' veux plus d' vous,
Envoya coucher les époux.

MORALITÉ.

Ça prouv' qu'on peut êtr' bête ou laid,
Sans l'être autant qu'on le paraît ;
Reste à savoir lequel des deux
D' l'être ou de l' paraître vaut mieux.
L'amour, qui n' porte pas d' lunettes,
Ne vous voit pas tel que vous êtes,
　Et grâce à son bougeoir,
Chacun a sa manièr' de voir.

CHARLES DELANGE.

La musique, arrangée par M. Charles Plantade, se trouve chez M. Meissonnier, éditeur, 18, rue Dauphine.

LE PIQUE-ASSIETTE.

　Franc luron,
　Toujours rond,
　Bon garçon,
　Sans façon,
　J'ai sans cesse
Égayé ma jeunesse.
　Des débats,
　D'ici-bas,
　Du fracas
　Des combats
Je me ris dans un bon repas.

Grâce à nombre d'amis
Chez qui je suis admis,
Par mon petit moyen
Je ne manque de rien.
　Se faisant
　Complaisant,
　Amusant,
　Caressant,
Et surtout moraliste,

　Sans argent,
　L'intrigant,
　Tel que moi,
　Peut, ma foi,
Vivre bien en suivant ma loi.
Sur mes goûts, du bon ton,
Me questionne-t-on,
J'approuve toujours, mais
Je ne solde jamais.
　Ce métal,
　Sans égal,
　Mais fatal,
　Fait tant mal
　A l'espèce
Qui toujours le caresse,
　Qu'ayant fui
　Son appui,
　Aujourd'hui,
　Chez autrui,
Je sais bien me passer de lui.

Le pique-assiette.

Tel qu'un petit savant
Qui se vante souvent,
Avec maint amateur
Je dîne comme auteur.
 Grâce enfin
 Au destin,
 Quand j'ai faim,
 J'ai soudain

Mon assiette
Ainsi que ma serviette.
 A l'abri
 Du souci.
 Jusqu'ici,
 Dieu merci,
J'ai passé tous mes jours ainsi.

PERCHELET.

LA CIGALE ET LA FOURMI.

On dit que la cigale ayant chanté l'été,
Se sentit la fringal' quand la bise eut soufflé ;
 Or, n'ayant pour l'instant,
 Rien à s' mettr' sous la dent,
 Elle fut chez la fourmi,
 Lui conter son ennui.
 Sur l'air du tra la la la,   (bis.)
Sur l'air du tra déri déra, tra la la.

« Prêtez-moi d' quoi becqu'ter, dit-ell', foi d'animal,
J' vous rendrai l'intérêt avec le principal. »
 Et tout bas notre ingrate
 S' disait : « on te l' rendra ;
 Si ça t' tombe sur la patte,
 J' crois pas qu' ça t' la cass'ra. »
Sur l'air du tra, etc.

La fourmi, comme on sait, qu'est très-large du dos,
Toise notre emprunteuse et lui tient ce propos :
 « Tiens vous n'êtes pas gênée... »
 L'autre lui dit : « hélas !
 Si j' n'étais pas gênée,
 Je n' vous emprunt'rais pas. »
Sur l'air du tra, etc.

« Vraiment, dit la fourmi, je n' puis vous fair' plaisir :
D'une poir', pour la soif, il fallait vous munir. »
 La cigale chagrine
 Tout aussitôt reprit :
 « Que f'rais-j' d'un' poir', voisine,
 Moi qui n' mang' jamais d' fruit. »
Sur l'air du tra, etc.

« Vous v'nez tirer la langue quand il fait un froid d'loup,
« Et dans la canicul' vous n' faisiez rien du tout...
  « Rien du tout, faut s'entendre,
  A la class' des grillons,
  J'allais dans l' but d'apprendre
  La musiqu' en vingt leçons, »
Sur l'air du tra, etc.

Ça ne m'étonne plus mam'sell', que vous chantiez toujours
Si du Conservatoir' vous alliez suivr' les cours ;
  J'en suis vraiment fort aise,
  Maint'nant si ça vous va ?
  Dansez la gigue anglaise,
  La gavott', la polka.
Sur l'air du tra, etc.

MORALITÉ.

Mon affair' principale en vous contant ceci
C'est d' vous fair' un' morale, écoutez, la voici :
  En principe je pose,
  Enfants, r'tenez-le bien,
  Qu'on n'a jamais grand' chose
  Quand on n'amasse rien.
Sur l'air du tra la la la,   (*bis.*)
Sur l'air du tra déri déra tra la la.

      J.-D. MOINAUX.

LE PREMIER PAS.

Le premier pas se fait sans qu'on y pense
Craint-on jamais ce qu'on ne prévoit pas
Heureux celui dont la douce éloquence,
En badinant, fait faire à l'innocence
  Le premier pas !   (*bis.*)

Au premier pas, un bonheur qu'on ignore,
Sait à nos cœurs présenter tant d'appas,
Qu'à son déclin, regrettant son aurore,
Femme souvent veut qu'on la croie encore
  Au premier pas.   (*bis.*)

Le premier pas rarement inquiète
Jeune beauté qu'Amour prend dans ses lacs ;
Mais sur la route où le fripon la guette,
Plus elle avance et plus elle regrette
    Le premier pas.   (*bis.*)

BOUILLY ET MOREAU.

LA TARTANE.

    Entre dans ma tartane,
    Jeune Grecque à l'œil noir ;
    Tu seras ma sultane,
    Mon bonheur, mon espoir !

Nous irons, le matin, écumer le rivage,
Des pêcheurs négligents ramasser le corail ;
Puis après, enlever quelque vierge au passage
Pour l'offrir en hommage au harem du sérail !
    Viens !
    Entre dans ma tartane, etc.

Si parfois, dans sa route, un navire s'égare,
Nous appelle de loin, implorant du secours,
Tu verras, galamment, comme un Turc s'en empare,
Sans jamais écouter d'inutiles discours !
    Viens
    Entre dans ma tartane, etc.

Viens enfin contempler mon brillant équipage,
Nos turbans de satin, nos habits de brocard ;
Viens, bel ange d'amour ! sous tes lois je m'engage,
Le plus riche trésor ne vaut pas ton regard.
    Viens !

    Entre dans ma tartane,
    Jeune Grecque à l'œil noir ;
    Tu seras ma sultane,
    Mon bonheur, mon espoir !

L. CREVEL DE CHARLEMAGNE.

La musique, de Th. Labarre, se trouve chez M. Brandus, éditeur, rue Richelieu, 103.

La tartane.

LA TYROLIENNE.

    Montagnard ou berger,
    Votre sort peut changer
    Comme moi dans la garde
    Il faut vous engager.
    Quel état fortuné
    Vous sera destiné !
    Vous aurez la cocarde
    Et l'habit galonné.
    —Non vraiment, m'engager,
    Je crains trop le danger ;
Mieux vaut encor vivre et rester berger.

Dans mon hameau restons sans cesse ;
Son aspect fait battre mon cœur :
    C'est là qu'est ma maîtresse,
    C'est là qu'est le bonheur.

    —Dans les champs de l'honneur
    Brillera ta valeur ;
    Là pour que l'on parvienne,
    Il ne faut que du cœur.
    On obtient le chevron,
    Et de simple dragon
    On devient capitaine
    Au doux son du canon.
    —J'aime peu le fracas,
    Le canon peut, hélas !
Me prendre en traître : adieu jambes et bras.
Dans mon hameau restons sans cesse, etc.

    Un soldat franc luron,
    Sans regrets, sans façon,
    Est toujours sûr de plaire
    Dans chaque garnison ;
    De séjour en séjour,
    Et d'amour en amour,
    Toujours un militaire,
    Est payé de retour,
    —Dès qu'il part dans les camps,
    Gare les accidents
On prend sa place et malheur aux absents.

La tyrolienne.

Dans mon hameau restons sans cesse,
C'est bien plus sûr et moins trompeur ;
C'est là qu'est ma maîtresse,
C'est là qu'est le bonheur.

Paroles de M. E. Scribe, musique d'Auber.
Extrait de la *Fiancée*, opéra-comique en trois actes, en vente chez M. Tresse, 2 et 3, galerie de Chartres, Palais-Royal. Prix : 60 centimes.

LE DINER D'ÉTIQUETTE.

Eh ! gai, gai, gai, qu'ils sont joyeux
Les dîners d'étiquette !
Eh ! gai, gai, gai, gai, pas de goguette
Où l'on s'amuse mieux.

Lundi Mondor m'invite,
Il faut l'habit de cour,
Et je dépense vite
Mon trimestre en un jour.
Eh ! gai, gai, gai, etc.

J'arrive juste à l'heure :
Tout le monde est en noir :
M'imaginant qu'on pleure,
Je tire mon mouchoir.
Eh ! gai, gai, gai, etc.

Tous ont la langue morte,
Le maintien composé...
Personne sous la porte
N'est pourtant exposé.
Eh ! gai, gai, gai, etc.

Arrive un gros notaire,
Puis un maigre avocat,
Puis un court commissaire,
Puis un long magistrat.
Eh ! gai, gai, gai, etc.

L'un, dans une embrasure,
Pour me désennuyer,
Me lit la procédure
De Michel et Reynier.
Eh ! gai, gai, gai, etc.

L'autre prend la gazette,
Et politique fin,
Me parle de la diète,
Lorsque je meurs de faim.
Eh ! gai, gai, gai, etc.

Enfin paraît l'Olive...
L'on ne sait s'il dira
Que le potage arrive,
Ou que le mort s'en va.
Et gai, gai, gai, etc.

Ivresse délectable !
Tous, d'un air solennel,
S'avancent vers la table
Comme on marche à l'autel.
Eh ! gai, gai, gai, etc.

A sa tristesse étrange,
On croirait quelquefois,
Que chaque invité mange
Pour la dernière fois.
Eh ! gai, gai, gai, etc.

Au plat qu'on me présente
A peine j'ai goûté,
Que, trompant mon attente,
Il fuit escamoté.
Et gai, gai, gai, etc.

Le dîner d'étiquette.

Soudain, l'hôte se lève,
Et qu'on ait soif ou faim,
Défense qu'on achève
Son biscuit ni son vin.
Eh ! gai, gai, gai, etc.

Le café pris, pour rire,
A quel jeu jouera-t-on ?
L'ivresse et le délire
Réclament un boston.
Eh ! gai, gai, gai, etc.

Mais bientôt je m'oublie...
Et vole transporté
De folie en folie,
Jusques à l'écarté.
Eh ! gai, gai, gai, etc.

Pour prolonger l'orgie,
En joueur enchanté,

Le verre d'eau rougie
Entretient la gaîté.
Eh ! gai, gai, gai, etc.

Dévalisé d'emblée,
Je prends en enrageant,
Congé de l'assemblée,
Congé de mon argent.
Eh ! gai, gai, gai, etc.

Surpris par une averse,
Sans un denier comptant,
Tandis que l'eau me perce
Je chante en barbottant :

Eh ! gai, gai, gai, qu'ils sont joyeux
Les dîners d'étiquette,
Eh ! gai, gai, gai, pas de goguette,
Où l'on s'amuse mieux.

DÉSAUGIERS.

LE PETIT POUCET, OU L'ART DE S'ENRICHIR.

Des parents économes
Disaient, au coin du feu,
　Saprejeu !
Nous avons sept p'tits mômes
Qui mang'nt beaucoup vraiment,
　C'est gênant !
N' vaudrait-il pas mieux
S' débarrasser d'eux ?
Ça serait moins coûteux !
Un de ces soirs, en nous prom'nant,
Nous les laiss'rons en plan !

Le cadet de la famille,
Si p'tit qu'on l'appelait
　P'tit-Poucet,
Etait grand comm' un' quille ;
Dans un' boîte à briquet
　On l' couchait,
Il entend, de là,

L' projet d' son papa
Et s' dit : faudra voir ça !
Tâchons de prouver, dans l' malheur
Que j' suis un *enfant d' cœur !*

Le pèr' dans sa tendresse,
Pour n'avoir pas l'espoir
　De les r'voir,
Se dit : faut que j' les laisse
Dans un endroit couvert
　Et désert ;
Je vais, l' tour est bon,
Les m'ner à l'Odéon ;
Je l' crois, avec raison,
Que ces infortunés enfants
N' trouv'ront personn' là-d'dans.

Poucet, pour reconnaître
La route où leur papa
　Les mena,

Imagine d'y mettre
Des actions d' chemins d' fer,
 Pas au pair ;
O jeune imprudent,
Car chaque passant
Les ramasse et les prend :
Je suis volé, dit le moutard ;
 Les passants l' dir'nt plus tard !

Poucet couche à l'auberge,
Il entend le traiteur,
 En fureur,
Se dire : ah ! pourquoi perds-je
Presque tous mes clients
 D'puis quéqu' temps ?
Pour les ramener,
Je veux leur donner
Un excellent dîner :
Cett' nuit, des sept mioches d'en haut
J' vas faire un fricandeau !..

Poucet voit la ficelle,
Cèd' sa chambre à plusieurs
 Voyageurs ;
Le traiteur, sans chandelle,
Fait d' ces gens endormis
 Un hachis ;
Dès que l' jour paraît,
Le Petit-Poucet
Se lève et disparaît.
En f'sant au traiteur assassin
Ce geste de gamin (1).

Le traiteur, en alarme,
Jur' d'arranger Poucet
 En civet,

Met des bott's de gendarme ;
Ces bottes là, partout,
 Rattrap'nt tout ;
Mais il court trop fort
Et, souffrant d'un cor,
Sur la route il s'endort :
Poucet, caché près de ces lieux,
Chipp' ses bott's de sept lieues.

Il revient chez la femme
Du traiteur en délit
 Et lui dit :
Remettez-moi, madame,
Cent mill' francs et j'absous
 Votre époux !
La femm' les lui donna ;
Poucet les apporta
A son petit papa,
En lui disant : j' paie mon écot.
On r'çut très-bien l' *magot*.

MORALITÉ.

Ce récit vous exhorte
A chérir vos parents,
 Mes enfants ;
S'ils vous mettent à la porte,
A savoir voyager
 Sans manger ;
A montrer d' l'esprit
Et, dans votre lit,
A n' pas dormir la nuit ;
Si vous êtes petit, à grandir :
C'est l' moyen d' s'enrichir.

CHARLES DELANGE.

1 Mettant les deux mains au bout du nez ; faire le geste.

La musique, arrangée par M. Charles Plantade, se trouve chez M. Meissonnier fils, éditeur, rue Dauphine, 18.

LE NOBLE ÉCLAT DU DIADÈME.

Le noble éclat du diadème
N'a point encor séduit mon cœur ;
Et sur le front de ce que j'aime

Je n'ai trouvé que la candeur ;
Seize printemps forment son âge ;
Et pour mieux embellir ma cour,
On lui donne, dans ce village,
Le doux nom de Rose d'Amour.

Simple et naïve bergerette,
Elle règne dans ce vallon ;
Elle a pour sceptre une houlette,
Et pour couronne un chaperon ;
A ses vertus on rend hommage,
Quelques bergers voilà sa cour ;
Et tout bénit dans le village
Le doux nom de Rose d'Amour.

THÉAULON.

Extrait du *Petit Chaperon rouge*, opéra-comique en 3 actes, chez M. Tresse, éditeur, galerie de Chartres, 2 et 3. Prix : 60 cent.

LES MÉDISANTS.

Le perruquier du quartier
Médit du cabaretier,
Qui médit du fruitier,
Qui médit du charpentier,
Qui médit du papetier,
Qui médit du ferblantier,
Qui médit du bottier,
Qui médit du cafetier.
   La vieille mercière
   Dit que le libraire
   Fut jadis, à Châlons,
Marchand d'habits, vieux galons.
   Et notre portière
   Dit que la laitière
Vend son lait bien plus cher
Au vieil huissier qu'à son clerc.
Le chapelier dit tout bas
Que du cordonnier Thomas,
   A Marbœuf, la moitié
Trouva chaussure à son pied ;
Et la femme du cordonnier,
Dit tout haut qu'au chapelier
   Un sous-chef de bureau
Donne un fort vilain chapeau.
J'entends dire à la lingère,
Que notre propriétaire,
Refuse à sa ménagère
   Châles, robes et souliers ;
J'entends dire à l'herboriste
Que la femme du dentiste
Mange volontiers à deux râteliers.
Bref, de notre quartier,
   Cancaner est le métier ;
Chefs, commis, fabricants,
Ne vivent que de cancans ;
On cancane en déjeunant,
On recancane en dînant,
   C'est cancan sur cancan,
Qui finiront Dieu sait quand !

DÉSAUGIERS.

Les médisants.

JENNY L'OUVRIÈRE.

Voyez là-haut cette pauvre fenêtre,
Où du printemps se montrent quelques fleurs;
Parmi ces fleurs vous verrez apparaître
Une enfant blonde, aux plus fraîches couleurs...
Voyez là-haut cette pauvre fenêtre,
Où du printemps se montrent quelques fleurs !...
C'est le jardin de Jenny, l'ouvrière,
   Au cœur content, content de peu....
Elle pourrait être riche et préfère
   Ce qui lui vient de Dieu ! (*bis.*)

Dans son jardin, sous la fleur parfumée,
Entendez-vous un oiseau familier ?
Quand elle est triste, oh! cette voix aimée
Par un doux chant suffit pour l'égayer !...
Dans son jardin, sous la fleur parfumée,
Entendez-vous un oiseau familier ?
C'est le chanteur de Jenny, l'ouvrière,
   Au cœur content, content de peu....
Elle pourrait être riche et préfère,
   Ce qui lui vient de Dieu ! (*bis.*)

Aux malheureux souvent elle abandonne
Ce qu'elle gagne, hélas! un peu de pain!
Qu'un pauvre passe, et comme elle est si bonne
En le voyant elle n'aura plus faim.
Aux malheureux souvent elle abandonne
Ce qu'elle gagne, hélas ! un peu de pain!
C'est le bonheur de Jenny l'ouvrière !
   Au cœur content, content de peu...
Elle pourrait être riche et préfère
   Ce qui lui vient de Dieu,
   Ce qui lui vient de Dieu !

ÉMILE BARATEAU.
Musique d'ÉTIENNE ARNAUD.

La musique se trouve chez MM. Heugel et Cⁱᵉ, éditeurs, 2 bis, rue Vivienne.

Jenny l'ouvrière.

L'AMOUR.

« L'Amour est un enfant trompeur,
  « Me dit souvent ma mère,
« Avec son air plein de douceur
  « C'est pis qu'une vipère ! »
Mais je prétends savoir pourtant
  Quel mal si grand d'un jeune enfant
Peut craindre une bergère.

Je vis hier le beau Lucas
  Aller près de Glycère,
Il lui parlait tout près, tout bas,
  Et d'un air bien sincère ;
Il lui vantait un dieu charmant :
  Ce dieu c'était précisément
Celui que craint ma mère.

Pour sortir de cet embarras
  Et savoir le mystère,
Cherchons l'Amour avec Colas,
  Sans rien dire à ma mère :
Et supposé qu'il soit méchant,
  Nous serons deux contre un enfant,
Quel mal peut-il nous faire ?

BOUFFLERS.

HISTOIRE DE CENDRILLON

RACONTÉE PAR LE CAPORAL GOBIN, A SON RETOUR D'AFRIQUE.

Un' jeun' fille avait un père
Qui vendait du drap d'Elbeuf,
Il lui fit don d'un' bell'-mère,
Vu qu'y s' trouvait par trop veuf ;
Cett' fill', huit jours après... p't êt' neuf,
Etait plus malheureuse qu'un' pierre :
Faut dir' que la bell'-mère avait
Deux fill's qu'en dot elle apportait,
Et qui n'étaient pas bell's du tout,
C' qui fait qu' ça les vexait beaucoup,
Car l'autre était un vrai bijou !

L'amour.

Si bien que c'te pauv' petite
Avait l' droit dans la maison,
D' nettoyer tout's les marmites,
D' manger tous les rogatons ;
Enfin, on l'app'lait Cendrillon,
Car la ch'minée était son gîte ;
Ses chipies d' sœurs en riaient, faut voir,
Quand leur maman vint à r'cevoir
Un p'tit billet d'Abd-el-Kader,
Qui donnait un bal près d'Alger,
Et les priait d' s'y rendr' par mer.

Ces d'moisell's à leurs toilettes,
Fir'ent travailler Cendrillon ;
Ell' leur fit des rob's très... chouettes
Et leur frisa le chignon ;
Puis ell's lui dir'nt : — Gard' la maison,
C'est bon pour une laveus' d'assiettes.
Ell' pleura tant de c' camouflet
Qu'elle en remplit un grand baquet ;
Mais, heureus'ment que son parrain,
Qu'était monsieur Robert-Houdin,
Vint mettre un terme à son chagrin.

Tu voudrais, je l' vois, ma biche,
Qu'il lui dit, aller au bal ?...
V'là qu'il souffl' sur le caniche
Et qu'il le change en cheval ;
Il fait un fiacre triomphal
Avec une vieille bourriche ;
Il change en cocher l' perroquet,
En petit groom le sansonnet ;
Puis, il lui donne un beau tartan,
Avec un' rob' de bouracan
Et de jolis socqu's bien luisants.

« Mais, surtout, dit c't homm' habile,
Quitt' le bal avant *ménuit,*
Ou, sans ça, d'vant l' mond' Kabyle,
Tu r'prendrais tes vieux habits !... »
Cendrillon dit : « c'est dit, » qu'elle dit,
Et, pour Alger la v'là qui file.
Au bal, aussitôt qu'ell' parut,
Au fils d'Abd-el-Kader ell' plut ;
Ses sœurs eur'nt l'air très-chagriné,
Et la r'gardèr'nt sans rien d'viner,
Vu qu'elle avait mis un faux nez.

Chacun monta sur sa chaise.
Pour la voir à la polka;
De brioch's chaud's comm' la braise,
Abd-el-Kader la combla :
Son fils, qu'avait l' cœur pris déjà,
N'en put manger... que quinze ou seize.
Pour la première, il l'invita,
Quand *ménuit* moins un quart sonna ;
Mais Cendrillon s' sauve et lui dit :
« Merci, mon portier m'l'interdit,
Il n'ouvr' jamais après *ménuit*. »

Mais, dans sa fuite, assez fine,
Un de ses socques tomba ;
Au moyen d'un' *Constantine*,
Dans Elbeuf elle arriva :
Le jeune prince ramassa
Ce socque et l' mit sur sa poitrine ;
« Le pied qui chaussait ce socqu'-ci,
Dit-il, me trotte dans l'esprit. »
L' fait est qu'il y trottait si bien,
Qu'il fit proclamer, un matin,
Qu' cell' qu'avait l' pied aurait sa main.

En vain, à tout's les d'moiselles,
On essaya l' socqu' susdit ;
Les deux sœurs, nos péronnelles,
N'eur'nt pas le pied assez p'tit ;
Mais Cendrillon, c' qui les réjouit,
D'manda de l'essayer comme elles.
Figurez-vous leur saisissement !
Le socqu' lui allait comme un gant.
Leur plaisir ne fut pas très-vif ;
Mais ell's se dir'nt, c'est positif ;
C'est ell' qui portait le faux pif.

Un cortége magnifique,
Composé d' beaucoup d' chameaux,
La conduisit en Afrique,
Au jeun' princ' des mauricauds ;
Après un festin des plus beaux,
On eut la lanterne magique.
Cendrillon qu'avait très-bon cœur,
Ayant emmené ses deux sœurs,
Leur dit : « Je n' vous en aim' pas moins, »
Et, deux mois après, d'vant témoins,
Leur fit épouser deux Bédouins,

MORALITÉ,

Enfants, qu' ceci vous apprenne
A bien choisir, en naissant,
Votr' parrain et votr' marraine ;
Vous en voyez l'agrément :
N' rentrez pas tard dans votre logement ;
A votr' portier, ça f'rait d' la peine.
Attachez vos souliers très-mal
Et tâchez d'en perdre un au bal :
C'est le moyen d' vous marier,
Et, si l'on vous rend votr' soulier,
De r'trouver chaussure à votr' pied.

CHARLES DELANGE.

La musique, se trouve, à Paris, chez M. Meissonnier, éditeur, 18, rue Dauphine.

ALLONS DANSER SUR LA COLLINE.

Allons danser sur la colline,
Près du castel qui la domine,
Et profitons d'un jour serein
Pour répéter ce gai refrain :
   Ah, ah, etc.

Déjà les premiers jours d'automne
Nous ont fait sentir leurs rigueurs,
Et dans la plaine monotone
La rose a perdu ses couleurs,
Profitons donc d'un jour serein,
Pour répéter ce gai refrain :
   Allons, etc.

Déjà pour quitter la prairie
Le pâtre assemble ses troupeaux,
A peine un peu d'herbe flétrie
Les attire au bord des ruisseaux ;

Hâtons-nous donc, car ce beau jour
Passera vite et sans retour.
   Allons, etc.

Adieu les refrains et la danse,
Dès que l'hiver fondra sur nous ;
Mais pourquoi s'attrister d'avance ?
Puisqu'aujourd'hui le temps est doux
Employons bien tous nos loisirs
En nous livrant à nos plaisirs.

Allons danser sur la colline,
Près du castel qui la domine,
Et profitons d'un jour serein
Pour répéter ce gai refrain :
   Ah ! ah ! etc.

BÉTOURNÉ.

Allons danser sur la colline.

BÉRÉNICE.

Monsieur l'écrivain,
J' voudrais bien écrire,
A Pierre, mon cousin,
J'voudrais bien lui dire :
Que l' seigneur d'ici
Après moi soupire ;
Qu' ça m' donn' du souci, } bis.
Qui s'en r'vienne ici.

Vous qu'avez d' l'esprit
Autant que d' l'usage ;
Vous qu'avez écrit
Pour l' mair' du village,
Tâchez qu' Pierre ait peur,
En lisant vot' page,
D' voir un jour mon cœur
Tomber dans l' malheur.

Dit' lui que j'fais tout
C' qui faut pour déplaire,
Mais que j'suis à bout,
Qu' j' n'ai plus rien à faire :

Tout c' qu'on me trouv' de bien.
J'voudrais m'en défaire,
C'est lui qui me r'tient,
Car j' n'aurais plus rien.

Monsieur l'écrivain,
Fait' lui bien entendre,
Qu' mon cœur est son bien,
Qui vienn' le défendre ;
Comm' celui d' Mad'lon,
Si l' mien allait s' prendre,
Mon Dieu c' pauvr' garçon,
Qu'est-c' qui d'viendrait donc ?

Monsieur l'écrivain
Vous m' rendrez service,
Si vous fait's, enfin,
Que tout ça finisse.
C'te p'tit' joue que v'là,
Foi de Bérénice.
Deux baisers vous d'vra, } (bis.)
Quand Pierr' reviendra.

FRÉDÉRIC BÉRAT.

La musique, de l'auteur des paroles, se trouve chez M. Schonenberger, 18, boulevard Poissonnière.

RIEN NE PLAIT TANT AUX YEUX DES BELLES.

Rien ne plaît tant aux yeux des belles
Que le courage des guerriers,
Qu'ils soient vaillants, qu'ils soient fidèles,
A leur retour, je réponds d'elles.
   L'Amour sous les lauriers
   N'a point vu de cruelles.
Sous les drapeaux, quand la trompette sonne,
   Chacun se dit : — « Voilà l'instant,
     « l'Amour m'attend,

« Et dans ses mains est la couronne,
« Qu'il nous regarde, et qu'il la donne,
  « Au plus vaillant,
  « Au plus brillant ;
  « Voilà l'instant,
  « L'Amour m'attend,
« Et dans ses mains est la couronne. »
 Il a raison : l'Amour l'attend ;
Rien ne plaît tant aux yeux des belles
Que le courage des guerriers.

MARMONTEL.

LES DEUX CONSCRITS.

Queu douleur ! faut que j'aille
 Vivre loin du pays
J'aimons pas la bataille,
Car j'ons pas d'ennemis.
—A tout je me conforme,
J'partirai sans regrets :
Le tambour, l'uniforme
Ont pour moi tant d'attraits !
  Ran tan plan, (bis.)
J'aim'ce r'frain du régiment,
 Ran tan plan, ran tan plan,
  Plan, plan, rataplan.

—J'ons le cœur qui me serre
Quand j'vois battre un dindon ;
Pourrai-j'ben à la guerre
Tuer des gens pour tout d'bon !
—Les enfants de la France
A l'enn'mi vont gaîment,
Et pas un ne balance
 Quand on crie en avant !
  Ran tan plan
Au feu l'on court en chantant,
Ran tan plan, ran pataplan.

—Après un' bonne affaire,
On r'vient clopin, clopant.
—Mais à la boutonnière
Peut briller un ruban.
—On attrapp' quéqu'torgnoles ;
—Mais on devient sergent.
—L'canon vous carambole
—On meurt glorieusement.
  Ran pataplan.
On voit l'ennemi fuyant,
Et l'on redit en mourant
  Ran pataplan.

—Adieu donc au village
Priez pour les conscrits.
—Et nous par not'courage
F'sons honneur au pays.
—On ne peut sans souffrance,
De lui se détacher.
—Gardons tous l'espérance
De revoir le clocher.
  Ran tan plan,
Amis, la gloir'nous attend,
Ran tan plan, ran pataplan.

COGNIARD FRÈRES.

La musique, de Lhuillier, se trouve, à Paris, chez L. Vieillot, 32, rue Notre-Dame-de-Nazareth.

LES VAPEURS.

Hier Lindor, du jeu toujours martyr,
Perd sur un as
Plus de mille ducats,
Je vois son embarras,
Il veut que je l'en tire.
Il me jure avec feu
Qu'il déteste le jeu...

« Qu'il y renonce à jamais, qu'il ne veut plus aimer que moi... et je lui réponds :

J'ai des vapeurs quand un amant soupire.

Un beau marquis que tout le monde admire,
Me divertit,
Il chante, il danse, il rit,
Il conte avec esprit,
Il folâtre, il se mire,
Quelquefois d'un air doux,
Il tombe à mes genoux...

« Mais, Marquis, vous êtes fou ! levez-vous. Levez-vous donc, ou je vais sonner, car....

J'ai des vapeurs quand un marquis soupire.

Un financier, n'allez pas en médire,
Me traite au mieux,
Ses soupers sont joyeux,
Son champagne mousseux,
En pétillant l'inspire :
Mais dès qu'il s'attendrit,
Tout son feu me transit...

« Fi donc ! un fermier général qui fait ainsi l'enfant ! D'honneur, je ne reviendrai plus dans votre petite maison..... car.....

J'ai des vapeurs, quand un traitant soupire.

Il est charmant, partout on le désire,
Mon médecin,
C'est un être divin !
Ses doigts, d'un blanc satin,
S'exercent sur ma lyre.

Les vapeurs.

Un jour en consultant,
Sa main me serra tant...

« *Que je ne pus m'empêcher de crier : Ah! docteur, ma tête, mes nerfs! Ménagez-moi..... car.....*

J'ai des vapeurs quand un docteur soupire

Certain rimeur, que j'ai pris pour me lire
Vient à son tour,
Pour me faire la cour,
Qu'il est gauche en amour!
Dans son plaisant délire,
Il se met en fureur,
Ses transports me font peur!

« *Monsieur le bel esprit, je vous permets tous les écarts poétiques, mais non ceux de cette nature..... car.....*

J'ai des vapeurs, quand Apollon soupire,

J'ai des vapeurs, sitôt que l'on soupire,
De déplaisir,
L'amour me fait mourir,
Ne pouvez-vous languir,
Messieurs, sans me le dire?
Épargnez la fadeur,
Trêve de vive ardeur!...

« *Mourez, messieurs, mais ne m'ennuyez pas, vingt amants de moins ne doivent pas à donner la migraine à une jolie femme, car.....*

J'ai des vapeurs, quand un galant soupire.

BEAUMARCHAIS.

V'LA C'QUE C'EST QUE D'ÊT' PAPA.

Mon Dieu, mon Dieu! quel embarras
Qu' d'avoir un' fille sur les bras!
On se dit, dès son plus bas âge :
« Sera-t-elle sage?
Heureuse en ménage? »
Pendant quinze ans on n' pens' qu'à ça..
V'là c' que c'est que d'êt' papa.

A quatre ans, quel maudit sabbat!
Ça crie, ou ça mord, ou ça bat :
Pour rendre l'espiègle muette
On lèv' la jaquette

On soufflette, on fouette :
Puis un baiser vient gâter ça...
V'là ç' que c'est que d'êt' papa.

A huit ans ça veut babiller,
Ça veut trancher, ça veut briller :
Soir et matin la p'tit' coquette,
   N' rêve que toilette
   Il faut que l'on achète
Colliers par-ci, brac'lets par-là...
V'là c' que c'est que d'êt' papa.

C'est à douze ans qu' faut voir venir
Des maîtres à n'en plus finir ;
Danse, dessin, musique, histoire,
   Enflent la mémoire...
   C'est la mer à boire !
Au bout du mois faut payer ça...
V'là c' que c'est que d'êt' papa.

Mais p'tit à p'tit' v'là qu' ça grandit,
Qu' ça s'embellit, qu' ça s'arrondit...
D' not' fille on vante la figure,
   L'esprit, la parure,
   Le ton, la tournure,
Et nous mordons à c't ham'çon là...
Vl'à ce qu' c'est que d'être papa.

Un beau garçon s'présente enfin,
Doux, honnête et beau sur la main ;
D' plaisir, d'amour son cœur pétille...
   Il plaît à la fille,
   A tout' la famille,
L' père enchanté dit : Touchez-là...
V'là c' que c'est que d'êt' papa.

Les bans sont bientôt publiés
Et les jeunes gens mariés.
Au Cadran-Bleu l'festin s'ordonne,
   L' mari qui le donne
   D' plaisir déraisonne
En pensant qu'un jour il dira :
V'là c' que c'est que d'êt' papa.

A la fin du joyeux repas,
Au couple heureux on tend les bras

L'un, quittant sa place et son verre,
  Saute au cou d' la mère;
  L'autre au cou du père
Qui pleure, et dit en voyant ça :
V'là c' que c'est que d'êt papa.

DÉSAUGIERS.

LA PETITE DISEUSE DE BONNE AVENTURE.

Mon œil n'entrevit jamais
  De sinistre augure ;
Je veux que sur mes secrets,
  Ma gaîté rassure ;
Je ne sus jamais blesser ;
Mon plaisir est d'annoncer
  La bonne aventure.
    O gué,
  La bonne aventure.

Trop jeune encor pour flatter,
  Je fuis l'imposture ;
Je me borne à présenter
  La vérité pure ;
Et je vois sans trop chercher,
Les yeux où va se nicher
  La bonne aventure,
    O gué,
  La bonne aventure.

L'horoscope est quelquefois
  Peint sur la figure ;
Avec lui, joli minois
  Porte son augure ;
Je ne fais que l'annoncer,
C'est à l'amour à fixer,
  La bonne aventure,
    O gué,
  La bonne aventure.

Beautés que de ses bienfaits
  Combla la nature,
Cherchez-vous quelque succès,
  Que l'amour n'assure ?
Et des cœurs faits pour jouir,
Fondent-ils, sur l'avenir.
  La bonne aventure
    O gué,
  La bonne aventure.

Jadis chez nos bons Gaulois,
  (Gens pleins de droiture)
L'Amour exerçait ses droits,
  Sans mésaventure ;
Leur prêchant l'art d'oublier
Plutôt que de publier
  La bonne aventure,
    O gué
  La bonne aventure.

Nos messieurs à sentiment
  Par qui tout s'épure,
Bien mieux, de ce dieu charmant
  Tracent la peinture ;
Car ils ont l'air d'afficher,
Qu'on ne fait plus qu'ébaucher
  La bonne aventure,
    O gué,
  La bonne aventure.

LAUJON.

La petite diseuse de bonne aventure.

LA JEUNE FILLE DE SORRENTE.

Il est une fille
Mignonne et gentille,
Dont l'œil noir qui brille
Séduirait un roi !
Cette fleur charmante
Qu'admire Sorrente
Que partout on vante,
C'est Minna, c'est moi !

Aimable Italie,
Ma belle patrie,
A toi pour toujours,
Mes vœux, mes amours !

Si dans nos campagnes,
Je suis mes compagnes,
Du fond des montagnes
L'on accourt me voir.
Suis-je en ma gondole ?

Maint seigneur frivole,
De sa barcarolle,
Me poursuit le soir !
Aimable Italie, etc.

Tous m'offrant leur zèle,
Croix d'or et dentelle,
Me disent : Ma belle,
Règne sur mon cœur.
Non, non, sur la terre,
Un seul peut me plaire,
Et c'est mon vieux père,
André le pêcheur !

Aimable Italie,
Ma belle patrie,
A toi pour toujours,
Mes vœux, mes amours.

L. CREVEL DE CHARLEMAGNE.

La musique, de M. Camille Schubert, se trouve chez M. Prilipp, 19, boulevard des Italiens.

LE TAMBOURIN.

Entendez-vous le tambourin ?
    Vite à la danse !   (bis.)
Entendez-vous le tambourin
Qui met le villageois en train ?

    Fi de la ville,
    On y vit tranquille ;
Point de gaîté ; l'on y danse à petits pas.
Au village on est plus habile,
Au village on rit aux éclats.
    Entendez-vous le tambourin ? etc.

   Et quoi Lisette,
    Vous n'êtes pas prête ;
Votre fichu vous tient encore là ?
Déjà se gonfle la musette
Et Colin vous attend là-bas.
   Entendez-vous le tambourin ? etc.

    L'amour invite,
    Et chacun s'agite.
Et quoi ! la nuit nous arrive déjà,
Si la danse finit trop vite
La chanson la remplacera.

   Entendez-vous le tambourin ?
    Vite à la danse ;   (bis.)
Entendez-vous le tambourin ?
Qui met le villageois en train.

ANONYME.

LES TROIS AGES.

Mes enfants, quand j'avais votre âge,
Je vous parle de bien longtemps,
Comme vous j'étais douce et sage,
Comme vous j'aimais le printemps,
Tout comme vous j'étais gentille,
Courant dans les prés et les fleurs ;
Et je savais charmer les cœurs
Quand je dansais dans un quadrille.
C'est ainsi, mes petits enfants
Que j'étais quand j'avais quinze ans   (bis.)

Plus tard, moins folle et moins rieuse,
Je sus me choisir un époux ;
J'avais son cœur, j'étais heureuse,
Aimer est un bonheur si doux !
Parfois rêveuse et solitaire,
Je demandais à l'Eternel
Qu'un ange descendît du ciel
Pour l'aimer comme aime une mère !
C'est ainsi, mes petits enfants
Que j'étais quand j'avais trente ans.   (bis.)

Plus tard encor... mais le temps passe,
Comme l'onde qui toujours fuit !
Quand l'hiver au manteau de glace
Est arrivé, l'été s'enfuit !
Mais si notre front se couronne
De blancs cheveux près du trépas,
Du moins le cœur ne vieillit pas
Lorsqu'à ses enfants on le donne.
C'est ainsi mes petits-enfants   } (bis.)
Que je suis à quatre-vingts ans.

MARC CONSTANTIN.

La musique, de M. A. Marquerie, se trouve chez M. Chaillot, rue Saint-Honoré, 352.

LA ROSE BRETONNE.

Pauvre berger breton,
Qui n'avait rien que sa chaumière,
Aimait une ouvrière
C'était la rose du canton.
Annette était jolie,
Pauvre Jacques était laid...
Riant de sa folie,
La belle, hélas ! n'aimait
Que le son de la musette
Et la danse du pays ;
Car pour la gentille Annette
Un bal était le paradis.

Un jour, elle pleurait,
Du village c'était la fête ;
Sans croix d'or pour toilette,
Elle disait qu'elle en mourrait.
Jacques vend sa chaumière,
C'était tout son trésor ;
En secret, l'ouvrière
Reçut une croix d'or...
Et, le soir, à la musette,
Dansait avec ses amis ;
Car pour la gentille Annette
Un bal était le paradis.

Pour lui, le cœur joyeux,
Il dormit dans une bruyère ;
Dieu sur le pauvre hère,
Envoie un doux rêve des cieux :
Il la voit... c'est bien elle,
La croix d'or la parait...
Elle était la plus belle,
Et de joie il pleurait...
Et les sons de la musette,
Jusqu'à ses sens engourdis,
Arrivaient avec la fête
Jacques rêvait du paradis.

Soudain il jette un cri, [meille
Sur son front, pendant qu'il som-
Un doux baiser l'éveille,
Annette en pleurs est devant lui :
Je sais tout, lui dit-elle ;
Oui, je t'aime, et pour moi,
Moi, qu'on dit la plus belle,
Va, le plus beau, c'est toi.
Huit jours après la musette
Résonnait dans le pays,
Et Jacques l'époux d'Annette,
Sur terre avait le paradis.

GUSTAVE LEMOINE.

La musique, de Mlle Loïsa Puget, se trouve chez M. Hengel, éditeur, 2 bis, rue Vivienne.

La rose bretonne.

JEAN-BONHOMME

HISTOIRE D'UN PETIT SAVOYARD [1].

Là-haut ! là-haut de la montagne
J'étais venu, moi tout enfant...
J'avais quitté notre campagne
Et ma mère que j'aimais tant.
Quand je partis mon plus grand frère
Me dit : « Petit-Jean, mon ami,
« Voici mon singe, adieu, prospère,
« Comme moi reviens avec lui... »

(*Parlé.*) Et en me disant ça... il me donna le petit Jean-Bonhomme qui lui avait fait amasser tant de gros sous... « Frère, qu'il me dit, tu en auras bien soin, n'est-ce pas?... Songe que c'est ton gagne-pain, qu'il fut le mien, qu'il sera celui de notre petit frère... et puisque tu pars, si l'hiver il était bien rude... et que tu aies bien froid... tâche que lui du moins n'en souffre pas trop... entends-tu frère.... adieu Petit-Jean, adieu...... »

Et oui voilà comme,
Voilà comment j'eus
Mon pauvre Jean-Bonhomme,
Que je n'ai plus !

Quand de retour de son voyage,
Mon frère aîné vint au pays,
Il apportait dans son village
Son petit singe de Paris.
Pour la famille, ah! quelle joie...
Aussi j' quittais moins tristement
Les montagnes de la Savoie,
Et j' vins ici le cœur content.

(*Parlé.*) Ah! c'est qu'il fallait le voir danser, sauter et faire l'exercice... tirer son petit sabre du fourreau, montrer son passe port... et ôter son petit chapeau à plume pour saluer toute la compagnie... Aussi encore hier une dame bien riche me disait : « Petit Savoyard, il est bien gentil, ton petit singe... Tiens, voici de l'argent, combien veux-tu le vendre?... — Oh! que nenni, ma bonne dame, il n'est pas à vendre, mon petit singe... Il n'est pas à moi... Là-bas... au pays... mon frère, il attend que je sois revenu pour le donner à un petit frère... C'est ça qui nous sert à gagner notre vie, à nous autres... Vous voyez bien que je ne puis pas le vendre... Gardez votre argent, ma belle dame... moi, je garderai mon pauvre petit singe. »

[1] On peut facilement imiter le langage savoyard en changeant les *s* en *ch*, ce qui donne plus de caractère à cette romance.

Et oui voilà comme
Oui, sans mon refus,
J'aurais mon Jean-Bonhomme,
Que je n'ai plus.

Lorsque l'hiver fuit chaque année,
Pour nous l'ouvrage cesse hélas !
Nous n'avons plus de cheminées
A ramoner du haut en bas...
Alors le pauvre Jean-Bonhomme
Seul ramassait des petits sous.
Et le soir j'emportais la somme
Qu'il avait su gagner pour nous.

(Parle.) Tout à l'heure encore il était sur la chaussée des Champs-Elysées, il demandait un petit yard et faisait aller son petit balai.... Je lui disais : « Allons, travaille, petit Jean-Bonhomme... » Un beau monsieur passe en cabriolet.... il arrête.... Moi, je prends mon singe pour mieux lui faire voir..... Le domestique fouette le cheval... Jean-Bonhomme, qui a peur, saute et tombe juste sous la roue....Je le ramasse....je le prends dans mes bras... sous ma veste pour le réchauffer.... Mais c'était trop tard.... Jean-Bonhomme, il ne remuait plus, il était mort...Je l'emportais... mais je ne savais où aller... pas même retourner au pays... car mon frère, il me demanderait tout de suite : où est le petit Jean-Bonhomme ?

Et oui voilà comme
Comment tu mourus !...
Toi ! mon Jean-Bonhomme,
Que je n'ai plus.

E. BOURGET.

La musique, par M. V. Parizot, se trouve chez L. Vieillot.

UN COEUR DE JEUNE FILLE.

J'aime à rêver sous les bosquets en fleur
J'aime l'émail, le parfum des campagnes,
Les bleus ruisseaux, l'air si pur des montagnes,
Et des vallons le calme et la fraîcheur.

Mais l'objet qui séduit mon âme,
L'objet qui l'enivre et l'enflamme,
L'objet qui seul est tout pour moi,
C'est toi, toujours toi, rien que toi

J'aime les chants du rossignol joyeux,
Le bruit des flots, du roseau qui soupire,
L'hymne du soir de tout ce qui respire,
Et les accords du luth harmonieux.
    Mais l'objet, etc.

J'aime des arts le prestige enchanteur,
J'aime la gloire et l'éclat du génie,
Et le doux nom de ma belle patrie
D'un noble orgueil fait palpiter mon cœur.

Mais l'objet qui séduit mon âme,
L'objet qui l'enivre et l'enflamme,
L'objet qui seul est tout pour moi,
C'est toi, toujours toi, rien, que toi!

L. CREVEL DE CHARLEMAGNE.

La musique, de M. J. Vimeux, se trouve à Paris, chez M. Colombier, éditeur, rue Vivienne, 6.

LES PORTRAITS A LA MODE.

Toujours suivre avec uniformité,
Le naturel et la simplicité,
Ne point aimer la frivolité,
    C'était la vieille méthode;
J'ai peuplé Paris de mes calotins [1],
Je les fais courir après des pantins.
J'amuse aujourd'hui leurs goûts enfantins
    Avec les portraits à la mode.

Valet modeste au service d'un grand,
Marquis du bel air soutenant son rang,
Marchand qui ne s'élevait pas d'un cran,
    C'était la vieille méthode;
Laquais insolents portant des plumets,
Les plus grands seigneurs vêtus en valets,
Des fils d'artisan en cabriolets,
    Voilà les portraits à la mode.

Graves magistrats s'occupant des lois,
Riches financiers vivant en bourgeois,

---

[1] Société qui composait le régiment de la *calotte* sous Louis XIV.

Les portraits à la mode.

Commis sans orgueil dans de hauts emplois,
  C'était la vieille méthode :
Gentils conseillers courant les concerts,
Financiers qui tranchent des ducs et pairs,
Et petits commis prenant des grands airs,
  Voilà les portraits à la mode.

Les nymphes d'amour craignant les brocards,
Cachaient avec soin leurs galants écarts,
Et pour la décence avaient des égards,
  C'était la vieille méthode :
On voit aujourd'hui ces objets charmants,
Avec leurs chevaux et leurs diamants,
Tirer vanité d'avoir des amants,
  Voilà les portraits à la mode.

Livrer la jeunesse à de doux loisirs,
En sachant toujours régler ses désirs,
Mais à soixante ans quitter les plaisirs,
  C'était la vieille méthode :
Des adolescents cassés et tremblants,
Des femmes coquettes en cheveux blancs,
Et de vieux barbons qui font les galants,
  Voilà les portraits à la mode.

L'hermine marquait un savoir profond,
La vertu brillait sous un habit long,
Et la bourgeoisie était sans façon,
  C'était la vieille méthode :
Je peins l'ignorance en manteau fourré,
Je peins le plaisir en bonnet carré,
Je peins la roture en habit doré,
  Voilà les portraits à la mode.

Le faste n'était que pour la grandeur,
Les gens à talents n'avaient point l'ardeur
De vivre comme elle dans la splendeur,
  C'était la vieille méthode :
De ce joli siècle colifichet,
Un petit danseur, un tireur d'archet,
En phaéton va courir le cachet,
  Voilà les portraits à la mode.

En habit lugubre le médecin,
Traitait gravement son art assassin,

Une mule composait tout son train,
  C'était la vieille méthode :
Chargé de bijoux plus que de latin,
De petits docteurs ont le ton badin
Et vont dans un char verni par Martin,
  Voilà les portraits à la mode.

Avant de rimer trouver un sujet,
Avoir le bon sens pour premier objet,
Avec intérêt remplir son projet,
  C'était la vieille méthode :
Sans ces règles-là toujours nous brillons,
Héros des Corneille et des Crébillon,
En bel oripeau nous vous habillons,
On vous met en vers à la mode.

Les fameux artistes dans leurs tableaux
Savaient exprimer les traits les plus beaux,
Le goût conduisait leurs savants pinceaux,
  C'était la vieille méthode :
A présent tout est pièces et morceaux,
On fait la figure avec des ciseaux,
On nous rend aussi noirs que des corbeaux,
  Voilà les portraits à la mode.

PANARD.

NINA LA MARINIÈRE.

De Sorrente à Mysène
La mer napolitaine
Ne connaît qu'une reine
Jeune fille à l'œil noir !
De Mysène à Sorrente,
  Je vogue plein d'espoir ;
Nina, Nina, ma charmante
Zanetto t'attend ce soir.   } *(bis.)*

Quand sur la vague altière,
Nina la marinière
S'élance vive et fière,
Alors il faut la voir ;

La nacelle indolente,
S'éveille à son pouvoir;
Nina, Nina, ma charmante
Le ciel est d'azur ce soir!

A Portici ma belle,
Déjà l'on nous appelle,
J'entends la saltarelle,
Eh! vite à ton miroir;
Prends ta légère mante,
Coiffe le réseau noir;
Nina, Nina ma charmante,
Je serai jaloux ce soir!

Tu me diras, mon âme,
Quelque refrain de femme
Cadencé par la rame,
Quelque chant du revoir.
L'oiseau, quand ta voix chante,
Se tait de désespoir;
Nina, Nina, ma charmante,
Ne viendras-tu pas ce soir!

Déjà l'heure s'envole;
Mais dans la brise folle,
J'entends ta barcarolle,
Oh! comment t'en vouloir;
Ma barque impatiente,
Accourt te recevoir;
Nina, Nina, ma charmaute,
Nous serons heureux ce soir!

M. D. TAGLIAFICO.

La musique, se trouve chez M. Colombier, éditeur, rue Vivienne, 6.

LE RENARD ET LA CIGOGNE.

Compère le Renard, un jour d'un petit mot,
Invita la Cigogne à la fortun' du pot,
S'étant donc requinquée, un soir elle s'y rendit,
En suivant les boul'varts pour gagner d' l'appétit,
    Sur l'air du tra la la la,
    Sur l'air du tra la la la.
Sur l'air du tra déri, déra, tra la la.

—Eh! bonsoir, mon compère.—Ma commère, bonsoir,
Entrez, donnez-vous donc la peine de vous asseoir.
—Merci, vous êtes bien bon; mais permettez, Renard,
Que je pose en un coin mes socqu's et mon rifflard.
    Sur l'air du tra, etc.

On servit des mets clairs et dans un plat très-grand :
Le Renard mangea tout, la Cigogne néant.
Par ce fait j'ai vu que quelqu'affamé qu'on soit,
Pour bien dîner il faut d'abord avoir de quoi,
    Sur l'air du tra, etc.

—Je vous traite sobrement, mais vous m'excuserez,
Dit alors le Renard, c'est dans votre intérêt :
J'ai lu dans mon journal qu'il règne en ce moment
Un' maladi' de bêt's qui tu' pas mal de gens.
    Sur l'air du tra, etc.

Comprenant la malice en voyant le plat sec,
La Cigogn' fit un nez aussi long que son bec,
Et se dit en sortant : —Ah tu m'as mis dedans!
Mais quoique sans mâchoir' je te garde une dent.
    Sur l'air du tra, etc.

Deux ou trois jours après elle dit au Renard :
—D' l'héritage que j'ai fait venez prendr' votre part,
Un' oie de Perigueux mien cousin en mourant,
Vient d' me laisser son foi' truffé par testament.
    Sur l'air du tra, etc.

Il arrive au jour dit; à la cuisine il court;
Sur chaqu' casserole il se pench' tour à tour,

Et dit à la Cigogne en s' léchant le menton :
—Carême auprès de vous n'etait qu'un marmiton.
    Sur l'air du tra etc.

Le dîner fut servi dans un vase au long cou;
Le Renard n'y prit rien, la Cigogne y prit tout;
Et se dit en riant de son air consterné :
Tu m' fis dîner par l'œil, mais tu dîn's par le nez.
    Sur l'air du tra, etc.

Le Renard tout honteux, sans se faire prier,
Dit bonsoir, et gagna la porte et l'escalier.
La Cigogne le suivit en sifflant jusqu'au bas
L'air : *J'ai du bon tabac mais tu n'en auras pas.*
    Sur l'air du tra, etc.

MORALE.

Je tire de ceci double moralité :
La première est qu' souvent le trompeur est trompé.
La seconde, moins connue, est que toujours il faut
Eviter les dîners à la fortun' du pot,
    Sur l'air du tra la la la,
    Sur l'air du tra la la la,
Sur l'air du tra déri, déra, tra la la.

                      L. FORTOUL.

LE SERGENT RECRUTEUR.

    Je suis sergent
     Brave et galant,
Et je mène tambour battant
Et la gloire et le sentiment,
 Est-il vertu, prude ou coquette,
 Que ne subjugue l'épaulette?
    Je suis sergent
     Brave et galant,
Et je mène tambour battant
Et la gloire et le sentiment.   (*ter.*)

Pour moi, je crains peu leur rigueur,
On peut braver une inconstance,
Quand on est sergent recruteur
Dans les troupes du roi de France;
Oui nos droits sont bien reconnus,
Mars sut toujours plaire à Vénus.
Nos droits sont bien reconnus   } (*bis.*)
Mars sut toujours plaire à Vénus. }

    Je suis sergent
     Brave et galant,
Et je mène tambour battant
Et la gloire et le sentiment,
 Est-il vertu, prude ou coquette,
 Que ne subjugue l'épaulette?
    Je suis sergent
     Brave et galant,
Et je mène tambour battant
Et la gloire et le sentiment.   (*ter.*)

Gentille et farouche fermière
Aimable objet de mon ardeur,
Pourquoi, lorsque j'ai su vous plaire,
Résister encor au vainqueur ;
Que votre cœur vous persuade,
Sous-officier c'est un beau grade;
J'ai des honneurs! vous la richesse,
Couronnez enfin ma tendresse,   } (*bis.*)
Ne retardez plus mon bonheur. }

.Allons, allons! faites-moi mon bonheur,
Faites moi mon bonheur.
　　Je suis sergent
　　Brave et galant,
Et je mène tambour battant
Et la gloire et le sentiment,
Est-il beauté, prude ou coquette,
Que ne subjugue l'épaulette,
　　Je suis sergent,
　　Brave et galant,
Et je mène tambour battant
Et la gloire et le sentiment...　　(ter.)
La gloire et le sentiment　　(bis.)
Et la gloire et le sentiment.　　(bis.)

Le Philtre, opéra-comique en deux actes, de M. E. Scribe, musique de M. Auber, en vente chez M. Tresse, éditeur, Palais-Royal, galerie de Chartres, 2 et 3. Prix : 1 fr.

L'AMOUREUX DE VILLAGE.

Ninon, t'a biau dire !
Ninon, t'as biau rire !
Mes yeux savent lire
Ce qu'est dans les tiens ;
    Tiens ?
Vois, si je devine,
Quand tu fais la mine,
    Je dis :
  Sauvons-nous !
Ninon a du courroux ;
Mais quand tu ris,
Je reste et je dis :
Baise-moi, Ninon,
Et Ninon ne dit pas
    Non.

Tiens, ces demoiselles,
Avec leurs dentelles,
Paraissent moins belles
Que tu n'es pour moi,
    Toi.

C'est à leur parure,
Mieux qu'à leur figure,
Que toutes devont
L'éclat qu'elles avont ;
Mais tes habits,
Sans toi, sont sans prix.
Ninon est toujours
Plus belle que ses atours.

Tiens, ces demoiselles,
Avec leurs dentelles
Paraissent moins belles
Que tu n'es pour moi,
    Toi.

LAUJON.

LE PÈRE LAMOURETTE.

Etes-vous à marier,
Jeune garçon, jeune fillette,
Êtes-vous à marier?
Voilà le vieux ménétrier!
Allons, jeune fillette!
Pour la noce est-on prête?
Allons, jeune fillette !
Il faut vous marier!
Voilà le vieux ménétrier !.   (*bis.*)

Vous avez vingt ans, c'est l'âge
Où l'on doit entrer en ménage ;
Pour s'aimer l'hiver, il faut, enfants,
  Commencer au printemps ;
  Alors, le cœur joyeux,
On travaille, on moissonne,
Et quand l'année est bonne,
Pour chanter l'on est deux.
Gai! gai! gai! gai! gai! toou!
  Êtes-vous à marier, etc,

  Je fus jeune aussi,
Comme j'aimais ma Louise si belle!
  Je ne voyais qu'elle,
Et lorsqu'au bal on disait : La voici!
  Mon archet s'arrêtait ;
  Adieu la contredanse !
  Je perdais la cadence,
  Et mon cœur seul chantait :
Gai! gai! gai! gai! gai! toou!
  Êtes-vous à marier, etc.

  Mais un jour, hélas !
Je crus mourir. On mariait Louise
  J'étais dans l'église,
Le cœur brisé, mais je priais tout bas.
  Et puis au bal après
  Je jouais une ronde,
  Où chantait tout le monde,

Et moi seul je pleurais !
Oui, je pleurais et je chantais *(avec larmes.*
Êtes-vous à marier, etc.

Mais de mes amours
Que le récit n'attriste pas votre âge,
Moi seul j'eus l'orage,
Et vous, enfants, vous aurez les beaux jours !
Venez donc deux à deux
Danser sous le grand chêne,
Et j'oublierai ma peine.
En vous voyant heureux.
Gai ! gai ! gai ! gai ! gai ! toou !
Êtes-vous à marier, etc.

GUSTAVE LEMOINE.

La musique, de Mlle Loïsa Puget, se trouve à Paris, chez M. Heugel, éditeur, 2 *bis*, rue Vivienne.

LES BROUILLARDS.

Pour un gastronome intrépide,
Quel triste sujet à chanter !
Mais comme il est assez humide,
Je commence par m'humecter :
Si le vin trouble un peu ma vue,
Amis, pardonnez mes écarts ;
On peut bien faire une bévue
Lorsque l'on est dans les brouillards.

Le papier brouillard ne peut guère
Garder l'empreinte d'un écrit ;
Aussi, chez Plutus, chez Cythère,
Ce papier a-t-il du débit.
Serments d'amour, vœux d'être sage,
Billets payables sans retard,
Jusqu'aux contrats de mariage,
Tout s'écrit sur papier brouillard

Figeac, à son futur beau-père,
Disait: « Sandis! s'il faisait beau,
Sur l'autré bord dé la rivière,
Vous admiréricz mon château;
Mais un nuagé l'environne,
Et nous dérobé ses remparts....
Les biens placés sur la Garonne
Sont presque tous dans les brouillards. »

Brouillons tous les vins de la cave,
Brouillons tonnerre et malaga,
Brouillons mâcon, champagne et grave,
Brouillons et madère et rota;
Que de leurs vapeurs salutaires
Jaillissent des couplets gaillards;
Mais entre nous, mes chers confrères,
Jamais, jamais d'autres brouillards.

DÉSAUGIERS.

FIN.

TABLE

	Pages
Ah! vous dirai-je, maman!	6
Au clair de la lune	44
Amis, la matinée est belle	79
Allons, mettons-nous en train	90
Amourettes (les)	95
Antiquaire (l')	111
Adieu mon beau navire	115
Atelier (l') du peintre ou le portrait manqué	120
Adieux (les)	147
Art (l') d'être heureux	150
A bon chat bon rat	160
Avaricieuse (l')	231
Anglais (l') et le marchand de chiens	262
Ah! quel plaisir d'être soldat!	280
Amour (l') est un enfant trompeur	308
Allons danser sur la colline	312
Amoureux (l') de village	337
Belle (la) Bourbonnaise	24
Bossus (les)	83
Bonne aventure (la)	103
Bohémiens (les) de Paris	106
Bonsoir la compagnie	127
Bouton de rose	130
Barcarole de Marie	142
Belle (la) Inès	187
Beau (le) Nicolas	204
Brigitte et Julien	256
Bérénice	314
Brouillards (les)	339

	Pages.
Cadet Rousselle	16
Cabaret (le)	23
Compère Guilleri	42
Charmante Gabrielle	51
Colinette au bois s'en alla	63
Ce qu'on voit beaucoup et ce qu'on ne voit guère	78
Canal Saint-Martin (le)	87
Colonne (la)	106
Chanson bachique	110
Couplets de Marie	142
Chacun a son goût, sa folie	175
Champagne (le)	176
Commençons la semaine	183
Couplets du secret	190
Chantons, buvons	203
Choix des sciences (le)	211
Chasse (la)	214
Couvre-feu (le)	230
Calme reviendra (le)	243
Chanson de Manon	268
Compagnons de voyage (les)	275
Chanson du Pré-aux-Clercs	276
C'est mon ami, rendez-le-moi	279
Clocher de mon village (le)	287
Cigale et la fourmi (la)	294
Dis-moi pourquoi	98
Dans ce modeste et simple asile	116
Départ pour la Syrie (le)	132
Dates (les)	196
Dormez, chères amours	199
Droit du seigneur (le)	220
Deux mules du Basque (les)	222
Dîner d'étiquette (le)	300
Deux conscrits (les)	315
Enfant chéri des dames	151
Eloge de l'eau	163
Eloge de Monsieur de la Rapinière	172
Ermite (l') et le paladin	252
Flâneur (le)	26
Femme sensible	35
Fin du jour (la)	46
Fanfan la Tulipe	56
Fille (la) du savetier	104
Fanchon	140
Fra Diavolo	152
Fête (la) des bonnes gens	180
Fumeur (le)	224
Femme contrariante (la)	244

	Pages.
Fanchette	251
Fleur des champs	254
Fille (la) à Jean Piquet	266
Grâce à la mode	19
Giroflé, girofla	38
Grandes vérités (les)	68
Grâce de Dieu (à la)	112
Garde-moulin (le)	114
Garde à vous !	118
Gouvernante (la)	178
Gentilhomme d'à présent (le)	184
Garçon converti (le)	184
Heureuse (l') fin	135
Hirondelles (les)	160
Hirondelles (les)	228
Histoire de Cendrillon	308
Il était une bergère	7
Il pleut bergère	96
Inconvénients de la fortune (les)	192
Invocation à l'Amour	206
Juif errant (le)	1
J'ai du bon tabac	36
Jadis et aujourd'hui	80
Je suis lazzarone	162
Jeune fille aux yeux noirs	164
Je suis rond	168
Jeune fille à la danse (la)	180
J'avais une marraine	191
J'aime mieux boire	202
Je pars demain	202
Jacquot le ramoneur	216
J' sis amoureux	284
Jenny l'ouvrière	306
Jeune fille de Sorrente (la)	322
Jean Bonhomme	326
La danse n'est pas ce que j'aime	135
Les Laveuses du couvent	260
Malbrough	4
Monsieur et Madame Denis	12
Malgré la bataille	15
Monsieur Dumollet	40
Mère Michel (la)	48
Monsieur de La Palisse	52
Manon la couturière	64
Ma tante Marguerite	67

	Pages.
Musette (la)...	70
Mère Bontemps (la)......................................	84
Marmotte en vie (la)....................................	88
Manière de vivre cent ans (la).......................	94
Ménage de garçon (le)..................................	100
Marchand de chansons (le)............................	128
Marié (le)..	208
Mire dans mes yeux tes yeux........................	215
Mon rocher de Saint-Malo.............................	235
Marchand d'images (le).................................	276
Maître d'école (le).......................................	282
Médisants (les)..	304
Nous n'avons qu'un temps à vivre..................	70
Nous étions trois filles.................................	76
Normandie (ma)..	107
Noce de Mademoiselle Gibou (la)...................	156
Neige (la)..	194
Noce à mon frère André (la).........................	218
Non, monseigneur..	250
Noble éclat du diadème (le)..........................	303
Nina la marinière...	331
Original sans copie (l').................................	108
Orgie (l')...	176
Point du jour (le)...	11
Plus on est de fous plus on rit......................	32
Petit-maître (le)...	60
Paris la nuit...	102
Petite Margot (la)..	124
Paille (la)..	126
Postillon (le) de Lonjumeau..........................	136
Partons, la mer est belle..............................	146
Petits pieds (les) de Lise..............................	154
Petite maison (la)..	167
Pour toi..	192
Pauvre Jacques...	203
Père Trinquefort (le)....................................	232
Plus beaux yeux de Castille (les)..................	242
Postillon de Mam' Ablou (le)........................	244
Professeur (le) de maintien..........................	258
Pan pan bachique (le)..................................	271
Parrain (le)..	272
Pupille (la)..	288
Pique-assiette (le).......................................	292
Premier pas (le)..	295
Petit Poucet (le)..	302
Petite (la) diseuse de bonne aventure...........	320
Portraits à la mode (les)..............................	328
Père Lamourette (le)....................................	338

	Pages.
Quand on est mort c'est pour longtemps	74
Que de mal, de tourments	144
Que la vague écumante	239
Roi Dagobert (le)	8
Rien n'était si joli qu'Adèle	43
Reproches à Cathereine	47
Relan tan plan tambour battant	50
Rosier (le)	62
Roi des plaisirs (le)	72
Ressemblance et la différence (la)	84
Richard Cœur de Lion	96
Ronde de Raton et Rosette	99
Romance de Joconde	134
Roul' ta bosse	138
Rondeau de Joconde	143
Ronde du maçon	166
Repassez demain	188
Refrain du bivouac	212
Renard et le corbeau (le)	265
Romance de Cendrillon	267
Riquet à la houppe	290
Rien ne plait tant aux yeux des belles	314
Rose bretonne (la)	324
Renard et la cigogne (le)	333
Souvenirs d'un vieux militaire	34
Souhaits (les)	76
Son nom	130
Son que je préfère (le)	148
Solitaire (le)	207
Si j'étais-t-invisible	226
Souhaits (les)	248
Sergent recruteur (le)	335
Tableau de Paris à cinq heures du matin	22
Tableau de Paris à cinq heures du soir	30
Ton ton tontaine	92
Titi le talocheur	119
Te souviens-tu, Marie	134
Trompez-moi! trompons-nous!	170
Tempête, ou j'aime le tapage	174
Ta patrie et tes amours	182
Ton ton tontaine ton ton	195
Tartane (la)	296
Tyrolienne (la)	298
Tambourin (le)	322
Trois âges (les)	323
Un cœur de jeune fille	327

	Pages.
Vive Henri IV !	3
Veillée (la)	15
Va-t-en voir s'ils viennent	20
Vieille (la)	28
V'la c'que c'est que l'carnaval	39
Vivre loin de ses amours	44
Vrai buveur	52
Viens, gentille dame	123
Vie (la) est un voyage	198
Vendanges de la folie (les)	200
Vendange (la)	240
Vapeurs (les)	316
V'la c'que c'est que d'êt' papa	318

FIN DE LA TABLE.

DELARUE, LIBRAIRE,

Rue des Grands-Augustins, 3, à Paris.

Extrait du Catalogue:

Manuel complet de la Cuisinière, contenant : Un Guide pour les personnes en service, les soins du ménage, des appartements, de la vaisselle, du linge, etc., etc. ; le service de la table suivant le nombre de convives, la carte des mets et des vins pour chaque service, la manière de découper; mille recettes gastronomiques, ou résumé général des cuisines française, italienne et anglaise; la pâtisserie, les confitures de différentes espèces, les liqueurs, sirops, glaces, limonades, eau de Seltz, etc., par Mlle *Catherine*. 34e édition. 1 gros volume in-12, avec un grand nombre de figures.................................... 3 »

Manuel théorique et pratique du Jardinier, contenant les connaissances élémentaires de la culture; l'organisation des plantes, leur fécondation et leur multiplication ; les époques des semis, la taille des arbres, la description et la culture des plantes potagères, aromatiques et économiques; des arbres fruitiers; arbres, arbrisseaux et arbustes d'ornement; les plantes d'ornement, plantes d'orangerie, de serre chaude et tempérée; suivi d'un Dictionnaire des termes du jardinage et de botanique et d'une Table analytique des matières, par *Pirolle*. Nouvelle édition, revue et augmentée par MM. *Noisette* et *Boitard*, chevaliers de la Légion d'honneur, membre de plusieurs Sociétés savantes. Illustré de 150 vignettes par *Thiébault*. Un gros volume in-12 de 672 pages, avec 150 figures............................... 5 »

Le Secrétaire général, contenant des modèles de pétitions à adresser à Sa Majesté l'Empereur, aux ministres, au corps législatif, aux préfets, avec des instructions relatives à tous les usages de la correspondance ; lettres de fêtes, de bonne année, de condoléance, de recommandation, de félicitation, de remerciements ; lettres d'affaires et de commerce, modèles de lettres de change, billets à ordre, effets, promesses, obligations, quittances de loyer, lettres de voiture, billets d'invitation ; lettres d'amour, déclarations, demandes en mariage, instructions relatives aux correspondances nuptiales ; lettres de faire part, de naissance, de mariage et de décès. Suivi de Lettres de Sévigné, Voltaire, Rousseau, etc., etc. Ouvrage rédigé et mis en ordre par *Prudhomme*. 46me édition, suivant le cérémonial de l'Empire français. Un beau volume in-12.   3 »

BIBLIOTHÈQUE ILLUSTRÉE
Format anglais.

Les Fables de J. de la Fontaine, nouvelle édition, parfaitement imprimée, illustrée de 100 gravures sur bois, dessinées par Pauquet et gravées par les premiers artistes de la capitale. Deux volumes réunis en un.................... 3 50
—Idem avec toutes les figures coloriées.... 6 »

Les Fables de M. de Florian, nouvelle édition, illustrée de 50 gravures sur bois, par les mêmes artistes........................ 2 50
—Idem avec toutes les figures coloriées... 4 »

Contes des Fées par Perrault. Un magnifique volume format anglais, illustré de 50 vignettes, par H. Emy, gravures par les premiers artistes, impression de luxe, caractères neufs, papier superfin........................... 2 50
—Idem avec toutes les gravures coloriées.. 4 »

www.ingramcontent.com/pod-product-compliance
Lightning Source LLC
Chambersburg PA
CBHW050802170426
43202CB00013B/2525